Vertragsgestaltung für Exporteure

Hatto Brenner · Matthias Zillmer
Michael Berger

Vertragsgestaltung für Exporteure

Praxisnahe Anleitungen
für den Erfolg exportbezogener
Kauf- und Vertriebsverträge

Hatto Brenner
AWI Hatto Brenner & Co. GmbH
Erlangen, Deutschland

Michael Berger
EWA GmbH
Hannover, Deutschland

Matthias Zillmer
Dr. Zillmer & von Appen
Kiel, Deutschland

ISBN 978-3-658-12381-9   ISBN 978-3-658-12382-6   (eBook)
DOI 10.1007/978-3-658-12382-6

Die Deutsche Nationalbibliothek verzeichnet diese Publikation in der Deutschen Nationalbibliografie; detaillierte bibliografische Daten sind im Internet über http://dnb.d-nb.de abrufbar.

Springer Gabler
© Springer Fachmedien Wiesbaden GmbH 2017
Das Werk einschließlich aller seiner Teile ist urheberrechtlich geschützt. Jede Verwertung, die nicht ausdrücklich vom Urheberrechtsgesetz zugelassen ist, bedarf der vorherigen Zustimmung des Verlags. Das gilt insbesondere für Vervielfältigungen, Bearbeitungen, Übersetzungen, Mikroverfilmungen und die Einspeicherung und Verarbeitung in elektronischen Systemen.
Die Wiedergabe von Gebrauchsnamen, Handelsnamen, Warenbezeichnungen usw. in diesem Werk berechtigt auch ohne besondere Kennzeichnung nicht zu der Annahme, dass solche Namen im Sinne der Warenzeichen- und Markenschutz-Gesetzgebung als frei zu betrachten wären und daher von jedermann benutzt werden dürften.
Der Verlag, die Autoren und die Herausgeber gehen davon aus, dass die Angaben und Informationen in diesem Werk zum Zeitpunkt der Veröffentlichung vollständig und korrekt sind. Weder der Verlag noch die Autoren oder die Herausgeber übernehmen, ausdrücklich oder implizit, Gewähr für den Inhalt des Werkes, etwaige Fehler oder Äußerungen.

Gedruckt auf säurefreiem und chlorfrei gebleichtem Papier

Springer Gabler ist Teil von Springer Nature
Die eingetragene Gesellschaft ist Springer Fachmedien Wiesbaden GmbH
Die Anschrift der Gesellschaft ist: Abraham-Lincoln-Str. 46, 65189 Wiesbaden, Germany

Vorwort

Kein Geschäft ohne Vertrag!

In einem Vertrag werden die für die Abwicklung des Geschäftes erforderlichen Rahmenbedingungen festgeschrieben, die den Vertragsparteien als Basis für die sichere Abwicklung der ins Auge gefassten Geschäfte dienen.

Die Ausarbeitung von Verträgen zwischen Vertragsparteien einer Nationalität kann noch als relativ einfach angesehen werden. Bei grenzüberschreitenden Verträgen ergeben sich jedoch erschwerende Faktoren durch auftretende Sprachprobleme, andere Geschäftssitten und verschiedenartige Rechtsauffassungen.

Während größere Unternehmen bei der Gestaltung von Auslandsverträgen häufig auf eine eigene Rechtsabteilung mit ausgeprägten Erfahrungen zurückgreifen können, ist das mittelständische Unternehmen auf sich alleine gestellt und muss dennoch in der Lage sein, Auslandsgeschäfte sicher und erfolgreich abzuschließen und abzuwickeln.

Das vorliegende Buch ist daher insbesondere entwickelt worden für den Einsatz in Exportabteilungen von mittelständischen Unternehmen. Dem Exportleiter und seinen Mitarbeitern werden praxisorientierte Hilfestellungen angeboten für die grenzüberschreitende Vertragsgestaltung. Insbesondere beschäftigt sich dieses Fachbuch mit der Gestaltung und Formulierung von international orientierten Kaufverträgen sowie von Händler- und Handelsvertreterverträgen.

In praxis- und problemorientierten Export-Checklisten geben die Autoren Hinweise, die eine rasche Einarbeitung in die jeweilige Problematik ermöglichen sollen.

Erlangen, Deutschland	Dipl.-Wirtsch.-Ing. Hatto Brenner
Kiel, Deutschland	Dr. Matthias Zillmer
Hannover, Deutschland	Michael Berger

Inhaltsverzeichnis

1	**Der Kaufvertrag**		1
1.1	Einführung		1
	1.1.1	Besonderheiten internationaler Verträge	2
	1.1.2	Vorbereitung des Auslandsgeschäfts	3
	1.1.3	Checkliste zum Vertragsinhalt	12
	1.1.4	Grundregeln der Vertragsgestaltung	15
	1.1.5	Vertragsaufbau	19
1.2	Das anwendbare Recht		20
	1.2.1	IPR/Kollisionsrecht	20
	1.2.2	Die verschiedenen Länder/Rechtsordnungen	21
	1.2.3	Anglo-amerikanisches Recht/Common Law	22
	1.2.4	Rechtswahlklauseln	24
	1.2.5	Eingriffsnormen	26
	1.2.6	CISG/UN-Kaufrecht	27
1.3	Gerichtsstandsvereinbarungen		31
	1.3.1	Die Bedeutung des IZVR	31
	1.3.2	Die Rolle des Prozessrechts	32
	1.3.3	Beweislast	34
	1.3.4	Gerichtsstandsvereinbarung	38
1.4	Eskalations-, Mediations- und Schiedsklausel		38
	1.4.1	Internationale Vollstreckbarkeit	39
	1.4.2	Schiedsgerichte	40
	1.4.3	Alternative Dispute Resolution (ADR)	43
	1.4.4	Mediation	44
	1.4.5	Eskalationsklauseln	46
1.5	Angebot, Vertragsabschluss		49
	1.5.1	Form	50
	1.5.2	Bindungsfrist	51
	1.5.3	Werbung, Muster, Angebote	52

	1.6	Allgemeine Geschäftsbedingungen		53
		1.6.1 AGB einzelner Unternehmen		56
		1.6.2 Incoterms ICC		57
		1.6.3 UN-Kaufrecht/CISG		60
		1.6.4 Musterverträge		61
	1.7	Preisstellung und Gefahrtragung		62
	1.8	Zahlungsbedingungen		62
	1.9	Lieferzeitpunkt, Verzug, Verzugsfolgen, Höhere Gewalt		63
		1.9.1 Lieferzeitpunkt		63
		1.9.2 Verzug, Verzugsfolgen		64
		1.9.3 Höhere Gewalt		65
	1.10	Abnahme		68
	1.11	Gewährleistung und Haftung		69
	1.12	Produkthaftung		70
	1.13	Eigentumsvorbehalt		71
	1.14	Rücktritt vom Vertrag		73
	1.15	Abstimmung Verkaufsvertrag – Einkauf von Komponenten		73
	1.16	Exportklausel		74
	1.17	Weitere Punkte		74
	Literatur			76
2	**Der Handelsvertretervertrag**			**77**
	2.1	Einführung		77
	2.2	Allgemeines		78
	2.3	Aufgaben/Vertragsprodukte		80
		2.3.1 Mehrfirmen-/Einfirmenvertreter		81
		2.3.2 Abgrenzungen		81
	2.4	Vertragsgebiet		85
	2.5	Rechtsstellung und Pflichten des Handelsvertreters		86
		2.5.1 Scheinselbstständigkeit des Handelsvertreters		87
		2.5.2 Pflichten des Handelsvertreters		89
	2.6	Rechtsstellung und Pflichten des Unternehmers		90
		2.6.1 Anwendbares Recht für den Handelsvertreter im Ausland		91
		2.6.2 Gerichtsstandregelungen für den Handelsvertreter im Ausland		92
	2.7	Provision		93
		2.7.1 Überhangprovision		94
		2.7.2 Provisionshöhe und Berechnung		94
		2.7.3 Buchauszug		95
	2.8	Vertragsdauer		96
		2.8.1 Beendigung des Handelsvertretervertrages durch ordentliche Kündigung		96

	2.8.2	Beendigung des Handelsvertretervertrages durch außerordentliche Kündigung.	97
	2.8.3	Beendigung des Handelsvertretervertrages aufgrund Ablaufs der Befristung	99
	2.8.4	Beendigung des Handelsvertretervertrages durch Insolvenz.	99
	2.8.5	Verjährung	100
2.9	Ausgleichsanspruch.	100
	2.9.1	Voraussetzungen des Ausgleichsanspruchs.	101
	2.9.2	Ausgleichsanspruch bei besonderen Umständen	104
	2.9.3	Dauer der Vertretertätigkeit.	105
	2.9.4	Ausgleichsanspruch für Untervertreter	106
2.10	Handelsvertreter mit Auslandsberührung	107
	2.10.1	Schweiz	108
	2.10.2	Russische Föderation.	108
	2.10.3	USA.	109
	2.10.4	Türkei.	110
	2.10.5	Vereinigte Arabische Emirate	110
2.11	Sonstiges	111
	2.11.1	Wichtige Eckpunkte eines Vertrages.	112
	2.11.2	Zustandekommen des Vertrages	112
	2.11.3	Notwendige Vertragsbedingungen	113
2.12	Mustervertrag.	114
Weiterführende Literatur	120

3 Der Vertragshändlervertrag 121

3.1	Einführung.	121
3.2	Allgemeines.	122
3.3	Vertragsprodukte	123
	3.3.1	Änderung der Vertragsprodukte	124
	3.3.2	Mindestabnahmeklauseln	125
3.4	Vertragsgebiet	126
3.5	Rechte und Pflichten des Vertragshändlers	127
	3.5.1	Absatzförderung	127
	3.5.2	Treuepflicht	128
	3.5.3	Berichtspflicht	128
	3.5.4	Mindestabnahme	129
	3.5.5	Lagerhaltung	130
	3.5.6	Wettbewerbsverbot	130
3.6	Rechte und Pflichten des Herstellers.	131
	3.6.1	Belieferung des Vertragshändlers	132
	3.6.2	Treuepflicht	133

		3.6.3	Informationspflicht	133
		3.6.4	Gleichbehandlung	134
		3.6.5	Regelung der Gewährleistungsrechte des Vertragshändlers	134
	3.7	Selektiver Vertrieb		136
		3.7.1	Offene selektive Vertriebssysteme	136
		3.7.2	Geschlossene selektive Vertriebssysteme	136
	3.8	Direktgeschäfte des Lieferanten		138
	3.9	Vertragsdauer		139
	3.10	Vergütung des Vertragshändlers		140
		3.10.1	Preisanpassung	141
		3.10.2	Ausgleichsanspruch	141
		3.10.3	Ausgleichsanspruch für den Vertragshändler im Ausland	142
	3.11	Muster Vertragshändlervertrag		143
	Literatur			149
4	**Checklisten**			151
	4.1	Checkliste 1: Der Kaufvertrag		151
	4.2	Checkliste 2: Der Eigentumsvorbehalt		154
	4.3	Checkliste 3: Gerichtsstandsvereinbarung oder Schiedsgericht?		155
	4.4	Checkliste 4: Der Handelsvertretervertrag		157
	4.5	Checkliste 5: Der Händler-/Wiederverkäufervertrag		162
	Literatur			164

Anlage 1: Vertragsstaaten des UN-Übereinkommens über die Anerkennung und Vollstreckung ausländischer Schiedssprüche vom 10.6.1958 ... 165

Anlage 2: Vertragsstaaten des UN-Kaufrechtsabkommens (CISG) vom 11.4.1980 ... 167

Haftungsausschluss ... 169

Der Kaufvertrag

Zusammenfassung

Der Kaufvertrag ist die grundlegendste Form der wirtschaftlichen Transaktion, die Übertragung des Besitzes und des Eigentums an einem Gegenstand gegen die Zahlung des Kaufpreises. Seine Regeln finden nach den deutschen gesetzlichen Vorstellungen für bewegliche Sachen grundsätzlich auch Anwendung, wenn die Ware auf die individuellen Wünsche des Kunden hin hergestellt wird, wenn er nicht die Rohstoffe stellt. Nur für bestimmte Teilbereiche, etwa die Beistellungen des Kunden, greift dann Werkvertragsrecht. In der Praxis treten diese Fragen aber in den Hintergrund, weil gerade im internationalen Geschäft der Vertragstext die Rechte und Pflichten der Parteien umfassend regelt. Dies ist auch deshalb nötig, weil sich häufig weitere, eher kaufvertragsfremde Elemente in der Vereinbarung finden, etwa über die Beratung des Kunden, den Aufbau von Maschinen, die Schulung von Mitarbeitern des Kunden, den laufende Service oder die Lizenzierung von Software. Wie Sie alle erforderlichen Regelungsbereiche und die Rahmenbedingungen für Ihren Exportvertrag ermitteln, den Vertragstext formulieren und dabei die rechtlichen Besonderheiten des Auslandsgeschäfts berücksichtigen, zeigt das folgende Kapitel.

1.1 Einführung

Vertragsgestaltung ist Vertragsvorbereitung, Vertragsverhandlung, Vertragsformulierung und Vertragsdurchführung sowie Vertragspflege.

1.1.1 Besonderheiten internationaler Verträge

„Die Gestaltung internationaler Wirtschaftsverträge gehört zweifelsohne zu den anspruchsvollsten Aufgaben der wirtschaftsrechtlichen Praxis" (Ostendorf und Kluth 2013, S. V) – so das Urteil von Wissenschaftlern. Ist es für Unternehmenspraktiker dann nicht müßig, sich selbst mit dem Thema zu befassen? Im Gegenteil! Wenn Sie die Gelegenheit haben, auf entsprechend versierte Berater zurückzugreifen, dann können Sie sie effizienter mit Informationen versorgen und deren Zuarbeit effektiver umsetzen, wenn Sie über Grundkenntnisse verfügen. Wenn Sie aber auf sich allein gestellt sind, dann sind Sie zumindest jenen Vertragspartnern überlegen, denen es auch so geht, denen dieses Grundverständnis aber fehlt.

Bei allen grenzüberschreitenden Geschäftsbeziehungen werden die typischen vertraglichen Risiken, die es auch bei reinen Inlandsverträgen gibt, verstärkt und es kommen weitere, dort nicht vorhandene Risiken hinzu (Transportkosten, Rechtsverfolgungskosten, öffentlich-rechtliche Vorschriften, Sprach- und Kulturunterschiede usw.). Die Risikokombination ist zudem von Rechtsordnung zu Rechtsordnung unterschiedlich, selbst Rechtsordnungen, mit denen man schon Erfahrungen gesammelt hat, verändern sich schneller, als die schon weit entwickelte einheimische Rechtsordnung.

Auslandsverträge sind darum individueller und erfordern mehr Aufwand, die Ratschläge in diesem Buch sind daher immer vom Anwender auf die konkreten Konstellationen und die aktuellen tatsächlichen und rechtlichen Gegebenheiten anzupassen.

Die erheblichen Risiken unbekannter Haftungsansprüche, die hohen Kosten der Rechtsverfolgung und die Unsicherheit von Zahlungsansprüchen bei Exportverträgen können im Extremfall sogar von der Gegenseite ausgenutzt werden, um strategische Ziele, wie etwa eine feindliche Übernahme, zu erreichen!

Denkbar ist hierfür etwa der Abschluss eines großvolumigen Vertrages mit einem zunächst „unverdächtig" erscheinenden ausländischen Unternehmen, z. B. ein großer potenzieller oder bereits bestehender Kunde, der von diesem bewusst in eine Auseinandersetzung gesteuert wird.

Vorinvestitionen, anderweitige fehlende Einnahmequellen, Liquiditätsengpässe, Vertragsstrafen- und Schadenersatzklagen, Beantragung gerichtlicher Eilmaßnahmen und auflaufende bzw. drohende hohe Anwalts- und Gerichtskosten können sodann dazu verwendet werden, in einer vorgeschlagenen, scheinbar „gütlichen Einigung", den deutschen Vertragspartner zu übernehmen oder ihm sein Know-how zu entwinden. Dies kann der horizontalen Integration der Produktion dienen. Es ist nicht ausgeschlossen, dass auswärtige Behörden oder auch Gerichte an diesen Plänen aktiv mitwirken oder sie zumindest im Sinne der Förderung lokaler Interessen billigen.

Es kann auch ein dem hiesigen Unternehmen gut bekannter aus- oder inländischer Mitbewerber hinter dem eigentlichen direkten Kunden stecken, der diese Situation herbeigeführt hat.

Vertragsgestaltung ist immer auch Vertragsverhandlung
Den „idealen Exportvertrag" gibt es nicht. Es gibt nur Verträge, die mehr oder weniger gut zum jeweiligen Sachverhalt passen. Am Anfang steht daher der Sachverhalt, nicht ein Vertragsmuster. Inwieweit man den Vertrag ideal gestalten kann, hängt vom Umfang der Sachverhaltskenntnis, den Rechts- und Sprachkenntnissen und von der eigenen Verhandlungsmacht ab. Die Verhandlungsmacht ist von vielen Faktoren abhängig, den Marktverhältnissen, der Liquiditätslage, der Erfahrung, der Überzeugungskraft und Nervenstärke. Was vom theoretisch „idealen Exportvertrag" am Ende übrig bleibt, ist vom Zusammenwirken dieser Umstände abhängig – und vom Zufall.

1.1.2 Vorbereitung des Auslandsgeschäfts

Bei der Gestaltung von Exportverträgen wird die Bedeutung des Faktors „Zeit" sehr oft unterschätzt, mit häufig nicht wieder gutzumachenden Folgen. Die Zeit spielt unter mehreren Gesichtspunkt eine große Rolle.

Verbreitet ist zunächst das Missverständnis, es sei ausreichend, dem Hausanwalt oder Unternehmensjuristen das erreichte Verhandlungsergebnis, welche Ware zu welchem Preis ist wann zu liefern, vorzulegen mit der Bitte „einmal kurz darüber zu schauen, ob rechtliche Risiken bestehen" oder es „über Nacht in Vertragsform zu gießen, da muss es doch Standardvertragsmuster geben…".

Vertragsgestaltung funktioniert so nicht. Vertragsgestaltung bedeutet, Rechtsregeln auf einen konkreten Sachverhalt durch entsprechende fachgerechte Überlegungen anzuwenden und verschiedene Szenarien zu entwickeln, bei denen sie kalkulierbare Ergebnisse liefern. Das braucht seine Zeit: Zunächst muss der Vertragsgestalter den Sachverhalt ermitteln, auch potenzielle Risikobereiche im eigenen Unternehmen erkennen. Gibt es Vorprodukte, bei denen man von Zulieferern abhängig ist? Sind Beistellungen des Kunden für die Produktion erforderlich? Unterliegt die Beschaffung einem Preisänderungsrisiko? Gibt es interne Engpässe? Anschließend muss geprüft werden, welche Gesetze einschlägig sind, wie Streitigkeiten ausgetragen werden könnten, wie Zahlungen und Rückgriffsmöglichkeiten gesichert werden können. Erst auf dieser Grundlage können passende Regelungen für die Zusammenarbeit entwickelt werden, die dann schließlich auf eine möglichst eindeutige Art und Weise verschriftlicht werden. Allein die Ermittlung des Sachverhaltes und der Rechtslage kann einige Wochen in Anspruch nehmen, weil z. B. Auskünfte von ausländischen Juristen, Behörden, Spediteuren oder Handelskammern einzuholen oder Entwickler, Einkäufer oder externe Gutachter (die z. B. für eine Abnahmeprüfung eingeschaltet werden sollen) zu befragen sind.

▶ Je früher Sie mit der Vertragsgestaltung beginnen, sich für den späteren Abschluss in Stellung bringen, Berater einbeziehen usw., desto größer sind die positiven Auswirkungen Ihrer Bemühungen.

Der „Hebel" Ihres Aufwandes ist umso länger, je früher Sie den Aufwand betreiben, Kosten und Nutzen stehen dann in einem guten Verhältnis zueinander, kleine Kurskorrekturen am Anfang haben später große Auswirkungen. Wenn Sie das Thema „Vertragsgestaltung/Minimierung rechtlicher Risiken" stattdessen erst ganz am Ende, einige Tage vor Unterschrift, nach Zustellung der Klagschrift, oder wenn die Abschlusszahlung ausbleibt, in Angriff nehmen, dann ist das Kind bereits in den Brunnen gefallen, Ihre Ausgangslage schlecht und selbst großer juristischer und prozessualer Aufwand vermögen nur noch eine geringe Verbesserung zu bewirken – Ihr „Hebel" ist zu kurz geworden, Sie müssen für geringe Erträge großen Aufwand betreiben…

Vertragsgestaltung bedeutet zudem nicht nur die Anwendung von Rechtsregeln auf einen vorgegebenen Sachverhalt, sondern idealerweise **die Gestaltung des Sachverhaltes selbst** in einer Art und Weise, die rechtliche Gegebenheiten optimal ausnutzt. Dies kann erforderlich sein, um Risiken von vornherein zu vermeiden, oder um Chancen zu nutzen. Beide Effekte verstärken sich sogar gegenseitig, z. B. bei der Empfehlung, eine eigene Vertriebsgesellschaft für das Exportgeschäft zu verwenden.

▶ Über den Erfolg oder Misserfolg eines Exportvertrag hat die Unternehmensführung daher schon Jahre vor dem Beginn der eigentlichen Vertragsverhandlungen mitentschieden – ggf. ohne sich dessen überhaupt bewusst zu sein.

Die Entscheidung, in einem ausländischen Markt tätig zu werden, sollte bewusst gefällt werden, die damit verfolgten strategischen Ziele sollten festgelegt werden. Sie geben bei der Vertragsgestaltung die Richtschnur vor, anhand derer überhaupt nur bestimmt werden kann, ob der Vertrag „optimal" gestaltet wurde.

Bei der Markterschließung sind die Besonderheiten der Zielländer zu berücksichtigen:

- Welche politischen Risiken gibt es?
- Ist mit Unruhen zu rechnen?
- Mit Transportverzögerungen?
- Wie ist das Klima?
- Drohen umfassende Embargos?
- Sind bestimmte Personengruppen auf schwarzen Listen?
- Sind bestimmte Produkte oder zumindest deren Verwendungsbereiche auf schwarzen Listen?
- Besteht ein Wechselkursrisiko für die Landeswährung?
- Besteht ein Wechselkursrisiko für eine alternative Weltwährung, in der fakturiert werden soll?
- Gibt es Kapitalverkehrsbeschränkungen?
- Drohen Währungsreformen?
- Bestehen logistische Einschränkungen?
- Drohen Boykotte im Land selbst für ausländische Produkte?
- Wie wahrscheinlich sind Steuer-, Zoll- sowie Abgabenänderungen?

1.1 Einführung

- Wie hoch ist das Korruptionsniveau?
- Wie gut ist geistiges Eigentum geschützt?
- Wird Know-how-Transfer erwartet, Kompensationsgeschäfte, Fertigung vor Ort, Bezug lokaler Vorprodukte u. ä.?
- Wie verlässlich sind Verwaltung und Gericht?
- Welche lokalen technischen Vorschriften gelten für die Einfuhr, Inbetriebnahme, den Betrieb und die Wartung sowie die Entsorgung der Produkte? Sind Zulassungen, Prüfzertifikate, Anerkennungen, Anmeldungen und Statistiken erforderlich?
- Welches Ausbildungsniveau besteht bei den Anwendern oder Verbrauchern?
- Welche Verhandlungs-, Arbeits- und Zahlungs- und Beschwerdegewohnheiten bestehen?
- Welche konkreten Erwartungen an das Produkt bestehen im Markt, worauf beruhen diese, auf Erfahrungen, Vorurteilen oder den bisher verwendeten Produkten? Welche Eigenheiten weisen diese alternativen Produkte auf?
- Welche Mitbewerber sind im Markt mit welchen Produkten aktiv?
- Wie ist das Preisniveau?
- Welche Gewinnmargen sind für welche Beteiligten in der Vertriebskette üblich? Gibt es Kostenfaktoren, die im Heimatmarkt nicht – oder anders – auftreten?
- Wer entscheidet nach welchen Kriterien über die Anschaffung und über die Wartung bzw. die Ersatzbeschaffung?
- Welche Eigenheiten des lokalen Rechts bestehen, sowohl was die Ansprüche der Käufer angeht, als auch die Art und Weise, wie Streitigkeiten über die Qualität ausgetragen zu werden pflegen?
- Welche traditionellen, gesellschaftlichen, politischen, regionalen oder religiösen Besonderheiten, Voraussetzungen oder Beschränkungen gibt es?
- Welche sprachlichen Anforderungen gibt es?
- Auf welchen Messen, Ausstellungen und ggf. Internet-Marktplätzen beziehen die potenziellen Kunden ihre Informationen, wo sind die Mitbewerber aktiv, warum sind sie evtl. in bestimmten Bereichen bewusst nicht oder nicht mehr präsent?
- Welche Formen der Zahlungssicherung und der Risikovorsorge, welche Versicherungen, Bürgschaften und Garantien, welche Subventionen für Messeauftritte, Produktion oder Expansion stehen zur Verfügung?
- Welche Register, Verbände, Auskunfteien oder Gewährspersonen können über die Seriosität und das Geschäftsgebaren potenzieller Kunden Auskunft geben?
- Welche Verhandlungs- und Kooperationskultur herrscht im Zielland? Kommt es auf den schnellen Gewinn oder die langfristige Zusammenarbeit an? Ist die Einhaltung eines Ehrenkodex wichtig, oder ist dieser nur von Bedeutung, sofern man bei einem Verstoß „erwischt" wurde, weil man dann „sein Gesicht verliert" – auch weil man offenbar zu dumm war, um sich nicht erwischen zu lassen? Gilt der Kodex überhaupt für Ausländer?

Die Antworten auf alle diese Fragen bestimmten maßgeblich, welche Änderungen am eigenen Produkt oder am eigenen Verhalten erforderlich oder sinnvoll sind, um von vornherein Risiken im ausländischen Markt zu verringern. Um solche Risiken braucht sich der eigentliche Vertrag dann nicht mehr zu kümmern, die Wahrscheinlichkeit der erfolgreichen Abwicklung (im Sinne der Erreichung der mit dem Auslandsgeschäft verbundenen strategischen Ziele) steigt.

> **Beispiele**
> - Abweichende klimatische Bedingungen können dazu Anlass geben, die vertraglich regelmäßig zugesagte Mindesthaltbarkeitsdauer der Produkte zu verringern, oder deren Konservierung oder Verpackung anzupassen, was jedoch zu einer abweichenden Produktspezifikation und/oder zu Mehrkosten führt, logistische Schwierigkeiten (lange Einfuhrzollabwicklungszeiten) dazu, den Beginn der Laufzeit hierfür vorzuverlegen (weg von „ab Anlieferung beim Kunden" hin zu „ab Auslieferung in …, Deutschland").
> - Ein unterschiedliches Ausbildungsniveau der Anwender oder Verbraucher kann dazu veranlassen, gewisse Produktvarianten im ausländischen Markt nicht anzubieten, oder aber, Schulungspakete mit dem Produktverkauf zu kombinieren.
> - Auch abweichende Konstruktionslösungen können erforderlich sein, um größere Wartungsintervalle möglich zu machen, den Schutz vor Umwelteinflüssen (Staub, chemische Verunreinigungen, Vibrationen, Spannungsschwankungen, verunreinigte Prozessmedien usw.) zu gewährleisten oder sonstigen Umständen im Verwendungsland Rechnung zu tragen.
> - Steuerliche Abschreibungsregeln oder Vertriebsgewohnheiten im Zielland können dazu veranlassen, Komponenten des Produkts abweichend von der heimatlichen Praxis zusammenzustellen und zu berechnen bzw. Ersatz- und Verschleißteile sogleich mit der Erstausstattung zu liefern.
> - Die öffentlich-rechtlichen Einschränkung für diejenigen Fachkräfte, die die Erstinstallation vor Ort, etwa den Anschluss an das öffentliche Stromnetz, vornehmen dürfen, können es hilfreich machen, eine Plug-in-Variante des Produktes mit integriertem Spannungswandler für den Auslandsmarkt zu entwickeln, wo für das Inland ein Anschluss durch betriebseigene Installateure der Regelfall ist.
> - Die Versorgung mit lokalen Prozessmedien oder Schmierstoffen kann die Ergänzung von Filtern erforderlich machen oder die ausschließliche Verwendung wartungsfreier Lager und/oder die Versiegelung von Zugangsöffnungen sowie die Aufnahme entsprechender Spezifikationen in die Gewährleistungsregeln.
> - Örtliche Gepflogenheiten oder rechtliche Regelungen können die fälschungsresistente Kennzeichnung von Original-Ersatzteilen, die besondere Beschriftung und Kennzeichnung von Produkten und Umverpackungen sowie die Bereitstellung von Anleitungen und Warnungen auf dem Produkt oder ein Online-Echtheits-Prüfsystem nötig machen.

1.1 Einführung

Sie sollten möglichst viele der gestellten Fragen möglichst genau beantworten, die jeweils aktuelle Entwicklung in diesen Bereichen im Auge behalten und dann die erforderlichen oder wünschenswerten Konsequenzen für Ihr Produkt, die Marketingmaßnahmen, den Vertrieb und die Vertragsvorbereitung sowie den Aftersales-Service aus den Erkenntnissen ziehen.

Es gilt, die für die Einhaltung der Export-Kontrollvorschriften, die Verzollung, die Steuereffekte, die Verschiffung, die Finanzierung und die Kundenbetreuung nötigen neuen Kompetenzen im Unternehmen aufzubauen oder sich dafür externe Dienstleister zu beschaffen, deren Leistungsfähigkeit man ermittelt haben sollte, **lange bevor es zu Problemkonstellationen kommt.**

Informationsquellen
Die Informationen über Ihren Auslandsmarkt und Ihre ausländischen Kunden können Sie auf zahlreichen Wegen einholen:

- Sie können Ihre eigenen Mitarbeiter oder deren Angehörige befragen, die aus den Zielländern kommen.
- Gibt es Städtepartnerschaften in Ihrer Gemeinde oder in ihrem Land dorthin, Kooperationen von Hochschulen oder Branchenverbänden?
- Erfahren Sie etwas von wohlmeinenden Mitbewerbern, von Ihrem einheimischen Branchenverband, Ihrer Hausbank?
- Können Sie solche Verbindungen, soweit sie noch nicht bestehen, selbst befördern, durch Stipendien, Spenden, Initiativen, Werkstudenten, Praktikanten, Austauschprogramme, Unternehmerreisen im Zuge politischer Besuche?
- Können Sie über Ihre Zulieferer oder eigene Kunden oder deren Kunden oder Zulieferer, über Vertriebsmittler, Ihre Botschaft, Außenhandelskammern oder die internationale Abteilung Ihrer IHK Erkenntnisse erlagen?
- Welche Informationen hält Germany Trade & Invest[1] für Sie bereit?
- Welche Informationen bieten die Wirtschaftsförderungseinrichtungen der Zielländer, wie verlässlich sind sie?
- Bringen Ihnen private Reisen oder studentische Unternehmensberatungen, Entwicklungshilfeorganisationen oder Kulturvereine Erkenntnisse?
- Können Sie im Zielmarkt selbst als Käufer auftreten, um die Vorgehensweise von Mitbewerbern zu untersuchen, um an Vertragsmuster, Spezifikationen oder Preislisten zu kommen?
- Welche Arten von Vertriebsmittlern sind vor Ort vorhanden, was haben diese über den Markt zu berichten?

---

[1] http://www.gtai.de/GTAI/Navigation/DE/welcome.html. Diese Wirtschaftsförderungsgesellschaft der Bundesrepublik Deutschland soll den Export und auch die Investitionen aus dem Ausland in Deutschland fördern.

- Gibt es komplementäre Produkte, die bereits eingeführt sind, von deren Herstellern oder Vertreibern Sie etwas erfahren können?
- Gibt es Anfragen von potenziellen Kunden?
- Welche Messen im Zielland, in Nachbarländern oder weltweit können Ihnen Kontakte und Einsichten vermitteln?
- Welche Konsuln oder Auslandsdeutsche im Zielland können Sie befragen oder als Consultants gewinnen?
- Gibt es in Deutschland oder vor Ort Berater, die Ihnen beim Markteintritt behilflich sind, zu welchem Preis, sind sie seriös?

Die Formulierung einer Strategie und die Markterforschung erfordern Zeit und Aufwand.

Der Aspekt der richtigen Strategie kann ebenfalls nicht unterschätzt werden. Es gibt aktuelle Beispiele, bei denen die spezifischen Risiken des Zielmarktes die potenziellen Vorteile dortiger Präsenz nicht unbedingt aufwiegen, so z. B. bei den VW-Abgasmanipulationen im offenbar sehr kleinen Diesel-Pkw-Markt der USA, wenn man der Wirtschaftspresse Glauben schenken kann.

Die Ergebnisse Ihrer Vorarbeiten ermöglichen Ihnen jedoch, **ein Länder-Dossier** mit Fakten, Kontakten und Checklisten für die Vermarktung Ihrer Produkte zu erstellen, zu ermitteln welche Kompetenzen hierfür erforderlich sind und welche Ihrer Mitarbeiter sich von ihrem Leistungsprofil, ihren Sprachkenntnissen und ihrer Mentalität her am besten eigenen, um die Produkte und den Markteintritt vorzubereiten – und später auch die Vertragsverhandlungen zu führen und geschlossene Verträge abzuwickeln.

Im Zuge dieser Vorbereitungen werden Sie eine ganze Anzahl von Punkten ermitteln, die bei der späteren Vertragsgestaltung besonderes Augenmerk und Vorsorge erfordern. Sie sollten sie stichpunktartig in einer **Checkliste zum Vertragsinhalt** vermerken. Für die vorhandenen (und sich später erweiternden) Detailinformationen zu den einzelnen Punkten sollten Sie auf den entsprechenden Abschnitt in Ihrem Länderdossier verweisen.

▶ Idealerweise beginnt also Ihre „Vertragsgestaltung" anderthalb bis zwei Jahre, bevor Sie überhaupt Ihr erstes Angebot schreiben oder die erste Kundenanfrage bei Ihnen eingeht.

Wenn Sie diese Zeit nicht haben, oder sich nicht nehmen möchten, dann versuchen Sie zumindest, in einem Schnelldurchlauf die relevanten Vorkenntnisse zu erwerben.

Es gibt 4 Grundsätze, die Sie bei der Vorbereitung Ihres Exportvertrages in jedem Fall beherzigen sollten, die zu ihrer Umsetzung indes mehr oder weniger Zeit benötigen:

1. Suchen Sie sich die passenden Berater.
2. Sprechen Sie mit Ihrem Versicherer.
3. Sprechen Sie mit Ihren Hausbanken.
4. Gründen Sie eine Vertriebsgesellschaft.

1. Suchen Sie sich die passenden Berater
Ihre Rechtsanwälte, Steuerberater und Wirtschaftsprüfer sind für Ihren nationalen Bedarf passend. Für grenzüberschreitende Fragen sind sie möglicherweise nicht kompetent. Vielleicht möchten sie aufgrund anderweitiger Ausrichtung die erforderlichen Zusatzkenntnisse auch gar nicht erwerben, so gerne sie Sie als Kunden sonst behalten möchten. Suchen Sie sich dann frühzeitig externe Dienstleister, mit denen Ihre „Hausberater" vertrauensvoll zusammenarbeiten möchten. Sie finden solche ergänzenden Spezialisten, indem Sie zunächst Ihre „Hausberater" bitten, sie für Sie zu suchen. Es ist ein gutes Zeichen, wenn diese Ihnen mehrere begründete Vorschläge machen. Häufig ist die Leistung, die aufgrund solcher kollegialer Empfehlungen erbracht wird, besser, als diejenige, die Sie erhalten, wenn Sie sich auf eigene Faust an die Berater wenden.

Über die internationale Abteilung Ihrer IHK, über AHKs und die jeweiligen grenzüberschreitende Juristenvereinigungen, z. B. die Deutsch-Britische Juristenvereinigung usw., können Sie Kontakt zu entsprechenden Anwälten aufnehmen. Übermitteln Sie den Dienstleistern, mit denen Sie sich eine Zusammenarbeit vorstellen können, Ihr Länderdossier und bitten Sie die Bewerber um eine Stellungnahme im Rahmen Ihrer Auswahlentscheidung, wie sie glauben, Sie unterstützen zu können. Die Antworten geben Ihnen Aufschluss über die Leistung der Berater und können Ihnen zugleich wertvolle Zusatzkenntnisse verschaffen.

Dem schlussendlich ausgewählten Berater sollten Sie recht zeitnah einen kleinen entgeltlichen Arbeitsauftrag stellen. Einerseits belegen Sie damit, dass Sie konkreten Bedarf haben, anderseits können Sie einschätzen, welche Leistung Sie erwarten können.

2. Sprechen Sie mit Ihrem Versicherer
Umfang und Wahrscheinlichkeit der Inanspruchnahme für tatsächliche oder vermeintliche Haftpflichtschäden unterscheidet sich von Rechtsordnung zu Rechtsordnung. Die Produkthaftung ist in den Ländern der europäischen Union aufgrund der vereinheitlichten Gesetzgebung ähnlich, außerhalb der EU bestehen jedoch erhebliche Unterschiede. Letzteres gilt für die Art und Weise der Verfolgung von Straftaten und Ordnungswidrigkeiten auch schon innerhalb der EU. Sie sollten klären, ob der Umfang und die räumliche Reichweite Ihrer entsprechenden Versicherungen, Haftpflicht, Rechtsschutz, D&O usw. für Ihre geplante Expansion oder Ihr Gelegenheitsgeschäft ausreichend sind. Sie sollten sich mit Ihrer Versicherung auch darüber abstimmen, a) inwieweit vertraglich vereinbarte (im Gegensatz zu gesetzlich vorgegebenen) Ansprüche vom Versicherungsschutz umfasst sind und b) ob sich die Deckung ändert, wenn der Vertrag alternative Streitbeilegungsmethoden vorschreibt, also z. B. ein Schiedsgericht statt eines staatlichen Gerichts.

3. Sprechen Sie mit Ihren Hausbanken
Nicht jede Bank ist in der Lage, oder hat Interesse daran, internationale Geschäfte zu begleiten. Sie sollten daher ermitteln, ob Ihre bisherigen Kreditinstitute Ihren entsprechenden Anforderungen genügen, oder ob es erforderlich ist, sich ergänzende

Verbindungen zu schaffen. Das Gespräch mit erfahrenen Finanzdienstleistern kann wichtige Hinweise auf zur Verfügung stehende Instrumente geben, die man in die eigene Vertragsplanung frühzeitig mit einbeziehen sollte. Welche Möglichkeiten zur Absicherung von Währungsrisiken gibt es? Welchen Bedingungen unterliegen Bürgschaften oder Garantien (bank bond, demand guarantee) zur Absicherung des Kunden für dessen Anzahlungen, für die Vertragserfüllung, für die Gewährleistung? In welchen Sprachen ist das Bürgschaftsformular vorhanden? Welches Recht soll für die Bürgschaft gelten, welche Streitentscheidungsmethoden sind vorgesehen, welche Kosten entstehen einmalig und laufend, wie schnell kann die Urkunde erstellt und übergeben werden? Welche Formen sind für die Kommunikation einzuhalten, Fax, E-Mail, SWIFT-Nachricht von Bank zu Bank, welche Fristen müssen eingehalten werden, um die bankmäßige Bearbeitung zu gewährleisten, welche Dokumente kann Ihre Bank im Rahmen von Dokumentenakkreditiven (documentary letter of credit) akzeptieren, welche Muster hierfür möchte sie verwenden (z. B. URDG 758[2]) oder sind nach ihrer Erfahrung sinnvoll usw.

Die Ermittlung der Ihnen in diesem Bereich konkret zur Verfügung stehenden Optionen und ihre logistischen Eigenheiten ermöglicht es Ihnen, sich im Vorwege Alternativen für die Vertragsgestaltung zurecht zu legen, die Sie dann in der Praxis auch tatsächlich umsetzen können. Damit vermeidet man Verhandlungsrunden über theoretisch denkbare Lösungen, die später dann an der Umsetzungsfähigkeit der eigenen Bank scheitern. Diese Vorbereitungsarbeiten entlasten in der akuten Verhandlungssituation die zur Verfügung stehenden knappen Ressourcen von technischen Fragen.

4. Gründen Sie eine Vertriebsgesellschaft
Exportverträge sind aufwendiger als Inlandsverträge. Sie sind auch mit größeren Risiken behaftet, weil die Wahrscheinlichkeit höher ist, dass es zu Komplikationen kommt und weil ihre Folgen zum Teil gravierender sind, als dies nach hiesigem Recht der Fall ist. Berüchtigte Beispiele hierfür sind aus den USA Vertragsverletzungsverfahren, Produkthaftung und Sammelklagen, aus dem mittleren Osten und aus China Wirtschaftsstrafverfahren. Nicht alle daraus erwachsenden Risiken lassen sich durch die Zwischenschaltung einer rechtlich selbstständigen Vertriebsgesellschaft vermeiden, dennoch ist die Verwendung eines solchen „Puffers" in allen Fällen von Vorteil.

Viele Unternehmen gehen auch im Ausland mit ihrer Muttergesellschaft vertrieblich „an den Start". Vertragspartner und Träger der gesetzlichen Handelndenhaftung ist dann das Stammhaus, in dem häufig alle Vermögenswerte des Unternehmens konzentriert sind, etwa Ansprüche aus anderen Verträgen gegen Kunden auf Zahlung, Know-how, Lizenzrechte, Marken, Patente, Urheberrechte an Quellcodes, Mietverträge, Maschinen, Rohstoffe, Kreditlinien, die Firma (im Sinne des Namens des Unternehmens) usw. Dieser reichhaltige Haftungstopf ist natürlich für jeden Anspruchsteller ein Traum. Es ist im

---

[2]Uniform Rules for Demand Guarantees, ein Vorschlag der ICC für die einheitliche Regelung von Bankgarantien.

Sinne einer langfristigen Haftungsvermeidungsstrategie viel sinnvoller, eine möglichst weitgehende Trennung der Vermögenssphären herbeizuführen: Eine Besitzgesellschaft hält die risikolosen Vermögensgegenstände und verpachtet/lizenziert sie an eine Betriebsgesellschaft, die Träger der Produktion und des Inlandsvertriebs ist. Vertriebsgesellschaften für einzelne Regionen (oder eine Gesellschaft für den gesamten internationalen Vertrieb) treten in den dortigen Märkten als Verkäufer der Produkte auf. Nur diese Vertriebsgesellschaft tritt gegenüber den dortigen Kunden in Erscheinung, nur sie wird Vertragspartner der Kunden und nur sie ist Ansprechpartner für Gewährleistungs- und Haftungsfragen.

Zumindest die vertraglichen Ansprüche und nicht auf die Produkthaftung bezogene gesetzliche Ansprüche lassen sich auf diese Weise von den Vermögensgegenständen des „Mutterschiffes" fernhalten. Selbst „durchschlagende" Produkthaftungsansprüche lassen sich ggf. auf die inländische Betriebsgesellschaft konzentrieren. Auf diese Weise haben Sie drei Verteidigungsringe um den Vermögenskern Ihres Unternehmens gelegt – und können möglicherweise die weniger intensiven Angriffsversuche schon aufgrund der sich daraus ergebenden Komplexität im Keim ersticken.

Wie in allen anderen Fragen der Vertragsgestaltung geht es auch bei der Vorbereitung nicht darum, einen „wasserdichten" oder „todsicheren" Vertrag zu erreichen, sondern darum, so viele „Schutzschichten" und „Rückfallpositionen" wie möglich zu installieren, so viel „Opferanoden" und „Sollbruchstellen", dass die Wahrscheinlichkeitsrechnung sich zu Ihren Gunsten verbessert.

Auch hier ist der Zeitfaktor entscheidend: Ihre internationale Vertriebsgesellschaft als Vertragspartner können Sie Ihrem Kunden nicht kurz vor Vertragsunterschrift wie das Kaninchen aus dem Hut präsentieren, dann würde er misstrauisch – statt zu unterschreiben, oder wenn doch, dann später im Ernstfall die Muttergesellschaft selbst in Anspruch nehmen, die mit ihm verhandelt hat, etwa unter dem Gesichtspunkt des angeblichen „Verschuldens bei Vertragsschluss" (= c. i. c. = culpa in contrahendo) oder wegen in Anspruch genommenen Vertrauens, oder als Mitschuldner. Auch wenn diese Anspruchsgrundlagen möglicherweise gar nicht durchgreifen, die Richter, die später über Ihre Auseinandersetzung entscheiden, werden ein klares moralisches Urteil über Ihr Verhalten fällen, zu Ihren Ungunsten!

Ihre Vertriebsgesellschaft muss vielmehr diejenige sein, die beim ersten Messeauftritt vor Ort präsent ist, die eine Homepage in Landessprache mit entsprechender Top-level-Domain (diese Domain ist allerdings nur von einer Werbeagentur gemietet, die sie wiederum nur treuhänderisch für die Besitzgesellschaft hält) hat, an die sich der potenzielle Kunde acht Monate zuvor gewandt hatte, um erste Produktinformationen zu erhalten… Die 40.000 €, die Sie für Gründung, Einrichtung und Betrieb dieser Untergesellschaft ausgegeben haben, könnten sich vier Jahre später, wenn ein Schadenersatzurteil gegen diese Gesellschaft über 400.000 € rechtskräftig geworden ist, als Ihre beste Entscheidung bei der „Vertragsgestaltung" herausstellen, weil sie für diese Gesellschaft dann – statt zu zahlen – lieber einen Insolvenzantrag stellen… Eventuell ist die Tatsache, dass Ihnen dieser Ausweg jederzeit zu Gebote steht, sogar das Druckmittel, das Ihren Vertragspartner dazu bringt, sich mit Ihnen außergerichtlich auf einen Kompromiss zu einigen, sodass Sie auch die Verfahrenskosten noch sparen.

Schon die bisherige Einführung zeigt, dass *Vertrags*gestaltung weit mehr bedeutet, als die Verhandlung und Formulierung des Vertrags*textes*. Vertragsgestaltung bedeutet in einem umfassenderen Sinne die Durchdringung und Gestaltung des gesamten Sachverhaltes, der im Zusammenhang mit dem Verkauf steht.

1.1.3 Checkliste zum Vertragsinhalt

Bezogen auf den eigentlichen Vertragstext bedeutet Vertragsgestaltung zunächst, dass alles in den Vertrag aufgenommen werden sollte, was regelungsbedürftig ist. Regelungsbedürftig ist alles, was für die Rechte und Pflichten beider Parteien künftig eine Rolle spielen könnte.

Probleme durch den Vertragstext entstehen, wenn er Regelungen enthält, die ungünstig für die betroffene Partei sind. Solche Regelungen zu vermeiden ist eine Frage der Verhandlungsstärke.

Probleme entstehen auch, wenn die Formulierung des Textes Auslegungsfragen aufwirft, also der Text unklar ist. Unklarheiten lassen sich verringern, wenn man bewährte Formulierungen verwendet, die in der Branche bekannt sind, etwa weil sie aus dort anerkannten Musterverträgen stammen. Auch die Verwendung der Incoterms der ICC kann helfen, Unklarheiten zu vermeiden. Einerseits bildet sich im Laufe der Zeit ein Konsens über die Bedeutung der dortigen Formulierungen heraus, andererseits lassen sich zu Standardformulierungen im Zweifelsfall eher Gerichtsentscheidungen finden, als zu individuellen Formulierungen.

Die schwerwiegendsten Probleme werfen indes wohl Lücken im Vertrag auf, also fehlende Regelungen. Oft führen gerade solche Lücken zu besonders unangenehmen Überraschungen.

Lücken vermeiden Sie, wenn Sie eine **Checkliste mit Vertragsinhalten** aufstellen und dabei alle Fragen abarbeiten, die Ihr Vertrag regeln soll. Eine solche Liste könnte die folgenden Punkte umfassen:

Grundlagen
- Firmierung und Tätigkeitsgebiet der Parteien
- Erläuternde Einleitung (Präambel)
- Definitionen von Begriffen und Bezeichnungen
- Gegenstand des Vertrages
- Rangordnung zwischen Vertrag und anderen Regelungen

Leistungsinhalt
- Gegenstand der eigenen Leistung
- Lieferbedingungen (Leistungsort und Leistungszeit)
- Gegenleistung (Preis)
- Beistellungen des Kunden
- Zahlungsbedingungen, Zinsen
- Wechselkurse, Zahlungskosten

1.1 Einführung

- Bedingungen, Genehmigungen
- Anpassung von Leistung und Gegenleistung
- Zukünftige Leistungsumfänge, Optionen

Sicherung der Gegenleistung
- (verlängerter) Eigentumsvorbehalt, Verarbeitungsvorbehalt
- Sicherheiten
- Bürgschaften, Letter of Credit, Akkreditiv, Dokumenten-Inkasso

Sicherung der Leistung, Sekundäransprüche
- Sicherheiten
- Bürgschaften usw.
- Spätleistung, Verzug
- Schlechtleistung
- Verletzung von Nebenpflichten
- Gewährleistungen
- Garantien
- Haftung
- Freistellung
- Höhere Gewalt
- Exportklausel
- Abtretung und Aufrechnung
- Leistung durch Dritte/Einbeziehung Dritter
- Informationspflichten
- Schutzpflichten
- Wettbewerbsverbote
- Vertraulichkeitsvereinbarungen
- Zertifizierungen, Audits, CSR

Vertragsdurchführung
- Beginn und Laufzeit
- Aufschiebende und auflösende Bedingungen
- Rücktritt
- Kündigung
- Zurückbehaltungsrecht, Aufrechnung, Abtretung
- Change of Control
- Nachvertragliche Regelungen
- Fortgeltung von Regelungen nach Vertragsende
- Kompensationen

Schlussbestimmungen
- Salvatorische Klausel
- Schriftform

- Sprache, Auslegung
- Rechtswahl
- Gerichtsstand
- ADR

Unterschriften
Anlagen

Individualisieren, ergänzen und detailreicher ausarbeiten können Sie diese Liste, indem Sie drei Herangehensweisen kombinieren:

1. Beschaffen Sie sich Vertragsmuster, Vertragsempfehlungen, Verträge von Mitbewerbern und Vertragsvorschläge und AGB von Kunden und Zulieferern sowie Standardverträge aus Ihrer Branche. Extrahieren Sie daraus die Regelungsbereiche, die diese Texte abzudecken versuchen. Ergänzend können Sie auch die einschlägigen gesetzlichen Vorschriften zurate ziehen. Machen Sie sich daraus Ihre eigene Checkliste mit Themen, die Ihr Vertrag regeln soll.
2. Beobachten Sie den Markt und einschlägige Publikationen, besuchen Sie passende Seminare und Workshops und analysieren Sie die Rechtsprechung und die Meinungsverschiedenheiten mit Ihren eigenen Kunden und ergänzen Sie so laufend die Themen, die Ihre Verträge regeln sollen. Datenschutz, Digitalisierung, Versicherungsfragen, Umweltschutz, Corporate Social Responsibility usw. sind Bereiche, in denen laufend neue Fragestellungen und Ansprüche in der Praxis auftauchen.
3. Spielen Sie für einzelne Märkte, Kunden und Produkte im Rahmen von Besprechungen der Beteiligten aus Marketing, Produktion, Vertrieb, Service, Entwicklung und Controlling bei den Vertragsverhandlungen gedanklich Szenarien durch, die die Vertragsabwicklung gefährden können: Was passiert, wenn der Kunde insolvent wird, wenn Vorprodukte mangelhaft sind, nicht oder zu spät geliefert werden, wenn Mängel erst nach Einbau, Auslieferung, nach längerer Betriebszeit am Einsatzort auftreten, wenn bestimmte Mitarbeiter ausfallen oder aus dem Unternehmen ausscheiden, zum Kunden oder Mitbewerber wechseln, wenn bestimmte Orte im Empfänger- oder Nutzerland unzugänglich werden, wenn bestimmte Transportmittel nicht mehr zur Verfügungen stehen, wenn Embargo-Richtlinien sich ändern, wenn Umweltschutzstandards oder Steuer- oder Zollsätze sich ändern, wenn Patentstreitigkeiten aufkommen, wenn bei Produktion, Tests, bei Auslieferung oder Erstinbetriebnahme durch eigene Mitarbeiter, durch Zulieferer oder durch die Mitarbeiter des Kunden Fehler gemacht werden, wenn verschmutzte oder falsche Hilfs- oder Betriebsstoffe verwendet werden, falsche Spannungen angelegt werden? Wer trägt für welche Umstände die vertragliche Verantwortung, bei wem liegt die Beweislast, wie werden welche Umstände dokumentiert, erfolgt dies beweissicher, welche Mehrkosten können entstehen usw.? Wenden Sie Ihre Standardvertragsregeln auf jedes dieser Szenarien an und fragen Sie sich kritisch, wie danach Ihre Position ist, rechtlich, wirtschaftlich, argumentativ.

1.1.4 Grundregeln der Vertragsgestaltung

Ihr Vertragsgestaltungs-Werkzeugkasten
Sie haben also mittlerweile ein **Länderdossier,** eine **Checkliste** mit den zu regelnden Fragen und eine **Sammlung von verschiedenen Formulierungen** zu den einzelnen Regelungspunkten, die Varianten darstellen, die für Sie grundsätzlich akzeptabel sind.

Jetzt sollten Sie sich aus den möglichen Formulierungen einen kompletten „Mustervertrag" zusammenstellen, der aus Ihrer Sicht für den angezielten Markt optimal ist. Sie können ihn als Ihren Standard-Vertragsvorschlag frühzeitig in die Verhandlungen einführen (vgl. „Bedeutung der Vertragsregie"). Ihn häufig, also als Standardvertrag, zu verwenden, bringt verschiedene Vorteile mit sich:

Einerseits ist die Vertragsverhandlung für Sie dadurch weniger aufwendig, weil Sie genau wissen, wo Sie welche Änderungen, sei es durch die Wünsche des Kunden, sei es wegen der Besonderheiten des konkreten Falles, einpflegen müssen. Andererseits hilft Ihnen ein **Standardvertrag** bei der Vertragsdurchführung, denn Sie wissen, welche Phasen zu durchlaufen sind, bis der Vertrag endgültig abgewickelt ist, welche Fristen gelten, welche Unterlagen zur Vertragsdurchführung erforderlich sind usw.

Auch bei späteren Meinungsverschiedenheiten kommt Ihnen ein hauseigener Standardvertrag zugute. Die größte Bedeutung des Exportvertrages liegt in seiner streitvermeidenden Wirkung. Die Überzeugungskraft Ihrer Argumentation im Hinblick auf die Auslegung oder Durchsetzung der vertraglichen Regelungen wird durch den Hinweis darauf deutlich verstärkt, dass es sich insoweit um eine Regelung handelt, die Sie in allen Fällen treffen, die also auch Ihren anderen Kunden gegenüber gilt. Ihr konkreter Kunde wird sich dann gerechter behandelt fühlen, weil er davon ausgeht, dass z. B. seine Mitbewerber vergleichbaren Bedingungen ausgesetzt sind. Außerdem kann er vermuten, dass Sie bereits Erfahrungen mit der Durchsetzbarkeit der fraglichen Regelung gesammelt haben, ihm insoweit bei der Risikokalkulation also im Vorteil sind. Dieser Effekt wird in einem Klassiker des internationalen Wirtschaftsrechts wie folgt zusammengefasst:

> The importance, for international sales, of well-drafted general terms of business can hardly be exaggerated. They are particularly important where neither uniform conditions of export sales nor standard contract forms are used. Litigation can often be avoided when the seller is able to refer the buyer to a clause in his printed terms of business which was embodied in the quotation or acceptance, and the fact that these terms apply to all transactions concluded by the seller adds persuasive force to his argument[3] (Schmitthoff 2012, Rdn. 32–104).

---

[3]Die Bedeutung gut formulierter AGB für internationale Kaufverträge kann kaum überschätzt werden. Sie sind dort besonders wichtig, wo keine einheitlichen Geschäftsbedingungen oder Musterverträge angewendet werden. Prozesse können häufig vermieden werden, wenn der Verkäufer in der Lage ist, den Käufer auf eine gedruckte Klausel in seinen AGB, die Bestandteil des Angebotes oder der Auftragsannahme waren, zu verweisen – und der Umstand, dass sie allen Geschäften des Verkäufers zugrunde liegt, erhöht die Überzeugungskraft seiner Argumentation.

Die Bedeutung der Vertragsregie

Wieder einmal kommt der Faktor Zeit ins Spiel, in diesem Fall in Form des Timings, also der Frage, was man zu welcher Zeit macht. Den ersten Vertragsentwurf vorzulegen ist immer eine gute Idee. Wer ihn lancieren kann, hat die Vertragsregie. Verschiedene Aspekte in Vertragsverhandlungen führen im Endergebnis dazu, dass die Seite, die die Vertragsregie hat, regelmäßig ihre Interessen besser im Vertragstext verwirklichen kann, als die Gegenseite. Sie kennen sich in Ihrem Entwurf besser aus als die Gegenseite. Für diese bedeutet es Zeitaufwand, ihre Vorschläge und Wünsche im vorgelegten Entwurf zu verorten. Das bedeutet, dass die Gegenseite weniger Energie in die eigentliche Verhandlung investieren kann. Psychologisch gesehen fällt es schwerer, Änderungen an einem vorhandenen Entwurf vorzuschlagen, als einen vorhandenen Entwurf bloß zu verteidigen. Wer Änderungen möchte, hat automatisch die Rechtfertigungslast, warum er noch Zeit und Energie aufwenden möchte, um etwas bereits Geregeltes zu ändern. Er muss seine Motive und Ziele eher offen legen.

Beim Aufbau von Verträgen und bei der Formulierung vertraglicher Regelungen sollte man Grundregeln beachten, die die Qualität des Vertrages erhöhen und helfen, Unsicherheiten zu vermeiden.

Einige dieser **Vertragsgestaltungs-Regeln** finden Sie nachfolgend:

- Archivieren Sie alle Dokumente und Informationen, die mit dem konkreten Geschäft zu tun haben (Visitenkarten, Messekataloge, Websites, Bewirtungsbelege, Mail-Korrespondenz, Angebote usw.).
- Versuchen Sie, die Vertragsregie zu führen.
- Vermeiden Sie Hektik bei der Formulierung von Vertragsklauseln.
- Vermeiden Sie auf jeden Fall „Änderungen in letzter Minute", auch wenn sie im ersten Moment „unwichtig" erscheinen.
- Hören Sie auf Ihr „Bauchgefühl", wenn Ihnen Formulierungen bedenklich erscheinen.
- Fangen Sie erst an, den Vertragstext zu entwerfen bzw. zu bearbeiten, wenn grundsätzlich Klarheit darüber besteht, worauf sich die Parteien geeinigt haben bzw. welche Regelungen Sie der Gegenseite vorschlagen wollen.
- Betrachten Sie immer den gesamten Vertrag, nicht nur die einzelne Regelung, die Sie bearbeiten.
- Den Vertrag sollten Sie mit „Vertrag" überschreiben, damit klar ist, dass es sich um eine bindende Vereinbarung handeln soll. Die einzelnen Paragrafen sollten kurze und aussagekräftige Überschriften erhalten.
- Vorsicht mit Rechtsbegriffen! Ein „Kaufvertrag" ist vielleicht in Wirklichkeit ein Werkvertrag oder ein Werklieferungsvertrag. Verzichten Sie daher auf solche Vorfestlegungen.
- Bezeichnen Sie die Parteien lieber mit Abkürzungen statt mit abstrakten Rechtsbegriffen wie „Käufer", „Verkäufer" oder „Auftraggeber". Viele Verträge sind gemischte

1.1 Einführung

Verträge, die nicht mehr in die klassischen Vertragskategorien passen. Außerdem kommen Verwechslungen weniger oft vor, wenn die wirklichen Namen der Parteien verwendet werden. Den Beteiligten ist auch eher klar, was sie für Rechte und Pflichten haben.
- „Verhandeln" Sie nicht durch die Vertragsformulierung, sprechen Sie vielmehr Ihre Vorstellungen offen an und legen Sie danach das Ergebnis der Verhandlung nieder, bzw. machen Sie kaufmännische Vorschläge, zu denen Sie dann passende Formulierungsvorschläge mitliefern.
- Vermeiden Sie bewusste Unklarheiten, denn „Wer anderen eine Grube gräbt, fällt oft selbst hinein".
- Schließen Sie Verträge schriftlich ab, also in Papierform und mit den vollständigen Unterschriften und Firmenstempeln beider Seiten.
- Achten Sie darauf, dass jede Seite des Vertrags von denjenigen paraphiert worden ist, die ihn auch rechtswirksam unterschrieben haben.
- Verwenden Sie für Unterschriften usw. blaue Tinte/Kugelschreiber, keine schwarze Tinte – so lassen sich Originale eher von Kopien unterscheiden.
- Paginieren Sie alle Vertragsseiten.
- Wählen Sie eine Gliederung aus, die übersichtlich ist, z. B. 1.1.1., 1.1.2., 2.1.1. usw.
- Halten Sie sich konsequent an die gewählte Gliederung.
- Verwenden Sie nicht zu viele Gliederungsebenen.
- Sperren Sie nicht beschriebene Abschnitte oder freie Rückseiten durch Striche oder Hinweise auf Leerraum („Freibleibend").
- Achten Sie auf eine allgemein verständliche Ausdrucksweise.
- Drücken Sie sich klar aus, vermeiden Sie also Wörter mit mehreren Bedeutungen, Kunstwörter, Abkürzungen, Fremdwörter, lateinische Ausdrücke, Ausdrücke aus fremden Rechtsordnungen („LoI" für „letter of intent" für Absichtserklärung, oder Vorvertrag oder???).
- Schreiben Sie so, dass auch Personen, die die Branche nicht gut kennen, den Vertrag und die Absicht der Parteien verstehen können.
- Lassen Sie unbefangene Dritte den Vertrag oder zumindest wichtige Abschnitte daraus lesen und fragen Sie sie, wie sie einzelne Passagen verstehen.
- Besprechen Sie mit Ihrem Team denkbare Verläufe der Vertragsabwicklung. Decken Ihre Regelungen auch den schlimmsten denkbaren Fall ab?
- Überarbeiten Sie den Text mehrfach.
- Lassen Sie Ihren Entwurf möglichst einige Tag liegen und lesen Sie ihn dann erneut durch.
- Vermeiden Sie doppelte Verneinungen, also lieber „…setzt ein Anspruch voraus, dass er innerhalb von drei Wochen…" statt „…hat keinen Anspruch, wenn er nicht innerhalb von drei Wochen…"
- Vermeiden Sie Substantiv-Stil, also lieber „… muss er kündigen…" statt „… hat die Kündigung zu erfolgen…".

- Formulieren Sie aktiv statt passiv, also lieber „Jede Partei kann den Vertrag verlängern, wenn sie innerhalb von 6 Monaten…" statt „Der Vertrag wird verlängert, wenn eine Partei innerhalb von 6 Monaten…"
- Verwenden Sie Begriffe und Formulierungen immer einheitlich. Gleiches gilt für Datumsangaben und die Darstellung von Zahlen/Preisen.
- Wiederholen Sie Zahlen in Wörtern: „10 (zehn) Tage".
- Achten Sie darauf, alle denkbaren Alternativen zu erwähnen.
- Machen Sie deutlich, ob Aufzählungen abschließend oder aber nur beispielhaft sein sollen.
- Stellen Sie klar, ob mehrere Elemente gleichzeitig vorliegen müssen, oder ob sie auch jeweils nur einzeln ausreichen, um die gewünschte Rechtsfolge auszulösen, also z. B.: „Der Anspruch setzt voraus, dass alle folgenden Umstände gegeben sind: …" oder „… dass einer der folgenden Umstände gegeben ist: …"
- Vermeiden Sie „Fachchinesisch" oder umgangssprachliche Ausdrücke der Branche, wenn deren Bedeutung nicht im Vertrag selbst klar definiert ist.
- Setzen Sie bei Begriffen, Normen, Maßeinheiten[4] usw. nichts voraus. Was in Ihrem Kulturkreis selbstverständliches Vorverständnis ist, ist für Ihren Vertragspartner möglicherweise völlig abwegig.
- Denken Sie daran, dass Begriffe in unterschiedlichen Märkten unterschiedliche Bedeutungen haben können – und die Parteien zuweilen gar nicht merken, dass sie aneinander vorbeireden.
- Bevorzugen Sie kurze Wörter.
- Bilden Sie kurze Sätze.
- Bilden Sie kurze Absätze.
- Achten Sie darauf, dass die Absätze aus sich selbst heraus verständlich bleiben und nicht nur in Zusammenschau mit anderen Textabschnitten verständlich sind.
- Wählen Sie für die einzelnen Regelungen eine logische Reihenfolge, z. B. den typischen Ablauf der Vertragsabwicklung.
- Fassen Sie sachlich zusammenhängende Regelungen auch räumlich zusammen.
- Positionieren Sie die wichtigsten Regelungen an herausgehobener Stelle, z. B. direkt vor den Unterschriften (Rechtswahl) oder heben Sie sie durch Fettdruck oder zusätzlich auch deutlich sichtbare Warnhinweise im Rand des Textes hervor, z. B. eine stilisierte rote Hand am rechten Textrand, die auf eine besonders harsche Haftungsausschlussklausel verweist.
- Wiederholen Sie sich nicht unnötig, sondern verweisen Sie auf bereits vorhandene Regelungen, um Platz zu sparen und Widersprüche zu vermeiden. Hüten Sie sich aber zugleich vor langen Verweisketten.

---

[4] „Haltbarkeit 12 Monate bei Lagerung zwischen 5 und 21 Grad…" – Grad Celsius, Fahrenheit, Kelvin oder Réaumur?; „innerhalb einer Frist von fünf *Werktagen*"; „normgerecht" – DIN-Normen, Eurocodes, EN, ISO? usw.

- Kontrollieren Sie, ob Verweise innerhalb des Vertrages und auf externe Schriftstücke korrekt sind – und bis zur Unterschrift auch korrekt bleiben.
- Einigen Sie sich auf eine maßgebliche Sprachfassung.
- Dokumentieren Sie sehr genau spätere Vertragsänderungen.
- Achten Sie darauf, dass Sie immer mit der aktuellen Vertragsfassung arbeiten.
- Planen Sie die eigentlichen Vertragsverhandlungen so, dass Sie nicht in Zeitdruck oder Zugzwang geraten, nicht übermüdet, hungrig, durstig, alkoholisiert oder isoliert sind.
- Schützen Sie Ihre Unterlagen und Ihre Kommunikation vor Wirtschaftsspionage, vor Abhör- oder Hackerangriffe, insbesondere in ausländischen Hotels und Konferenzräumen, gleichgültig ob durch technische Mittel (Mikrofone, Tonaufzeichnungen) oder Personen (Dolmetscher, Übersetzer, örtliche Berater, Kellner, Zimmermädchen, Concierge, Fahrer, Personen am Nebentisch usw.).
- Machen Sie sich durch Ihr Verhalten am Rande von Verhandlungsreisen nicht persönlich erpressbar. Das gilt für extremes Fehlverhalten (Drogenkonsum, Schmuggel, Abgabenverkürzung…), aber auch für weniger intensive Bereiche („Political Correctness" im täglichen Umgang und im Sprachgebrauch, auch bei internen E-Mails, in Telefonaten, gegenüber Service-Kräften, Annahme und Verteilen von Geschenken usw.).

1.1.5 Vertragsaufbau

Der formale Aufbau des Vertrages richtet sich nach dem technisch vorgegebenen Ablauf des Geschäfts und folgt idealerweise seiner zeitlichen Entwicklung. Dennoch gibt es einige Gepflogenheiten, die Sie berücksichtigen sollten. Die Checkliste der Vertragsinhalte gibt ein grobes denkbares Raster vor.

Obwohl Gerichtsstandsvereinbarung, ADR-Klausel und Rechtswahlklausel grundlegende Bedeutung für den gesamten Vertrag haben, finden sie sich traditionell eher an dessen Ende. Soweit ihre Position so weit hinten im Vertrag ist, dass sie sich praktisch auf der Seite mit den Unterschriften finden – und also auch dem flüchtigsten Leser auffallen müssen – ist dagegen nichts einzuwenden. Sie sollten sie jedoch keinesfalls als „Mitternachtsklauseln" stiefmütterlich behandeln, also erst ganz am Ende der Verhandlungen „auf den letzten Drücker" eine Einigung darüber herbeiführen.

Traditionell finden sich Definitionen wichtiger Begriffe des Vertrages an dessen Anfang. Diese Positionierung macht es dem Leser einfacher, den Text im Lesefluss zu verstehen und erleichtert auch das Nachschlagen der Begriffe.

Ein Inhaltsverzeichnis mit Seitenangaben ist bei längeren Vertragstexten ebenfalls sehr hilfreich und kann ganz am Anfang des Vertrages stehen, etwa nach dessen Titelblatt. Dort sollte sich auch ein Verzeichnis der Anlagen finden, wenn diese zahlreich sind.

Ein Beispiel für den typischen Aufbau von Verträgen nach anglo-amerikanischem Recht findet sich im Abschn. 1.2.3 zur Rechtswahl.

1.2 Das anwendbare Recht

Wenn der Vertragspartner seinen Sitz im Ausland hat, oder die Ware ins Ausland geliefert wird, hat der Vertrag Berührung mit mehreren Rechtsordnungen. Sofort stellt sich dann die Frage, wessen Recht angewandt wird, das des Verkäufers, das des Käufers, das am Lieferort geltende Recht, das im Land des Endverbrauchers? Das ist die Frage nach dem „Sachrecht", also den Vorschriften einer Rechtsordnung, die konkret die Rechte und Pflichten der Parteien regeln, etwa § 433 BGB. Erst wenn diese Vorfrage geklärt ist, kann man nach den Vorschriften dieses nationalen Rechts die inhaltlichen Fragen beantworten, wer wem was schuldet.

1.2.1 IPR/Kollisionsrecht

Die in grenzüberschreitenden Sachverhalten vorrangige Frage nach dem anwendbaren Sachrecht beantwortet das IPR, das Internationale Privatrecht. Es wird auch „Kollisionsrecht" genannte, weil seine Regeln zum Zuge kommen, wenn mehrere Rechtsordnungen kollidieren.

Für die Vertragsgestaltung stellt das IPR eine Herausforderung dar. Einerseits sind seine Regeln kompliziert – und den Richtern häufig auch nicht sehr bekannt. Andererseits sind sie nicht „international" in dem Sinne, dass sie weltweit vereinheitlicht wären. Der Begriff soll nur deutlich machen, dass sie sich mit grenzüberschreitenden Sachverhalten beschäftigen. Jedes Land hat vielmehr seine eigenen Kollisionsnormen. Nur innerhalb der EU gibt es eine Harmonisierung. Diese Kombination macht den Ausgang eines Rechtsstreits noch unkalkulierbarer, als er es schon im reinen Inlandsfall ist.

Diese Unsicherheiten lassen sich durch Gerichtsstandsvereinbarungen, eine Rechtswahlklausel für den Hauptvertrag und regelmäßig die Ergänzung um eine Schiedsklausel eindämmen. Die Zusammenhänge zwischen diesen drei Instrumenten der Vertragsgestaltung erläutern die Abschn. 1.2.4 und 1.3.1.

Jedes Gericht, das mit grenzüberschreitenden Sachverhalten konfrontiert wird, beantwortet die Frage nach dem anwendbaren Sachrecht gemäß den Regeln seines eigenen Internationalen Privatrechts.

Das IPR will eine gerechte Auswahl unter den denkbaren Rechtsordnungen treffen. Es sollen die Gesetze des Landes gelten, zu dem der Streit die **„engste Verbindung"** aufweist. Die dortigen Regeln des Sachrechts, also Vorschriften, die inhaltliche Aussagen zum Streit treffen, in Deutschland etwa das HGB, sollen dann auf den Streitpunkt angewandt werden.

Leider gehen weltweit die gesetzlichen Vorstellungen darüber auseinander, welche Umstände diese engste Verbindung begründen. Es werden hierzu fein ausdifferenzierte Regeln aufgestellt, etwa nach Vertragsarten (Recht am Sitz des Verkäufers) oder danach, welche Seite die vertragscharakteristische Leistung erbringt (Recht an deren Sitz). Je nachdem, bei welchem Gericht geklagt wird, unterscheiden sich daher auch die Antworten – und damit das anwendbare Recht. Das schafft für die Vertragsparteien natürlich eine erheblich Unsicherheit über die gegenseitigen Rechte und Pflichten, denn die nationalen Kaufvertragsregeln unterscheiden sich ja erheblich. Zugleich belohnt diese Situation die Partei, die als erste eine Klage einreicht, weil sie sich auf diesem Wege das Gericht – und damit dessen IPR-Regeln – und also das wohl anwendbare Recht aussuchen kann. Dieser Umstand ist einer außergerichtlichen Lösung von Meinungsverschiedenheiten nicht gerade förderlich.

Ein Gericht in Deutschland würde die Rom I-Verordnung der EU anwenden. Danach ist bei Kaufverträgen das materielle Recht des Landes anwendbar, in dem der Verkäufer seinen gewöhnlichen Aufenthalt hat. Weil die Verordnung in der ganzen EU gilt, sie also auch von den Gerichten im EU-Ausland angewandt wird, fällt die Entscheidung zumindest in der EU einheitlich aus.

Ein Gericht außerhalb der EU wendet aber sein nationales IPR/Kollisionsrecht an. Dabei kann z. B. entscheidend für die engste Verbindung sein, in welchem Land der eigentliche Vertragsschluss stattgefunden hat. Wenn Sie also zur feierlichen Unterschrift herzlich von Ihrem Vertragspartner in sein Heimatland eingeladen werden, könne genau das der Grund dafür sein.

Die erste Weiche muss aus diesem Grund schon bei der Steuerung des Streitlösungsweges gestellt werden, vgl. Gerichtsstandsvereinbarung und Schiedsklausel. Auf dieser Basis entfaltet dann die Rechtswahlklausel ihre Wirkung.

Eine Besonderheit stellten Schiedsgerichte dar. Häufig wird ihnen von der ausgewählten Schiedsordnung oder den Schiedsgerichtsgesetzen der einzelnen Länder, in denen der Ort des Schiedsgerichts liegt, ein eigenes IPR zur Verfügung gestellt. Es richtet sich typischerweise nach dem gewählten Recht oder der engsten Verbindung.

Zunächst aber zu den zur Verfügung stehenden Rechtsordnungen.

1.2.2 Die verschiedenen Länder/Rechtsordnungen

Natürlich unterscheiden sich nicht nur die Verfahrens- und Kollisionsnormen, sondern auch das materielle Recht in den einzelnen Ländern mehr oder minder deutlich voneinander.

Zunächst gilt es dabei mit einem weit verbreiteten Irrtum aufzuräumen. „Ein" Land bedeutet nicht zugleich auch „eine" Rechtsordnung. Es gibt zahlreichen Länder, die innerhalb ihrer Staatsgrenzen verschiedene Rechtsordnungen nebeneinander haben. Das Vereinigte Königreich von Großbritannien und Nordirland ist das bekannteste Beispiel. Neben dem englischen Recht gibt es das schottische und das nordirische Recht im UK. Auch die USA sind keine einheitliche Rechtsordnung, sondern ihre einzelnen Bundesstaaten haben jeweils eine eigene Rechtsordnung, die aus dem (einheitlichen) Bundesrecht und dem Recht des jeweiligen Bundesstaates besteht.

Aus diesem Grund ist es international sehr wichtig, genau hinzuschauen, mit welcher Rechtsordnung man es konkret zu tun hat, in welchem Bundesstaat der USA z. B. der Vertragspartner seinen Niederlassung hat oder mit welcher Gesellschaft man den Vertrag wirklich schließt.

Die zahlreichen Rechtsordnungen weltweit lassen sich in strukturähnliche Gruppen zusammenfassen, die auf denselben historischen Wurzeln beruhen. Die skandinavischen Länder einerseits und die Länder des kommunistischen Blocks, die seit dem Ende des kalten Krieges in verschiedene Richtungen auseinandergedriftet sind, haben wirtschaftlich die geringere Bedeutung. Zentral ist vielmehr die Gruppe der vom römischen Recht beeinflussten Rechtsordnungen (Civil-Law-Länder) einerseits und die des anglo-amerikanischen Rechts (auch Common-Law-Länder) andererseits.

1.2.3 Anglo-amerikanisches Recht/Common Law

Ausgehend vom Mutterland England hat sich in den USA, Teilen Kanadas, Australiens, Neuseelands, teilweise Südafrika und den englischen Kolonien, insbesondere Indien, das Common Law[5] entwickelt, eine ganz andere Rechtskultur, die von folgenden Elementen geprägt ist:

- Unsystematische Rechtsfortbildung durch Richter
- Denken vom Einzelfall her (Präjudizen)
- Historisch gewachsenes Fallrecht
- Schwer zu ermittelnde Regeln
- Richter als zurückhaltende Schiedsrichter, Parteien führen den Streit
- Verträge als umfassende „individuelle Gesetzbücher der Parteien"
- Spracheinheit
- Verantwortung des Einzelnen
- Englisch als Muttersprache
- Parlamentsgesetze regeln nur punktuell

Finanzabhängiger Zugang zur Rechtsprechung. Eine aus der Praxis kommende Richterschaft, die schon immer als Garant gegen staatliche Willkür diente. Rechtsentwicklung kontinuierlich und entlang gerade der Wirtschaftsrealität durch richterliche Leitentscheidungen. Starker internationaler Fokus seit Jahrhunderten. Hoher Einfluss der Vertragsgestaltung und der Prozessführungskunst seitens der Anwälte, dementsprechende Fähigkeiten entwickelt. Rechtskosten als sinnvolles privates Investment.

Der paternalistisch, akademisch geprägte Richter des Civil Law steuert das Verfahren, drängt die Parteien zum Vergleich und schützt bei Vertragsauslegungsfragen anhand des Gesetzes und seiner dehnbaren abstrakten Begriffe großzügig die „schwächere" Partei. Er folgt einem gesellschaftlich bestimmten Gerechtigkeitsziel, Vertragsgestaltung wird eingeschränkt durch enge gesetzliche Grenzen.

Der Common-Law-Richter lässt sich von den Parteianwälten über die einschlägigen Präjudizien und damit die Rechtslage informieren, ggf. entscheidet eine Jury aus Laien

---

[5]http://www.eversheds.com/documents/LawSocietyEnglandAndWalesJurisdictionOfChoice.pdf.

auch in Zivilsachen über Tatsachen, hält sich aber sonst zurück, überlässt den Erkenntnisgewinn den Anwälten der Parteien, gibt der Klarheit der Rechtsprechung gegenüber der nachsichtigen Einzelfallgerechtigkeit den Vorzug und schreibt der unterlegenen Partei ins Stammbuch, sie hätte es ja klarer und anders im Vertrag regeln können, wenn sie jetzt schlecht wegkommt. Die Freiheit zur Gestaltung ist größer, ob man sich gute Anwälte leisten kann, hat einen größeren Einfluss auf die eigenen Chancen.

Weil es im Common Law keine umfassenden gesetzlichen Regelwerke gibt, auf die sich die Parteien stützen können und weil die aus den bisher gefällten Urteilen herauszudestillierende Regeln lückenhaft und schwer zu ermitteln sind, sorgen die Parteien im Common Law gezwungenermaßen selbst für mehr Rechtssicherheit, indem sie mittels umfangreicher Verträge ihre eigenen „Gesetzbücher" schreiben.

Diese Gewohnheit und die entsprechenden Erfahrungen und Kenntnisse der dortigen Anwälte bieten den Unternehmen aus den Common-Law-Ländern, kombiniert mit der großen Verbreitung ihrer Muttersprache, im internationalen Geschäftsverkehr einen erheblichen Wettbewerbsvorteil. Denn weil es so schwierig ist, das anwendbare Recht herauszuarbeiten und man dann auch noch dessen jeweiligen Inhalt mühsam feststellen muss, stützen sich die Gerichte – und mehr noch die Schiedsgerichte – bei der Feststellung der Rechte und Pflichten in erster Linie auf den Inhalt des von den Parteien geschlossenen Vertrages. Er steht unmittelbar zur Verfügung und hat den Vorteil, dass man der unterlegenen Partei die Verantwortung für ihr Unterliegen zuweisen kann, einfach mit dem Hinweis darauf, dass sie es sich ja selbst zuzuschreiben hat, weil sie die Regelungen so vereinbart hat.

Kurze Verträge in der Tradition der Civil-Law-Länder haben hier das Nachsehen, ihnen fehlt auf dem internationalen Parkett das Sicherheitsnetz der Gesetze, die sonst im Zweifel immer eine ausgefeilte Regelung bereithalten.

Aus diesem Grund ist es sinnvoll, sich auch einmal die typische Struktur eines Common-Law-Vertrages vor Auge zu halten, die im Folgenden mit den entsprechenden englischsprachigen Ausdrücken wiedergegeben ist:

Commencement
- Date on which the agreement is entered into
- Parties
- Registered office/principal office

Recitals
Definitions and interpretation
- statutory definitions
- Territories
- Periods of time
- References to legislation
- Singular, plural and gender
- Reference to recitals and schedules

- Prevail clause, battle of forms
- Memorandum of understanding

Substantive Clauses
- Price
- Object of purchase
- Services

Boilerplate Clauses
- Entire agreement clause
- Confidentiality clause
- Assignments clause
- Severability clause
- Force majeure clause
- Notice clause
- Anti-waver clause
- Retention of title clause
- Governing law clause
- Jurisdiction clause

Schedules
Signature section
Appendices

▶ Vertragsgestaltung für Exporteure bedeutet daher in erster Linie, ausführliche Verträge zu schließen, die umfassend und aus sich heraus alle denkbaren Fallvarianten abdecken und dafür maßgeschneiderte Lösungen bieten. Der Rückgriff auf gesetzliche Regelungen ist häufig aus rechtlichen oder praktischen Gründen abgeschnitten.

1.2.4 Rechtswahlklauseln

Um sich von der schwer vorauszusagenden Entscheidung des Gerichts über das wohl auf den Vertrag anwendbare Recht unabhängiger zu machen, wollen die Parteien regelmäßig eine Rechtswahlklausel in ihren Vertrag aufnehmen, die festlegt, welches Recht für ihn gelten soll.

Eine solche Klausel könnte z. B. lauten:
„Für diesen Vertrag gilt deutsches Recht."
Hierbei sind jedoch drei Fallstricke zu beachten.

- Der Vertragspartner könnte Ansprüche erheben, die zwar aus der Geschäftsbeziehung resultieren, aber nicht vertraglicher Natur sind, sondern z. B. aus einer in ihrem

1.2 Das anwendbare Recht

Rahmen angeblich begangenen unerlaubten Handlung. Das ist dann ein außervertraglicher Anspruch. Es könnte um eine Täuschung während der Vertragsverhandlung gehen, oder um die Verletzung eines Schutzgesetzes, etwa von strafrechtlichen Vorschriften zum Schutz gegen Bestechung usw. Wären solche „nichtvertraglichen Ansprüche" bei der knappen Klausel auch nach deutschem Recht zu entscheiden?

- Soll das deutsche Recht zum Zeitpunkt des Vertragsschlusses oder im Zeitpunkt der Klageerhebung oder der letzten mündlichen Verhandlung gelten? Es könnte ja sein, dass durch Gesetzesänderungen dann neue Regeln greifen.
- Teil des „deutschen Rechts" sind auch staatsvertragliche Regelungen, etwa das UN-Kaufrecht, die CISG. Die pauschale Klausel würde diese Vorschriften auch zur Anwendung bringen. Kennen Sie diese und haben Sie geprüft, ob sie für den konkreten Fall für Ihre Position vorteilhaft sind?

Bei der Formulierung der Rechtswahlklausel sollten Sie daher folgende Punkte klären:

- Ist eine Rechtswahl grundsätzlich überhaupt zulässig?
- Gibt es Einschränkungen hinsichtlich der wählbaren Rechtsordnungen?
- Können die konkret beteiligten Personen auch eine Rechtswahl treffen?
- Welche Formerfordernisse gelten für die Rechtswahlklausel?
- Für welche Bestandteile des Vertragswerkes soll die Rechtswahl gelten?
- Genaue Festlegung, welche Streitigkeiten erfasst werden sollen.
- Welche Rechtsordnung soll ausgewählt werden?
- Genaue Bezeichnung der gewählten Rechtsordnung.
- Soll die Wahl feststehen, oder soll eine alternative Wahl möglich sein?
- Festlegung des zeitlichen Rechtsstandes.
- Festlegung, ob UN-Kaufrecht/CISG ausgeschlossen sein soll.

Hierzu im Einzelnen folgende Hinweise:

- Es gibt Rechtsordnungen, die untersagen eine Rechtswahl vollständig. Es gibt andere, die lassen nur bestimmte Rechtsordnungen zu, die die Parteien wählen dürfen, z. B. nur eines der jeweiligen Heimatrechte, nicht jedoch ein „neutrales Recht". Diese Einschränkungen lassen sich gegenüber einigen dieser restriktiven Länder durch die Vereinbarung eines Schiedsgerichts vermeiden.
- Es gibt Länder, die nur bestimmten Personengruppen eine Rechtswahl gestatten, z. B. Kapitalgesellschaften oder (aus dortiger Sicht) „Kaufleuten". Es können auch bestimmte Formvorschriften, etwa notarielle Beglaubigung[6], vorgeschrieben sein.

---

[6]Mit dem einheitlichen Begriff des „Notars"/Notary usw. werden in den verschiedenen Rechtsordnungen ganz unterschiedliche Tätigkeitsfelder belegt, von der bloßen Feststellung der Identität der Beteiligten bis hin zur hochspezialisierten Beratung und umfassenden Vertragsgestaltung. Ebenso unterschiedlich sind auch die Ausbildungsanforderungen und Gebühren.

Eine ausführlichere Rechtswahlklausel könnte lauten:

> Alle Streitigkeiten, die sich im Zusammenhang mit diesem Vertrag, gleich aus welchem Rechtsgrund, insbesondere auch über seinen Abschluss, über seine Rückabwicklung oder über seine Gültigkeit ergeben, sollen ausschließlich nach dem Recht der Bundesrepublik Deutschland mit dem Rechtsstand zum Zeitpunkt des Vertragsbeginns entschieden werden. Das UN-Kaufrecht ist ausgeschlossen. Diese Rechtswahl gilt nicht für die Gerichtsstandsvereinbarung, die Eskalationsklausel und diese Rechtswahlklausel. Für diese Verträge gilt vielmehr unvereinheitlichtes Schweizer Bundesrecht mit Rechtsstand zum vorgenannten Zeitpunkt.

Wenn man diese formalen Anforderungen erfüllt, stellt sich noch die inhaltliche Frage, welches Recht man vereinbaren soll. Oft kommt dafür das deutsche Recht als Heimatrecht des Verkäufers infrage, das Recht des Käufers oder das „neutrale" Recht eines Drittstaates.

Angesichts der Zugehörigkeit zu den großen Rechtsfamilien ist für den deutschen Verkäufer und den indischen Käufer das Schweizer Recht nicht unbedingt neutral aus Sicht des Käufers, weil es mit dem deutschen Recht viel mehr Ähnlichkeit als mit dem englischen Recht hat.

Die Vereinbarung von „neutralen" Rechtsordnungen hat häufig eher verhandlungstaktische Gründe, als dass sie Ausdruck der rechtlichen Analyse der Vor- und Nachteile des neutralen Rechts ist. Keine der Parteien fühlte sich offenbar stark genug, ihr eigenes Recht durchzusetzen…

▶ Das Fazit lautet daher: Kein Exportvertrag ohne Rechtswahlklausel!

1.2.5 Eingriffsnormen

Auch eine wirksame Rechtswahlklausel führt nicht dazu, dass man sämtliche Vorschriften des aus Sicht des entscheidenden Gerichts ohne diese Klausel anwendbaren Rechts nicht mehr zu beachten braucht.

Auch Rechtsordnungen, die die Abwahl ihres nationalen Rechts akzeptieren, enthalten privatrechtliche Vorschriften, die sich gegen eine Rechtswahl durchsetzen. Sie werden Eingriffsnormen genannt. Für die Vertragsabwicklung können sie böse Überraschungen bereithalten.

Ein klassisches Beispiel sind Vorschriften zum Schutz einheimischer Handelsvertreter. Unabhängig vom gewählten Recht und den vertraglichen Vereinbarungen sprechen diese Paragrafen dem einheimischen Vertriebsmittler z. B. einen Ausgleichsanspruch bei Vertragsbeendigung zu, oder zumindest den Anspruch auf umgehende Auszahlung seiner noch ausstehenden Provisionen, bewehrt mit einen Anspruch auf einen Strafschadenersatz in Höhe des dreifachen dieses Betrages im Falle des Verzugs o. ä.

Um die Problematik der Eingriffsnormen zu bewältigen, ist es hilfreich, die folgenden Grundsätze zu berücksichtigen:

- Die Rechtswahl bezieht sich schon nur auf Vorschriften des Privatrechts, sodass öffentlich-rechtliche Vorschriften ohnehin anwendbar bleiben
- Die Einordnung von Regelungen als „öffentlich-rechtlich" oder „privatrechtlich" unterscheidet sich von Land zu Land
- Die einschlägigen Eingriffsnormen müssen ermittelt werden, sie stammen häufig aus folgenden Bereichen:
    - Schutz strukturell schwächerer Vertragspartner (Arbeitnehmer, Vertriebsmittler, Verbraucher, Kleingewerbetreibende u. ä.)
    - Wettbewerbsrecht/Kartellrecht
    - Außenwirtschaftsrecht
    - Preis- oder Währungskontrollvorschriften[7]
- In erster Linie wenden staatliche Gericht die Eingriffsnormen ihres Heimatlandes an – den Zugang zu ihnen durch Gerichtsstandsvereinbarungen zu beschränken kann daher den Einfluss von Eingriffsnormen verringern
- Gerichte wenden ggf. auch die Eingriffsnormen ausländischer Rechtsordnungen an, wenn dort der Erfüllungsort liegt – dieser Umstand sollte bei seiner vertraglichen Festlegung berücksichtigt werden
- Schiedsgerichte sind in geringerem Umfange als staatliche Gerichte verpflichtet, die Eingriffsnormen abgewählter Rechtsordnungen zu beachten, sodass eine Schiedsklausel und die „richtige" Wahl des Ortes der Schiedsgerichts ihren Einfluss verringern kann

Auch um die Vollstreckbarkeit z. B. von Schiedssprüchen nicht zu stark zu gefährden, sind jedoch die Auswirkungen von Eingriffsnormen bei der Anwendung von „Abschirmmaßnahmen" im Einzelfall zu prüfen und in die Kalkulation mit einzubeziehen.

1.2.6 CISG/UN-Kaufrecht

Um die Unsicherheit und den Aufwand zu vermeiden, den die Anwendung der IPR-Regeln und die Unterschiede der einzelnen nationalen Rechtsordnungen mit sich bringen, liegt der Gedanke einer internationalen Rechtsvereinheitlichung nahe. Sie fand im zentralen Bereich des Schuldrechts statt, im Kaufrecht. 1980 ist es gelungen, sich hier auf Einheitsrecht zu verständigen, das UN-Kaufrecht, die United Nations Convention on Contracts for the International Sale of Goods[8], kurz CISG, seltener Wiener UN-Kaufrecht.

---

[7]So sind etwa auch vor deutschen staatlichen Gerichten Geldschulden nur in Euro einklagbar, selbst wenn im Vertrag eine andere Währungseinheit vereinbart wurde.
[8]http://www.uncitral.org/pdf/english/texts/sales/cisg/V1056997-CISG-e-book.pdf.

Zunächst einige der **Grundlagen der CISG:**

- Multilateraler Staatsvertrag.
- Gültig in 84 Vertragsstaaten weltweit.[9]
- Keine Vertragsstaaten sind das UK, Portugal, Indien, weite Teile Afrikas, Venezuela, Bolivien, Saudi Arabien, Kasachstan, Pakistan u. a.[10]
- Unmittelbar geltendes Recht in den Vertragsstaaten.[11]
- Nur Verträge, die überwiegend[12] Kaufvertragscharakter haben.
- Nur bewegliche Sachen, kein Rechtskauf.
- Bestimmte Waren sind ausgeschlossen, Schiffe und Flugzeuge etwa.
- Die Ware darf nicht ersichtlich rein privat verwendet werden.
- Es muss grenzüberschreitender Handel vorliegen.
- Beide Vertragspartner haben ihren Geschäftssitz in Vertragsstaaten, oder das IPR verweist auf das Recht eines Vertragsstaates.[13]
- Die Parteien können die Anwendung der CISG zwar ausschließen.
- Die Wirksamkeit des Ausschlusses richtet sich jedoch noch nach der CISG.
- Die Parteien können die Vorschriften der CISG abändern.
- Die CISG regelt nur den Kernbereich eines Kaufvertrages.
- Die nicht erfassten Bereiche regelt das anwendbare nationale Recht.
- Die CISG macht daher eine Rechtswahlklausel nicht überflüssig.
- Die CISG muss immer durch den Vertrag präzisiert und ergänzt werden.
- Die CISG ist eine Mischung aus Common Law und Civil Law.
- Für komplexe Kaufverträge ist die CISG nicht gedacht gewesen.
- Ob der Ausschluss oder die modifizierte Anwendung der CISG günstiger sind, muss von Fall zu Fall entschieden werden.

Unter anderem werden folgende Fragen von der CISG **nicht** geregelt:

- Inhaltskontrolle von AGB
- Einbeziehung widerstreitender AGB
- Eigentumsübergang

---

[9]Ab 1.1.2017 zudem auch in Vietnam.
[10]Weltkarte mit den Vertragsstaaten: http://www.uncitral.org/uncitral/en/uncitral_texts/sale_goods/1980 CISG_status_map.html.
[11]Mit Vorrang vor den nationalen Gesetzen, etwa dem BGB und HGB. Daher führt eine Rechtswahlklausel „Es gilt deutsches Recht" zur Anwendbarkeit auch der CISG, denn sie ist deutsches Recht.
[12]Bezogen auf den Wertanteil der Gegenleistung, der darauf entfällt.
[13]Einige Vertragsstaaten haben diesen Weg der Anwendbarkeit der CISG „durch die Hintertür" für Verweise ihre IPR auf ihr nationales Recht ausgeschlossen, etwa die USA, China und Armenien. Deutschland hat erklärt, dass es einem Verweis seines IPR auf diese Länder ebenfalls nicht folgen wird.

1.2 Das anwendbare Recht

- Eigentumsvorbehalt
- Gewährleistungsfrist
- Verjährung
- Aufrechnung
- Abtretung
- Garantien
- Vorvertragliches Verschulden
- Zinshöhe
- Pfandrecht
- Produkthaftung
- Personenschäden
- Mitverschulden bei Schadenersatz

Inhaltlich regelt die CISG neben dem Abschluss des Vertrages[14] die Rechte und Pflichten des Verkäufers und des Käufers.

Verkäuferpflichten nach der CISG:

- Vertragsgemäßheit (Art, Qualität, Menge & frei von Rechten Dritter)
- Lieferung[15]
- Dokumentenübergabe
- Eigentumsverschaffung

Pflichten des Käufers nach der CISG:

- Kaufpreiszahlung
- Abnahme
- Untersuchung der Ware und Mängelrüge innerhalb angemessener[16] Frist
- Rüge muss detailliert sein

Rechte des Verkäufers nach der CISG:

- Kaufpreis
- Zurückbehaltungsrecht
- Vertragsaufhebung (bei wesentlicher Pflichtverletzung)
- Vertragsaufhebung nach Nachfristsetzung mit Rücktrittsandrohung
- Schadenersatz (parallel zu anderen Rechten)

---

[14]Einige Länder schließen die Anwendung dieser Abschnitte der CISG bewusst aus.
[15]Bei Versendungskauf Übergabe an den ersten Beförderer. Dies ist dann auch der Zeitpunkt des Gefahrüberganges. Sonst nur die Bereitstellung am Geschäftsort des Verkäufers.
[16]Regelmäßig länger als „unverzüglich" nach HGB.

Rechte des Käufers nach der CISG:

- Erfüllung
- Nachbesserung
- Minderung
- Schadenersatz (parallel zu anderen Rechten)
- Vertragsaufhebung (bei wesentlicher Pflichtverletzung)
- Ersatzlieferung (bei wesentlicher Pflichtverletzung)

Besonderheiten der CISG, die bei deren Modifikation im Vertrag berücksichtigt werden müssen:

- Vertragspflichtverletzung wesentlich/unwesentlich
- Lieferpflicht innerhalb „angemessener" Zeit nach Vertragsschluss
- Holschuld/Bringschuld/Schickschuld
- Eignung für vom Käufer nur konkludent angegebenen Verwendungszweck
- Eigenschaften von Mustern/Proben gelten als vereinbart
- Kein Rückgriffsanspruch bei Weiterverkauf an Verbraucher[17]
- Ausschluss jeglicher Ansprüche nach dem Ablauf von zwei Jahren
- Haftung auf Schadenersatz ohne Verschulden
- Haftung für alle für den Käufer vorhersehbaren Mangelfolgeschäden
- Keine Schadenersatzverringerung bei Mitverschulden des Käufers
- Schadenersatz nur in Geld, keine Naturalrestitution
- Nur ein Nacherfüllungsversuch
- Die CISG macht die Vertragsaufhebung zum Ausnahmefall

Als Vorteil der CISG wird der Umstand angesehen, dass sie ein „neutrales" Kaufrecht bietet, welches es den Parteien erleichtert, auf die Vereinbarung ihres „Heimatrechts" zu verzichten. Wegen der zahlreichen nicht von der CISG erfassten Themenbereiche behält eine flankierende Rechtswahl indes dennoch ihre große Bedeutung – wie in jedem Exportvertrag.

Auch sind der Text der CISG sowie Kommentierungen und Urteile zu seinen Vorschriften weltweit kostengünstig und in den Weltsprachen greifbar. Seine Formulierungen sind auch für den Laien verständlich, allerdings sind viele seiner Begriffe recht dehnbar. Ob eine „wesentliche Pflichtverletzung" vorliegt ist für das Schicksal des Vertrages sehr wichtig, die Einordnung jedoch eine schwer vorauszusehende Abwägungsentscheidung.

Häufig kann dem Käufer deshalb zugemutet werden, auch mangelhafte Ware zu behalten, sie zu verkaufen und den überschießenden Schaden als Zahlungsanspruch

---

[17] §§ 478, 479 BGB, inkl. Ablaufhemmung der Verjährung bis zu 5 Jahre!

geltend zu machen. Die Kosten und der Aufwand der Nacherfüllung über Ländergrenzen hinweg sprechen für dieses Vorgehen bei einfachen Massenprodukten, bei reparaturwürdigen hochpreisigen Maschinen u. ä. wäre hingegen das Recht auf mehrere Nachbesserungsversuche für den Verkäufer sinnvoll.

Ein großer Vorteil wird darin gesehen, dass eine Anpassung der Haftung durch vertragliche Klauseln in einem größeren Maße als bei Geltung des reinen BGB, HGB auch unter deutscher Inhaltskontrolle für zulässig erachtet wird. Diese nimmt als Vergleichsmaßstab immer das gesetzliche Leitbild zum Maßstab. Die CISG ist insoweit aufgrund ihrer weniger umfassenden Regeln ggf. auch weniger einschränkend.

▶   Fazit also: Keine Geltung der CISG ohne deren Anpassung an den Vertrag!

1.3 Gerichtsstandsvereinbarungen

Bei grenzüberschreitenden Verträgen stellt sich, neben der Frage nach dem anwendbaren Sachrecht, auch die Frage, welches Gericht zuständig sein soll, um einen Streit zu entscheiden. Die internationale Zuständigkeit beurteilt naturgemäß jedes Gericht nach seinen eigenen Prozessregeln, den Regeln des Internationalen Zivilverfahrensrechts, IZVR.

1.3.1 Die Bedeutung des IZVR

Das angerufene Gericht entscheidet über die Wirksamkeit der Gerichtsstandvereinbarung und wendet sein IPR an, nach der sich auch die Wirksamkeit der Rechtswahlklausel richtet. Weil die Regeln des IZVR außerhalb der EU ebenfalls von Land zu Land unterschiedlich sind, steht und fällt der gesamte Vertrag ggf. damit, welches Gericht als erstes angerufen wird und welches sich für zuständig hält.

Schon der Streit um die Zuständigkeit kann, besonders bei der frühen Anrufung notorisch langsamer Gerichte durch eine verzögerungswillige Partei, die Durchsetzung auch gerechtfertigter Ansprüche auf Jahre hinaus erheblich beeinträchtigen.

Gerichtsstände, also die Zuständigkeit eines Gerichts für eine dort erhobene Klage, bestehen regelmäßig am Sitz einer Partei, ihrem gewöhnlichen Aufenthaltsort, ihrer Niederlassung, dem Erfüllungsort für eine vertragliche oder gesetzliche Pflicht, dem Ort, an dem sich eine Sache befindet oder ein Vermögen, z. B. ein Konto bei einer Bank, das Zahlungsansprüche gegen die Bank begründet.

Neben dem IPR, das das zuständige Gericht zur Anwendung bringt, führt es das Verfahren nach seinem eigenen Prozessrecht. Dessen Bedeutung wird vom Praktiker und bei der Vertragsgestaltung und der Vertragsabwicklung häufig unterschätzt. Seine Auswirkungen sind indes ganz erheblich.

Die Bedeutung des Zivilprozesses für die Vertragsgestaltung
Auch dem erfahrenen Praktiker sind die Auswirkungen des Zivilprozessrechts auf die Vertragsgestaltung nicht immer geläufig. Dies gilt gerade im internationalen Geschäft, weil es dort, wegen der häufig hohen Kosten, selten zu Gerichts- oder Schiedsgerichtsprozessen kommt. Der Erfahrungsschatz ist daher kleiner. Diese Auswirkungen sind indes vielfältig und erheblich. Daher ist es sinnvoll, sie bei der Vertragsgestaltung und der Vertragsabwicklung zu berücksichtigen.

Das Prozessrecht regelt, nach welchen formalen Regeln ein zur Streitentscheidung berufenes Gericht (häufig ein Schiedsgericht) zu seinem Urteil über den Streit kommt, etwa welche Beweismittel zugelassen sind.

Für die Vertragsgestaltung gibt es verschiedene Aspekte dieses Verfahrensrechts, die frühzeitig berücksichtigt werden sollten, um das optimale Ergebnis für das eigene Unternehmen zu erreichen.

1.3.2 Die Rolle des Prozessrechts

Zunächst muss man sich die Aufgabe vergegenwärtigen, die das Verfahrensrecht erfüllen soll. Es legt die Spielregeln fest, nach denen der Konflikt ausgetragen werden soll, die Art und Weise der Kommunikation zwischen den Streitparteien und dem Gericht sowie die Methoden der Sachverhaltsaufklärung. Diese Regeln sollen verschiedene, gesellschaftlich erstrebenswerte, aber unter Umständen gegenläufige Ziele in Einklang miteinander bringen: Es soll ein schnelles, aber auch ein gerechtes Urteil gefällt werden können, das den Rechtsfrieden wieder herstellt und im Einzelfall zu einer als gerecht empfunden Entscheidung führt. Das Urteil soll aber auch für zukünftige Fälle Rechtssicherheit bieten, also auf abstrakten und vorhersehbaren Regeln basieren. Die Kosten für die Parteien und die Gesellschaft sollten nicht zu hoch sein, damit rechtliches Gehör kein frommer Wunsch bleibt, sie sollen aber auch nicht so gering für die Parteien sein, dass leichtfertig Prozesse vom Zaun gebrochen werden. Die Kosten sollen sinnvoll verteilt werden. Es soll ggf. auch ein gewisser Abschreckungseffekt erreicht werden, indem die Interessen Dritter, etwa von Verbrauchern, allgemein geschützt werden, indem der Schadenersatz für die Verletzung eines Verbrauches viel höher ausfällt, als zum Ausgleich der Beeinträchtigungen des konkreten Klägers erforderlich.[18] Gerade soziale Ziele, die der Staat mit seinen Prozessregeln verfolgt, können von den konkret betroffenen Parteien als nachteilig empfunden werden. Während z. B. die Parteien auf eine schnelle Streitlösung hoffen, ist es im Sinne der Rechtseinheit und Weiterentwicklung der Rechtsprechung für die Gesellschaft evtl. sinnvoller, dass eine Überprüfung einer gerichtliche Entscheidung durch drei Instanzen, ggf. bis zum Europäischen Gerichtshof, erfolgt. Auch die im Interesse der demokratischen

---

[18]Zum Thema des Strafschadensersatzes, der punitive damages, des US-amerikanischen Rechts vgl. Hay (2005, S. 68 ff.).

Legitimation der Rechtsprechung wünschenswerte Öffentlichkeit der Gerichtsverhandlungen kann aus Sicht der Parteien deren Geheimhaltungsbedürfnisse beeinträchtigen.

Im grenzüberschreitenden Geschäftsverkehr kommt hinzu, dass die einzelnen Gesellschaften ganz unterschiedliche Vorstellungen davon haben, wie die einzelnen Interessen am besten zum Ausgleich gebracht werden sollen. So ist es etwa in Europa, einschließlich des UK, üblich, dass derjenigen, der einen Prozess verliert, die Kosten des Gerichts und des Gegners tragen sollte. In den USA gibt es diesen Grundsatz nicht, der Gewinner hat also nicht unbedingt einen prozessualen Kostenausgleichsanspruch gegen den Unterlegenen. Dies könnte z. B. dazu veranlassen, einen solchen Erstattungsanspruch vertraglich zu vereinbaren.

Erhebliche Unterschiede gibt es zwischen Rechtsordnungen auch im Hinblick auf die Höhe und die Art der Berechnung der Kosten, sowohl derjenigen des Gerichts als auch der Parteien und ihrer Rechtsberater. So sind etwa die Gerichtskosten nach deutschem Verständnis so gestaffelt, dass die Parteien, die um größere Werte streiten, mit ihren Gebühren die zahlreichen Kleinverfahren quer finanzieren. Es findet also eine Umverteilung statt, die den Zugang finanziell schwächerer Rechtsgenossen zu hochwertigen Rechtsdienstleistungen fördern soll. Gleiches gilt bei den Rechtsanwaltsgebühren. Zudem sind die (immerhin vorhandenen) Erstattungsansprüche der obsiegenden Partei im Hinblick auf diese Gebühren durch gesetzliche Gebührentabellen im Grundsatz leicht berechenbar und zudem auf die gesetzlichen Werte gedeckelt.[19] Ohnehin sind die Anwalts- und Rechtsverfolgungskosten in Deutschland im internationalen Vergleich sehr gering,[20] trotz der vergleichsweise sehr guten Qualität und Geschwindigkeit der Rechtsprechung und Rechtsberatung.[21] Das zeigt sich auch daran, dass die Partner multinationale Anwaltskanzleien darüber klagen, dass das Gewicht der Anwälte in Deutschland im internationalen Kreis der Partner geringer ist, weil dieselben Anwälte in New York 1000 US$/h abrechnen können, in Frankfurt a. M. indes nur 350 €.

Die entsprechenden vertraglichen Regelungen sollte man daher auch unter diesem Gesichtspunkt betrachten und sich die ganz unterschiedlichen Erwartungshaltung und Empfindlichkeiten der Verhandlungspartner daher von vornherein bewusst machen.

---

[19]Im Innenverhältnis zum eigenen Anwalt werden häufig abweichende Regelungen getroffen, z. B. Stundensatzvereinbarungen oder Pauschalvereinbarungen mit abweichenden Berechnungsmethoden.

[20]Dieser Umstand ist, neben der „American Rule" (jeder trägt grundsätzlich seine eigenen Rechtsverfolgungskosten), mit ein Grund, warum Schadenersatzklauseln in internationalen Verträgen häufig den Umfang solcher Kosten und ihre Verteilung ausführlich regeln, während dieser Aspekt im innerdeutschen Vertrag kaum einmal gesondert geregelt wird.

[21]http://www.instituteforlegalreform.com/uploads/sites/1/ILR_NERA_Study_International_Liability_Costs-update.pdf, S. 3; https://e-justice.europa.eu/content_costs_of_proceedings-37-en.do, Report Germany, S. 15. Warum die Wahl eines deutschen Gerichtsstandes dennoch nicht automatisch der beste Weg ist, wird etwas im Rahmen der Überlegungen zur Vollstreckung deutlicher werden, vgl. 1.4.1.

Während für das deutsche Unternehmen Rechtsberatungskosten in Streitfällen eher unter dem Aspekt der Wirtschaftlichkeit im Verhältnis zum Streitwert im Einzelfall und als nicht vorhergesehene, unnötige Ausgaben betrachtet werden, stellen sie für das Gegenüber möglicherweise selbstverständliche, zur Gesichtswahrung und als langfristige Investitionen in die eigene Marktposition sehr sinnvolle (und einkalkulierte) allgemeine Betriebskosten dar.

Auch für die Abwicklung des Vertrages ist das unterschiedliche Prozessrecht von Bedeutung, wenn in einer Rechtsordnung bzw. nach einem Prozessrecht ein Beweis durch Hörensagen zugelassen ist (etwa im deutschen Zivilprozess), nach der anderen Prozessordnung aber nicht,[22] etwa in anglo-amerikanischen Prozessordnungen. Für die Einschätzung der Stärke der eigenen taktischen Position im Rahmen von Verhandlungen nach Vertragsschluss kann dieser Unterschied wichtig werden, je nachdem, welche Entfernung die „eigenen" Zeugen von den Ereignissen haben.

Überhaupt ist der genaue Blick auf die späteren Chancen der eigenen Argumente in einem Gerichtsverfahren deshalb in internationalen Geschäften noch bedeutsamer, als schon in rein inländischen Vertragsbeziehungen, weil aufgrund der damit verbundenen Risiken und Kosten im internationalen Bereich der Gang zum Gericht selten ist,[23] sodass es umso mehr darauf ankommt, im Verhandlungswege die eigenen Interessen durchzusetzen. Dieser Umstand vergrößert im Grunde genommen auch die Bedeutung und den „Hebeleffekt" guter Vertragsgestaltung im internationalen Geschäft im Vergleich zum nationalen Vertragswerk.

Neben dem „Beweis durch Hörensagen" ist die unterschiedliche Behandlung von Sachverständigen ein gutes Beispiel für unterschiedliche Auffassungen darüber, wie man am besten der Wahrheit auf den Grund gehen kann. Während im deutschen Zivilprozess dem von einer Partei beauftragten Sachverständigen eine untergeordnete Rolle zukommen, das Gericht sich vielmehr auf von ihm selbst bestellte und öffentlich vereidigte Sachverständige für seine Entscheidung stützt, ist in anglo-amerikanischen Prozessen der von einer Partei beauftragte und bezahlte Parteigutachter von zentraler Bedeutung[24].

1.3.3 Beweislast

Es geht bei den Verhandlungen vor und nach Vertragsschluss ganz wesentlich um Risikokalkulation und (vor Vertragsschluss) Risikoallokation. Für das eigene Risiko und damit die Stärke der eigenen Verhandlungsposition nach Vertragsschluss ist der Ausgang eines möglichen Rechtsstreits über einen strittigen Punkt von großer Bedeutung. Schätzt

---

[22]Oder nur, wenn die Absicht, solche Beweismittel zu verwenden ausreichend angekündigt wird.

[23]Anderer Ansicht ist Stadler (2014, S. 3) was er mit der dort fehlenden sozialen Kontrolle begründet.

[24]Seine Pflicht zu Unabhängigkeit wird indes auch dort stärker als früher betont.

1.3 Gerichtsstandsvereinbarungen

der Vertragspartner die Wahrscheinlichkeiten vergleichbar ein, dann wird das Ergebnis von beiden Seiten häufig vorweggenommen und eine vergleichsweise Übereinkunft in diesem Sinne ist nah liegend, weil sie die Kosten und Unsicherheiten eines Prozesses vermeidet. Man muss sich dabei bewusst machen, dass die Wahrscheinlichkeit für einen bestimmten Prozessausgang von zahlreichen Faktoren abhängt. Einer der wesentlichsten Umstände dabei ist die Verteilung der Beweislast. Das Konzept der Beweislast ist nicht jedem Kaufmann geläufig.

Juristen unterscheiden zwischen Rechts- und Tatsachenfragen. Tatsachen sind alle Umstände, die dem Beweis zugänglich sind, über die sich also Beweis erheben lässt. Sind Tatsachenfragen zwischen den Parteien streitig, muss sich das Gericht ein eigenes Urteil darüber bilden, ob eine Tatsache gegeben ist, oder nicht. Der Grad der richterlichen Überzeugung, der nach dem jeweiligen Prozessrecht erreicht werden muss, das Beweismaß, kann sich dabei durchaus unterscheiden.

Im anglo-amerikanischen Recht kann es dabei ausreichend sein, dass für das Vorliegen der Tatsache aus Sicht des Richters aufgrund der Beweislage eine überwiegende Wahrscheinlichkeit besteht[25]. Im deutschen Recht ist hingegen erforderlich, dass der Richter vollständig überzeugt ist von ihrem Vorliegen. Nur in Verfahren des einstweiligen Rechtsschutzes ist es nach deutschem Prozessrecht ausreichend, dass der Richter das Vorliegen für überwiegend wahrscheinlich hält.

Auch die Einordnung von Umständen in die Kategorien von Rechts- und Tatsachenfragen kann sich je nach Rechtsordnung unterscheiden. Während im deutschen Prozessrecht der Inhalt ausländischen Rechts als Rechtsfrage gilt, über die kein Beweis erhoben werden kann, sondern über die sich das entscheidende Gericht ein eigenständiges Urteil durch Anwendung rechtswissenschaftlicher Techniken bildet, gilt der Inhalt ausländischen Rechts in anglo-amerikanischen Rechtsordnungen als Tatsachenfrage. Er wird mithilfe der üblichen Beweismittel nachgewiesen, insbesondere durch Sachverständigenbeweis. Das Risiko, dass der Inhalt unklar bleibt, trifft die Partei, die sich auf die Anwendbarkeit des ausländischen Rechts beruft.

Die Beweislast zu tragen, bedeutet für die von dieser prozessualen Pflicht betroffene Partei, dass sie den Nachteil hat, wenn das Gericht nicht zu der erforderlichen Überzeugung über das Vorliegen der streitigen Tatsache kommt. Zu ihren Lasten wird dann angenommen, dass die Tatsache nicht vorliegt.

Überwiegend wird in Gerichtsverfahren um Tatsachenfragen gestritten, nicht um Rechtsfragen. Aus diesem Grund ist für den Prozessausgang häufig entscheidend, wer für eine der streitigen Tatsachen die Beweislast trägt. Regelmäßig trägt diejenige Partei die Beweislast für eine Tatsache, die sich auf sie beruft, um etwa den von ihr geltend gemachten Anspruch (Mängelgewährleistung) oder auch das von ihr gebrauchte Verteidigungsmittel (Verjährung eines gegebenen Mängelanspruches) zu begründen.

---

[25] Im anglo-amerikanischen Strafprozessrecht ist das Beweismaß höher, hier dürfen am Vorliegen einer Tatsache keine vernünftigen Zweifel mehr bestehen.

Diese Verteilung der Beweislast beruht darauf, dass Rechtsnormen in allen Rechtsordnungen regelmäßig aus zwei Teilen aufgebaut sind, dem Tatbestand und der jeweiligen Rechtsfolge[26]. Beim Vorliegen des Tatbestandes tritt die Rechtsfolge ein. Voraussetzung für einen Gewährleistungsanspruch wegen eines Sachmangels beim Kaufvertrag ist nach deutschem Recht, dass der Anspruchsteller der Käufer ist, der Anspruchsgegner der Verkäufer, dass zwischen beiden ein wirksamer Kaufvertrag besteht und dass ein Sachmangel vorliegt. Wenn der Käufer diese Tatsachen zur vollen Überzeugung des Gerichts beweisen kann, dann tritt die Rechtsfolge ein und das Gesetz gewährt dem Käufer die Gewährleistungsansprüche. Z. B. kann er Nachbesserung fordern. Es gibt auch Einwendungen oder Einreden gegen Ansprüche. Der Verkäufer, der sich auf diese Gegennormen stützt, muss wiederum ihren jeweiligen Tatbestand beweisen. Ein Gewährleistungsanspruch ist z. B. ausgeschlossen, wenn der Käufer den Mangel kannte. Diese Tatsache, die das Wissen des Käufers betrifft, muss der Verkäufer beweisen. Gelingt ihm dies, ist der Anspruch des Käufers ausgeschlossen.

Bei vertraglichen Ansprüchen und Verteidigungsregeln entscheidet die Formulierung darüber, welche Partei für welche Tatsachen die Beweislast trägt. Die Gerichte werden bei ihrer Entscheidung diese vertragliche Verteilung der Beweislast durch die Parteien regelmäßig berücksichtigen, wenn dem nicht zwingende gesetzliche Regeln entgegenstehen.

Die Verteilung der Beweislast kann ausdrücklich erfolgen:

> Der Verkäufer hat im Falle des Verzugs des Käufers mit der Kaufpreiszahlung einen Anspruch auf 8 % Zinsen pro Jahr, wenn nicht der Käufer beweist, dass der Verkäufer tatsächlich einen geringeren Schaden durch den Verzug erleidet.

Häufig erfolgt die Verteilung der Beweislast jedoch stillschweigend durch die Art der Formulierung:

> Der Käufer hat einen Anspruch auf Gewährleistung, wenn die Maschine entsprechend den Wartungsvorschriften des Verkäufers gewartet wurde. Diese finden sich in Anlage 5 des Vertrages.

Voraussetzung für den Gewährleistungsanspruch ist hier, dass die Wartungsvorschriften eingehalten wurden. Etwaige Zweifel an deren Einhaltung gehen zulasten des Käufers. Kann er die Einhaltung nicht beweisen, hat er keinen Gewährleistungsanspruch. Eine käuferfreundlichere Formulierung wäre:

> Der Käufer hat keinen Gewährleistungsanspruch, wenn er die Wartungsvorschriften des Verkäufers, Anlage 5 des Vertrages, nicht eingehalten hat.

Bei der zweiten Formulierung müsste der Verkäufer beweisen, dass der Käufer die Wartungsvorschriften missachtet hat, um einen (im Übrigen gegeben) Gewährleistungsanspruch des Käufers zu vermeiden. Wenn der erforderliche Grad der Überzeugung des

---

[26]Die Hilfsnormen, die bestimmte Begriffe in Anspruchs- oder Einwendungsnormen ausfüllen, sind indes z. T. nur einfache Definitionen.

Gerichts darüber, ob die Wartungsvorschriften eingehalten wurden, nicht erreicht wurde, führt bei der ersten Formulierung dazu, dass ein Gewährleistungsanspruch nicht entsteht, gleichgültig, ob die weiteren Voraussetzungen dafür vorliegen. Bei der zweiten Formulierung führt er dazu, dass der Anspruch nicht untergeht, der Käufer also Gewährleistungsansprüche hat, wenn die übrigen Voraussetzungen vorliegen.

Die Parteien können in ihrem Vertrag nicht nur die Beweislast verteilen, sondern auch die denkbaren Beweismittel bestimmen („… wenn durch einen öffentlich bestellten Sachverständigen festgestellt wurde…") und sogar den Grad der Überzeugung, den sich das Gericht im Streitfall zu bilden hat. Es ist nicht unüblich, dass für gewisse Umstände gefordert wird, dass sie „ohne jeden Zweifel" vorliegen müssen.

Die Partei, die für eine entscheidungserhebliche streitige Tatsache, etwa den Zugang einer Erklärung beim Gegner (einer Kündigung oder eine Mängelrüge) bis zu einem gewissen Zeitpunkt, die Beweislast trägt, kämpft insoweit „den Berg hinauf". Die Wahrscheinlichkeit, dass sie insoweit vor Gericht obsiegen würde, ist allein deswegen schon merklich geringer als die der anderen Seite. Häufig sind es mehrere Umstände, die man beweisen muss. Wahrscheinlichkeiten addieren sich nicht, sondern multiplizieren sich. Man könnte sagen „Viele Hunde sind des Hasen Tod". Aus diesem Grund kommt der Beweislastverteilung oft die prozessentscheidende Bedeutung zu. Sie schlägt daher 1 zu 1 auf die Vergleichsverhandlungen im Vorfeld durch.

Die Parteien können auch mit Beweislastumkehr-Regeln arbeiten:

„Wenn der Verkäufer nachgewiesen hat, dass die Mehrzahl der verkauften Produkte den vom Käufer behaupteten Mangel nicht aufweist, hat der Käufer durch Sachverständigengutachten zu beweisen, dass sie bei den mangelhaften Produkten bereits zum Zeitpunkt des Gefahrüberganges vorlagen".

Beweisvorsorge

Wenn man die Regeln kennt, nach denen ein etwaiger zukünftiger Streit entschieden werden kann, dann kann man gezielt Beweisvorsorge betreiben. Dazu kann man:

- Personen offen an Verhandlungen teilnehmen lassen, deren Aufgabe in erster Linie ist, später als Zeuge zu dienen, diese sollten keine Organe der Partei sein (keine Geschäftsführer oder Vorstände), sie sollten eine möglichst neutrale, aber fachkundige Haltung einnehmen können und sich während oder unmittelbar nach den Besprechungen aussagekräftige Notizen hierzu machen;
- mündliche Abreden gewohnheitsmäßig und detailliert schriftlich/per Mail der Gegenseite „bestätigen";
- Unterlagen archivieren;
- auf ungewöhnliche Ereignisse mit gesteigerter Aufmerksamkeit reagieren;
- Sachverständige früh mit einbeziehen und sie tätig werden lassen;
- sich angewöhnen, Sachverhalte so darzustellen und zu dokumentieren, dass sie auch nach Jahren und von Laien bzw. betriebsfremden Personen noch gut nachvollzogen werden können, was auch für die Motive der Beteiligten gelten sollte.

1.3.4 Gerichtsstandsvereinbarung

Eine Gerichtsstandsklausel könnte folgenden Inhalt haben:

> Die Y-Company kann die X-Company wegen aller Streitigkeiten aus oder im Zusammenhang mit diesem Vertrag, gleich aus welchem Rechtsgrund, nur an dem für ihren Sitz in Hamburg, Deutschland, zuständigen Gericht verklagen oder dort Anträge stellen. Die X-Company kann die Y-Company dort oder an jedem anderen verfügbaren Gerichtsstand verklagen oder dort Anträge stellen.

Wenn die Vereinbarung eines Gerichtsstandes nicht möglich ist, dann sollte zumindest im Wege der Vereinbarung des Erfüllungsortes versucht werden, die Zuständigkeit der gewünschten Gerichte herbeizuführen. Dies sollte ergänzend jedoch auch bei der Vereinbarung eines Gerichtsstandes erfolgen. Gerichtsstand, Erfüllungsort, auf den Hauptvertrag anwendbares Sachrecht und Ort des Schiedsgerichts sollten aufeinander abgestimmt sein.

▶ Das Fazit lautet daher: Kein Exportvertrag ohne Erfüllungsortvereinbarung! Kein Exportvertrag ohne Gerichtsstandsklausel!

1.4 Eskalations-, Mediations- und Schiedsklausel

Die ganz überwiegende Anzahl internationaler Verträge enthält eine Schiedsklausel. Durch sie wird die Entscheidung etwaiger Streitfragen im Zusammenhang mit dem Vertrag einem privaten Gericht übertragen, dem Schiedsgericht.

Die folgenden Vorteile eines Schiedsgerichts gegenüber staatlicher Gerichtsbarkeit sind für seine Beliebtheit verantwortlich:

- Grenzüberschreitende Vollstreckbarkeit des Schiedsspruches
- Fachkundige Schiedsrichter
- Schnelle Ergebnisse
- Rechtswahl sicherer möglich
- Kostenersparnis (bei höheren Streitwerten)
- Vertraulichkeit
- Praxisnahe Rechtsanwendung
- Flexibles Verfahren nach den Wünschen der Parteien
- Neutralität der Richter, des Verfahrens und des Verhandlungsortes
- Verfahrenssprache nach Wahl der Parteien

1.4 Eskalations-, Mediations- und Schiedsklausel

- Serviceorientierung der Schiedsrichter
- Vermeidung ausufernder Discovery-Verfahren[27]

Es gibt aber auch Umstände, die im Einzelfall gegen die Vereinbarung eines Schiedsgerichts zur endgültigen Streitlösung sprechen:

- Geringer Streitwert
- Faktische oder rechtliche Hemmnisse in einige Rechtsordnungen
- Einbeziehung Dritter in den Streit schwierig
- Eilentscheidungen schwierig
- Fehlurteile kaum korrigierbar
- Rechtliche Grundsatzfragen nicht klärbar
- „Unwillige" Zeugen schwer zu greifen
- Verzögerungsmöglichkeiten für unseriöse Vertragspartner
- Vorbehalte oder fehlende Handlungsfreiheit der (öffentlichen) Vertragspartner

1.4.1 Internationale Vollstreckbarkeit

Die Streitentscheidungsklauseln des Vertrages müssen vom Ende her entwickelt werden: Sind wir eher Kläger oder eher Beklagte? In welchem Land werden wir obsiegende Urteile vollstrecken können, wo hat der spätere Gegner dann seine Vermögensgegenstände?

Ein staatliches Gerichtsurteil ist ein nationaler Hoheitsakt des Gerichtsstaates. In einem anderen Land ist es nur aufgrund einer dortigen staatlichen Entscheidung zugunsten des fremden Titels vollstreckbar. Die zwingend erforderliche Grundlage für die Vollstreckbarkeit ausländischer Titel sind gemeinsame Rechtsregeln, wie etwa innerhalb der EU, oder Staatsverträge zwischen einzelnen Staaten, etwa zwischen Deutschland und Israel. Fehlen solche Grundlagen, dann ist das rechtskräftige Zahlungsurteil z. B. des deutschen Gerichts keinen Pfennig wert, wenn der Kunde seine Bankkonten in Russland hat. Die Vereinbarung eines „ausschließlichen Gerichtsstandes des Landgerichts Frankfurt a. M." klingt im ersten Moment vielleicht beruhigend, ist in solchen Fällen aber

---

[27]So bezeichnet man die Eigenheit anglo-amerikanischer Zivilprozesse, bei denen die Parteien gezwungen werden, vor oder während des Gerichtsverfahrens der jeweils anderen Seite umfangreich Auskünfte zum streitigen Sachverhalt zu erteilen oder ihr die eigenen Dokumente hierzu zugänglich zu machen, sodass z. B. der (spätere) Kläger sich mithilfe der Bücher des (zukünftigen) Beklagten überhaupt erst einmal die nötigen Informationen beschaffen kann, die er für eine Erfolg versprechende Klage benötigt. Diese Praxis öffnet der Ausforschung und der erpresserischen Belästigung mit kostenintensiven „Vorermittlungsmaßnahmen" Tür und Tor, trägt andererseits aber natürlich dazu bei, Pflichtverletzungen etwa eines Herstellers aufzuspüren, weil ein Informations-Ungleichgewicht vermindert wird.

gleichbedeutend mit einem Vertrag, der nur einseitig bindend ist, nämlich nur für den hiesige Verkäufer!

Um Hemmnisse für den internationalen Wirtschaftsverkehr abzubauen, wurde das New Yorker Übereinkommen über die Anerkennung und Vollstreckung von Schiedssprüchen aus dem Jahre 1958 entwickelt. Dieser „New York Convention" sind mittlerweile 156 Staaten weltweit beigetreten. Sie haben sich verpflichtet, grundsätzlich in ihrem Land Urteile von Schiedsgerichten, die sog. Schiedssprüche, zu vollstrecken, auf die sich die Parteien eines Vertrages geeinigt haben. Im Gegensatz dazu sind staatliche deutsche Gerichtsurteile nur in etwa 30 Staaten vollstreckbar, Schiedssprüche jedoch in ca. über 150 Staaten, Tendenz steigend.

1.4.2 Schiedsgerichte

Schiedsgerichte sind eine Alternative zu staatlichen Gerichten. Es handelt sich um private Gerichte, deren Zuständigkeit sich die Parteien in der Schiedsklausel unterworfen haben. Grundsätzlich bestimmen dabei die Parteien auch die Auswahl der Schiedsrichter und das Verfahren, nach dem diese den Streit entscheiden sollen.

Wenn die Parteien sich nicht auf die entsprechenden gesetzlichen Schiedsgerichtsverfahrensregeln des Landes verlassen wollen, in dem das Schiedsgericht nach der Schiedsklausel seinen Sitz hat, dann müssen sie ihm eigene Regeln vorgeben. Wem das zu aufwendig oder unüberschaubar ist, der kann stattdessen auch auf die Regeln zurückgreifen, die zahlreiche private Schiedsgerichts-Institutionen in aller Welt aufgestellt haben. Auf sie kann die Schiedsklausel im Vertrag einfach verweisen. So werden sie zum Inhalt des Vertrages.

Bekannte institutionelle Schiedsgerichtsinstitutionen sind die folgenden:

- DIS[28]
- ICC[29]
- Swiss Rules[30]
- AAA/ICDR[31]
- LCIA[32]
- SIAC[33]

---

[28]http://www.disarb.org/.
[29]http://www.iccwbo.org/products-and-services/arbitration-and-adr/arbitration/icc-rules-of-arbitration/.
[30]https://www.swissarbitration.org/.
[31]https://www.icdr.org.
[32]http://www.lcia.org/.
[33]http://www.siac.org.sg/.

1.4 Eskalations-, Mediations- und Schiedsklausel

Bevor man solche Regelwerke vereinbart, sollte man sich mit ihnen vertraut machen. Zuweilen schränken sie die Möglichkeiten der Parteien ein, selbst ihre Schiedsrichter auszusuchen. Das kann einen der wesentlichen Vorzüge der Schiedsgerichtsbarkeit zunichtemachen. Er besteht darin, dass fachkundige, motivierte und vertrauenswürdige Personen zur Entscheidung berufen werden. Sie kennen die Gepflogenheiten der Branche und die Situation in den betroffenen Ländern. Diesen Vorteil sollte man nicht leichtfertig auf Spiel setzen.

Von Anfang an sollten Sie sich auch Gedanken darüber machen, wen Ihr Unternehmen als Schiedsrichter berufen könnte. Bei den häufig verwendeten Dreierschiedsgerichten ist es üblich, dass jede Seite einen Schiedsrichter (oder natürlich eine Schiedsrichterin) benennt und beide sich auf einen Vorsitzenden einigen. Das Schiedsgericht entscheidet dann mit der Mehrheit der Stimmen. Zweischiedsgerichte können eine kostengünstige Alternative sein, etwa die nach den Regeln der GMAA[34], die, auch wenn der Name (German Maritime Arbitration Association) anderes vermuten lässt, für alle Arten von Wirtschaftsverträgen geeignet ist.

Klären Sie in jedem Fall, ob der potenzielle Schiedsrichter Zeit, Energie und Interesse für Ihren Fall aufbringt, ob Interessenkonflikte bestehen und die erforderlichen Kenntnisse vorhanden und ein ausreichendes „Standing" gegeben ist. Obwohl auch die von den Parteien berufenen Schiedsrichter neutral sein müssen, sind Sie an einem Kräftegleichgewicht interessiert.

Gleichgültig, ob die Vereinbarung des Schiedsgerichts innerhalb eines Vertrages erfolgt oder ob dafür ein gesondertes Dokument aufgesetzt wird, in jedem Fall stellt die Schiedsvereinbarung einen eigenen Vertrag dar. Dessen Schicksal ist vom Hauptvertrag, etwa dem Kaufvertrag über die Ware, grundsätzlich unabhängig.

▶ Prüfen Sie immer, ob Ihr jeweiliger Vertragspartner nach seinem Heimatrecht und nach dem Recht des Landes, in dem Sie gegen ihn später evtl. vollstrecken wollen, überhaupt eine Schiedsvereinbarung abschließen kann (für natürliche Personen, die nicht als Kaufleute eingetragen sind, sind sie in manchen Ländern unwirksam!) – und in welcher Form dies erfolgen muss (separate Urkunde, notarielle Beglaubigung, ...)

Folgende Punkte sollten bei der Formulierung einer Schiedsklausel geregelt werden:

- Eigener Paragraf im Vertrag, dieser mit der klaren Überschrift „Schiedsgericht", möglichst auf der Seite mit den Unterschriften
- Aufzählung der Streitigkeiten, die das Schiedsgericht regeln soll
- Festlegung, dass die endgültige Streitentscheidung ausschließlich dem Schiedsgericht obliegt und dass auch kein Rechtsmittel zu staatlichen Gerichten mehr möglich ist

---

[34]https://gmaa.de/de/.

- Korrekte Bezeichnung der Schiedsgerichts-Institution
- Ort des Schiedsgerichts
- Anzahl der Schiedsrichter
- Sprache des Schiedsverfahrens
- Vertraulichkeit des Schiedsverfahrens

Die Kosten eines Schiedsverfahrens können erheblich sein. Kostenrechner im Internet vermitteln einen ersten Eindruck.[35] Wegen der hohen Grundkosten „lohnen" sich Schiedsverfahren erst für höhere Streitwert, nach einer Faustformel für solche ab 100.000 €.

Schiedsverfahren sind jedoch im Vergleich zu Gerichtsverfahren sparsam, wenn sich mit ihnen der „Gang durch die Instanzen" vermeiden lässt und wenn sich Sachverständige und Übersetzungskosten einsparen lassen, weil bei den Schiedsrichtern selbst die entsprechenden Kenntnisse vorhanden sind.

Die Vereinbarung institutioneller Schiedsgerichte ist gerade für unerfahrene Parteien von Vorteil, weil die Büros der jeweiligen Organisationen Hilfestellung bei der Verfahrenseinleitung und -durchführung geben – gegen eine Gebühr natürlich.

Der „Ort des Schiedsgerichts", der in der Schiedsklausel vereinbart wird, ist nicht unbedingt der Ort, an dem das Schiedsgericht seine mündlichen Verhandlungen abhält. Ähnliche wie beim formellen Sitz einer Gesellschaft (anders als der tatsächliche Verwaltungssitz) ist es vielmehr der Ort, wo das private Gericht in die staatliche Rechtsordnung eingebettet ist, wo seine „rechtliche Heimat" hat. Wenn z. B. das Schiedsgericht Zeugen zwingen will, Aussagen zu machen, dann muss es sich an das Gericht an seinem Sitz wenden und dort um amtliche Unterstützung bitten. Es lohnt sich also, einen Schiedsgerichtssitz an einem Ort zu vereinbaren, an dem die öffentlichen Gerichte schiedsfreundlich, schnell und zuverlässig sind.

Schiedsgericht und Parteien sind frei, für die Durchführung der mündlichen Verhandlungen andere Orte auf der Welt zu vereinbaren, die z. B. logistisch für die Beteiligten günstiger gelegen sind, oder durch deren Wahl man vorübergehende Reisebeschränkungen für Beteiligten umgehen kann.

Problematisch ist der vertragliche Charakter von Schiedsklauseln. Die Schiedsurteile wirken grundsätzlich nur zwischen den unmittelbaren Vertragsparteien. Wenn Dritte einbezogen werden müssen, etwa Zulieferer, deren Bauteile sich als die eigentlich Mangelursache herauskristallisieren, dann ist eine entsprechende Streitverkündung wie im staatlichen Prozess nicht möglich. Bei solchen Konstellationen müsse potenzielle Beteiligte über entsprechende parallele Klauseln in den Zulieferverträgen eingebunden werden. Die modernen Schiedsordnungen der institutionellen Schiedsinstitutionen haben dieses Problem der arbeitsteiligen und vernetzten Wirtschaft jedoch erkannt. Sie sehen

---

[35]http://www.iccwbo.org/products-and-services/arbitration-and-adr/arbitration/cost-and-payment/cost-calculator/.

für dieses Problem Lösungen vor. Sie müssen jedoch frühzeitig die richtigen Weichen durch die einheitliche Einbeziehung dieser Schiedsordnungen in Ihre Verträge mit allen potenziell Beteiligten stellen.

Eine typische Schiedsklausel könnte wie folgt aussehen[36]:

Alle Streitigkeiten, die sich im Zusammenhang mit diesem Vertrag, gleich aus welchem Rechtsgrund, insbesondere auch über seinen Abschluss, über seine Rückabwicklung oder über seine Gültigkeit ergeben, werden nach der Schiedsgerichtsordnung der Deutschen Institution für Schiedsgerichtsbarkeit e. V. (DIS) unter Ausschluss des ordentlichen Rechtsweges endgültig entschieden.

- Der Ort des Schiedsverfahrens ist Hamburg, Deutschland.
- Die Anzahl der Schiedsrichter-/innen beträgt drei.
- Die Sprache des Schiedsverfahrens ist Britisches Englisch.
- Das auf die Schiedsklausel anwendbare Recht ist deutsches Recht.

1.4.3 Alternative Dispute Resolution (ADR)

Als alternative Streitbeilegung, Alternative Dispute Resolution, ADR, werden im Sammelbegriff Methoden zur Streitlösung bezeichnet, die sich nicht auf das klassische gerichtliche Klagverfahren beschränken.

Zur ADR gehören u. a.:

- Verhandlung
- Mediation
- Schlichtung
- Adjudikation
- Schiedsgutachter
- Schiedsgericht

Die **Verhandlungsführung** hat sich zur Wissenschaft weiterentwickelt. Von ihren Techniken kann man auch nach dem Vertragsschluss Gebrauch machen[37]. Dies gilt umso mehr, als es Kulturen gibt, für die es selbstverständlich ist, dass die Verhandlungen gerade nach dem Vertragsschluss erst richtig anfangen[38], weil sich die Sach- und Marktlage schließlich auch laufend weiterentwickelt. Hierauf sollten Sie vorbereitet sein.

---

[36]Vergleiche auch: http://www.dis-arb.de/de/17/klauseln/dis-schiedsgerichtsvereinbarung-98-id21. Diese Klausel geht davon aus, dass für den Hauptvertrag auch deutsches Recht als maßgebliches Recht gewählt wurde.

[37]https://de.wikipedia.org/wiki/Harvard-Konzept; http://www.pon.harvard.edu/freemium/new-free-report overcoming cultural barriers in negotiation/.

[38]So zuweilen bei chinesischen Vertragspartnern.

Der oder die **Schlichter** machen den Parteien einen unverbindlichen Vorschlag, wie der Streit beigelegt werden könnte.

Der **Schiedsgutachter** entscheidet über eine Frage endgültig und bindend, z. B. ob die Ware mangelhaft ist. Meistens handelt sich um Sachfragen. Er kann auch eine noch unbestimmte Leistung festlegen, auf deren Inhalt sich die Parteien nicht einigen können. Weil sich viele Streitigkeiten tatsächlich weniger um Rechts-, als um Sachfragen drehen, kann es sinnvoll sein, die Entscheidung hierüber einem Schiedsgutachter zuzuweisen. Der Gutachter sollte fachlich und von seiner Neutralität her aus Sicht beider Parteien über jeden Zweifel erhaben sein. Die Überprüfung seiner Entscheidung durch ein Gericht (oder Schiedsgericht) ist nur bei ganz groben Fehlern möglich.

Die **Adjudikation** ist eine gute Alternative für längere Projekte. Mit bindender Wirkung entscheidet der Adjudikator über Sach- und Rechtsfragen innerhalb kürzester Zeit. Häufig wird er auch schon projektbegleitend über dessen Fortschritt laufend in Kenntnis gesetzt, sodass er kurzfristig einzelne Streitfälle zu beurteilen in der Lage ist. Die Parteien müssen seinen (vollstreckbaren!) Entscheidungen Folge leisten. So kann das Projekt weiter vorangetrieben werden. Im Gegensatz zum Schiedsgutachten besteht aber hier die Möglichkeit, die Entscheidung noch einmal überprüfen zu lassen, durch ein Gericht oder, nach Wahl der Parteien, auch durch ein Schiedsgericht. Erfahrungsgemäß wird die vorläufige Entscheidung jedoch häufig als endgültige Lösung akzeptiert.

1.4.4 Mediation

Wenn die Parteien mit „Bordmitteln" nicht mehr in der Lage sind, zu einer Einigung zu kommen, wenden sie sich, bevor eine Klage eingereicht werden darf, an eine außenstehende Person, die ihnen helfen soll, doch noch eigenverantwortlich eine Lösung zu entwickeln. Diesen „Streitcoach" nennt man Mediator.

Im Gegensatz zum Schiedsrichter nimmt er den Parteien die Lösungsfindung nicht durch seine Entscheidung ab. Er macht im Gegensatz zu einem Schlichter auch keinen Lösungsvorschlag. Vielmehr soll er die Fähigkeiten der Parteien zur Streitkommunikation verbessern und ihre Kreativität bei der Lösungsfindung anregen. Dies erfolgt jedoch, ohne dass der Mediator für eine der beiden Seiten Partei ergreift oder das Verhalten der Beteiligten bewertet.

Der Vorteil eines einer Klage vorgeschalteten Mediationsverfahrens (bis zu seinem Ende bzw. der Feststellung durch den Mediator, dass es gescheitert ist, ist eine Klage unzulässig) liegt darin, dass die Parteien

- gesichtswahrend,
- schnell und
- kostengünstig zu einer Lösung finden

und eine verfahrene Situation klären können. Es wird von hohen Erfolgsquoten durch Mediationsverfahren berichtet, die niedrige externe Kosten aufweisen, weil nur die Kosten

1.4 Eskalations-, Mediations- und Schiedsklausel

des üblicherweise Einzelmediators je hälftig zu tragen sind. Der Mediator rechnet häufig nach Tagessätzen[39] für die Vorbereitung und die Mediationssitzungen ab. Letztere finden typischerweise an einem Tag oder an bis zu drei aufeinander folgenden Tagen statt.

Die oben genannten Schiedsgerichtsinstitutionen bieten mittlerweile häufig auch Mediations-Verfahren an. Weitere Beispiele sind:

- CfM[40]
- BMEV[41]
- DGMW[42]
- Wirtschaftsmediatoren IHK[43]
- IMI[44]
- CEDR[45]

Mediationen beruhen regelmäßig auf der Anwendung folgender Grundsätze:

1. Eigenverantwortung für das Problem übernehmen
2. Verständnis für das Gegenüber aufbringen
3. Kooperationsbereitschaft
4. Suche nach den hinter den vertretenen Positionen stehenden wahren Interessen

Ein Mediationsverfahren läuft, nach der Auswahl des Mediators, häufig in folgenden Schritten ab:

1. Eröffnung, Festlegung der Regeln
2. Ermittlung der vorhandenen Probleme
3. Gegenseitige Aufklärung über die Positionen und Interessen
4. Entscheidungsfindung
5. Abschlussvereinbarung

Der Mediator sollte Erfahrung im streitbefangenen Bereich mitbringen, interkulturelle Kompetenz haben, neutral sein und zusammen mit den Parteien und ihren Beratern eine umfangreiche Vertraulichkeitsvereinbarung unterschreiben. Es soll so auch verhindert werden, dass die für eine Mediation erforderliche Offenheit, mit der die Beteiligten

---

[39] Z. B. 500 € bis 5000 €.
[40] http://www.centrale-fuer-mediation.de/.
[41] http://www.bmev.de/mediation/definition-mediation0.html.
[42] http://www.dgmw.de/wirtschaftsmediation/.
[43] http://www.wirtschaftsmediatoren-ihk.de/.
[44] https://imimediation.org/.
[45] http://www.cedr-asia-pacific.com/cedr/index.php.

über die zugrunde liegenden Probleme sprechen, im Fall des Scheiterns der Mediation in einem nachfolgenden (Schieds-)Gerichtsverfahren von der Gegenseite ausgenutzt wird. Vollständig wird sich nicht verhindern lassen, dass die offengelegten Hintergrundinformationen auch gegen eine Seite „in Stellung gebracht werden" können. Mediatoren, die zugleich Rechtsanwälte, Notare oder Wirtschaftsprüfer sind, unterliegen häufig strengeren Vertraulichkeitsregeln als nicht zur berufsmäßigen Verschwiegenheit verpflichtete Berufsgruppen. Sie können (und müssen nach einer vernünftigen Vertraulichkeitsvereinbarung) sich dann später auf ihre gesetzlichen Zeugnisverweigerungsrechte berufen. Dieser Aspekt sollte bei der Auswahl des Mediators bedacht werden.

1.4.5 Eskalationsklauseln

Im Laufe der letzten Jahre sind Vertragsklauseln beliebt geworden, die den Prozess der Streitbeilegung stufenweise steuern. Während es früher nur die kooperative informelle Verhandlung oder die Entscheidung zur formellen Klage oder Schiedsklage gab, geht man heute lieber differenziert vor. Es werden bei Konflikten z. B. folgende Stufen gebildet:

1. Verhandlung auf der Projektebene
2. Verhandlung auf der Führungsebene
3. Mediationsverfahren
4. Wartezeit (Cool down)
5. Schiedsgericht

Es ist nachvollziehbar, dass die ersten drei Stufen auf der Leiter nur dann durchlaufen werden müssen, wenn es überhaupt noch irgendeine Gesprächsbasis gibt. Eine solche ist jedoch häufig aufgrund des Kostenrisikos und der Gefahr des Gesichtsverlustes der Handelnden auf beiden Seiten (die ihren jeweiligen Unternehmen ja schließlich seinerzeit geraten hatten, mit dem jeweiligen Partner den Vertrag abzuschließen) gegeben.
Eine Eskalationsklausel könnte wie folgt aussehen:

Beilegung von Meinungsverschiedenheiten[46]
1. Alle Meinungsverschiedenheiten aus oder im Zusammenhang mit dieser Vereinbarung oder ihren späteren Änderungen, einschließlich (ohne Einschränkung hierauf) solcher über ihre Entstehung, Gültigkeit, Bindungswirkung, Auslegung, Durchführung, Verletzung, Beendigung, oder solcher bei der Anwendung ihrer Salvatorischen Klausel in § XX, gleich aus welchem Rechtsgrund, also auch über außervertragliche Ansprüche und Rechte, werden die Vertragspartner zunächst, im Wege

---
[46]Eine separate Rechtswahlklausel zum deutschen Recht wird unterstellt.

partnerschaftlicher, kaufmännischer Verhandlungen bei gleichzeitigem Verweis der Meinungsverschiedenheit an die Geschäftsführungen beider Vertragspartner einvernehmlich zu lösen versuchen.

2. Sollten die Vertragspartner die Verhandlungen nicht innerhalb von dreißig (30) Tagen nach der entsprechenden Aufforderung eines Vertragspartners begonnen haben oder sollten die Vertragspartner eine einvernehmliche Lösung nicht innerhalb von sechzig (60) Tagen nach Beginn der Verhandlungen gefunden haben, werden die Vertragspartner ein Mediationsverfahren *(gemäß der Mediationsordnung der DIS e. V.[47])* durchführen, es sei denn, die Vertragspartner vereinbaren einvernehmlich und schriftlich vor Ablauf der vorstehenden Fristen eine andere Fristenregelung. Sollten sich die Vertragspartner nicht innerhalb von 30 Tagen nach der schriftlichen Aufforderung eines Vertragspartners, das Mediationsverfahren zu beginnen, auf einen Mediator verständigt haben, wird der *Präsident der Industrie- und Handelskammer,* in deren Bezirk das Unternehmen des auffordernden Vertragspartners liegt, gebeten, einen Mediator nach seinem freien Ermessen zu bestimmen. Die Einzelheiten des Mediationsverfahrens werden von den Vertragspartnern und dem Mediator gemeinsam bestimmt. Während der Durchführung der Verhandlungen, die mit dem Zugang der Aufforderung hierzu beginnt, und während des Mediationsverfahrens, das mit dem Zugang der Aufforderung hierzu beginnt, ist die Verjährung aller Ansprüche aus den betroffenen Lebenssachverhalten gehemmt im Sinne des § 203 BGB. Gleiches gilt für den Ablauf vertraglicher Ausschlussfristen. *Die Begleitung der Vertragsparteien im Mediationsverfahren durch Rechtsanwälte ist ausgeschlossen.*

3. Sollte das Mediationsverfahren durch einen der Vertragspartner oder den Mediator für gescheitert erklärt werden, wobei es auf den Zeitpunkt des Zuganges bei der jeweils anderen Vertragspartei oder den letzten Zugang bei beiden Vertragspartnern im Falle der Erklärung des Mediators ankommt, wird die Meinungsverschiedenheit unter Ausschluss des ordentlichen Rechtsweges endgültig und bindend in einem Schiedsverfahren gemäß den Bestimmungen der Schiedsgerichtsordnung *der Deutschen Institution für Schiedsgerichtsbarkeit e. V., Köln (DIS)* entschieden, die zum Zeitpunkt der vorgenannten Erklärung Gültigkeit hat. Das Schiedsgericht besteht aus *drei* Schiedsrichtern, sofern die Vertragspartner nicht vor der Bildung des Schiedsgerichtes einvernehmlich und schriftlich eine andere Regelung treffen, und diese Schiedsrichter werden nach den Bestimmungen der vorgenannten Schiedsgerichtsordnung ernannt. *Der Vorsitzende des Schiedsgerichts muss die Befähigung zum Richteramt und ausreichend praktische Berufserfahrung auf dem Gebiet des Wirtschaftsrechts haben. Die Vergütung der Schiedsrichter richtet sich nach der zwischen den Vertragspartnern und den Schiedsrichtern vor Beginn des Schiedsverfahrens abzuschließenden schriftlichen Honorarvereinbarung.* Die Entscheidung des Schiedsgerichts muss auch eine Entscheidung über die Tragung der Kosten des Schiedsverfahrens enthalten. Sitz des

---

[47]*kursiv* = Inhalte, die in jeder Stufenklausel individuell angepasst werden sollten.

Schiedsgerichts ist *Frankfurt am Main*. Das Schiedsgerichtsverfahren wird in *deutscher Sprache* geführt.

4. Während der kaufmännischen Verhandlungen, des Mediationsverfahrens und bis zur Etablierung eines entscheidungsfähigen Schiedsgerichtes schließen die vorstehenden Bestimmungen die Durchführung eines Verfahrens zur Erlangung einstweiligen Rechtsschutzes vor den ordentlichen Gerichten (§§ 916 ff. ZPO) nicht aus. *Einstweiliger Rechtsschutz bleibt auch anschließend vor staatlichen Gerichten zulässig/unzulässig.* Bevor das Schiedsverfahren gescheitert ist, sind Klagen oder Anträge in anderen Verfahrensarten indes unzulässig, es sei denn, sie sind zur Wahrung von Ausschlussfristen erforderlich. In letzterem Falle verpflichten sich die Vertragsparteien, auf das Ruhen dieses Verfahrens bis zum Ende der Verhandlungen oder der Mediation hinzuwirken. Insbesondere das Schiedsgericht/die Schiedsinstitution hat eine Klage bzw. einen Antrag von Amts wegen als derzeit unzulässig abzuweisen, oder das Verfahren bis zur vereinbarungsgemäßen Durchführung der Verfahren nach Abs. 1 und 2 auszusetzen. Dementsprechend sind in dem Schiedsantrag Angaben zum Stand der Verfahren nach Abs. 1 und 2 zu machen. Wer Mediator war, kann nicht Schiedsrichter sein.

5. Die Vertragsparteien verpflichten sich wechselseitig dazu, den Inhalt der Mediation Dritten gegenüber vertraulich zu behandeln – insbesondere gegenüber Ämtern, Behörden und Zivilgerichten. Diese Pflichten werden sie auch allen ihren Arbeitnehmern, Angestellten, Organen, Dienstleistern oder freiberuflichen Beratern auferlegen, soweit diese mit der Mediation befasst sind oder von deren Inhalten Kenntnis erlangen. Die Vertraulichkeitspflicht beinhaltet auch, dass sie über die Gegenstände und Inhalte der Mediation keine Parteivernehmung in einem etwaigen gerichtlichen oder schiedsgerichtlichen Verfahren (unabhängig davon, wer dort die Parteien sind) beantragen werden und den Mediator zu keinem Zeitpunkt von seiner Verschwiegenheitspflicht entbinden oder ihn als Zeugen benennen werden. Sie werden dort auch von ihm nicht die Vorlage von Aufzeichnungen oder Dokumenten verlangen. Diese Vertraulichkeitsvereinbarung gilt auch für die Zeit nach Abschluss der Mediation. Wenn Rechtsanwälte oder andere Berater der Vertragsparteien an ihr mitwirken, wird jede Vertragspartei diese und deren Mitarbeiter zur dauerhaften umfassenden Verschwiegenheit über die Mediation und über alle Informationen, die ihnen aus ihrem Anlass über die jeweils andere Vertragspartei bekannt gewordenen sind, verpflichten. Von dieser Verschwiegenheitspflicht kann nur durch alle Vertragsparteien gemeinsam entbunden werden. Sie sind auch zu verpflichten, von allen Aussage- und Zeugnisverweigerungsrechten Gebrauch zu machen, die ihnen in Bezug auf im oder anlässlich des Mediationsverfahrens bekannt gewordene Informationen in behördlichen, schiedsgerichtlichen oder gerichtlichen Verfahren zustehen und in einem solchen Verfahren solche Informationen auch nicht anderweitig einzubringen, noch die Vertragsparteien oder sonstige Teilnehmer an Mediationen als Zeugen zu benennen. Im Mediationsverfahren sind Ton- und Bildaufnahmen unzulässig, ebenso das Anfertigen von Wortlautprotokollen. Urkunden oder Augenscheinsobjekte einer Vertragspartei, die in der Mediation verwendet wurden, dürfen von der anderen Vertragspartei in anderen Verfahren nur mit deren

Zustimmung verwendet werden. Artikel 15 bis 18 der WIPO Mediation Rules[48] geltend ergänzend.
6. Die Pflicht zur Wahrung der Vertraulichkeit aus Abs. 5 gilt für das Schiedsverfahren entsprechend.

1.5 Angebot, Vertragsabschluss

Nach unserem Rechtsverständnis kommt ein bindender Vertrag durch zwei einander entsprechende Willenserklärungen zustande. Eine Seite macht ein Angebot, die Gegenseite nimmt dies an, d. h. stimmt allen darin enthaltenen Vorschlägen uneingeschränkt zu. Diese Annahmeerklärung muss dem Anbietenden zugegangen sein, bevor die Annahmefrist für das Angebot abgelaufen ist. Das Angebot muss als rechtlich bindende Erklärung gewollt sein, nicht als bloße Aufforderung an die Gegenseite, ihrerseits das erste Angebot abzugeben.

Wenn die Annahmeerklärung vom Angebot abweicht, kommt kein Vertrag zustande. Die ändernde Annahme ist vielmehr wiederum ein neues Angebot.

Diese Regel wird jedoch bei Anwendbarkeit der CISG modifiziert. Wenn die Änderungen in der Annahme nicht wesentlich sind, dann kommt ein Vertrag mit den geänderten Regelungen zustande, wenn der Anbietende nicht unverzüglich widerspricht:

Art. 19
[Ergänzungen, Einschränkungen und sonstige Änderungen zum Angebot]

(1) Eine Antwort auf ein Angebot, die eine Annahme darstellen soll, aber Ergänzungen, Einschränkungen oder sonstige Änderungen enthält, ist eine Ablehnung des Angebots und stellt ein Gegenangebot dar.
(2) Eine Antwort auf ein Angebot, die eine Annahme darstellen soll, aber Ergänzungen oder Abweichungen enthält, welche die Bedingungen des Angebots nicht wesentlich ändern, stellt jedoch eine Annahme dar, wenn der Anbietende das Fehlen der Übereinstimmung nicht unverzüglich mündlich beanstandet oder eine entsprechende Mitteilung absendet. Unterläßt er dies, so bilden die Bedingungen des Angebots mit den in der Annahme enthaltenen Änderungen den Vertragsinhalt.
(3) Ergänzungen oder Abweichungen, die sich insbesondere auf Preis, Bezahlung, Qualität und Menge der Ware, auf Ort und Zeit der Lieferung, auf den Umfang der Haftung der einen Partei gegenüber der anderen oder auf die Beilegung von Streitigkeiten beziehen, werden so angesehen, als änderten sie die Bedingungen des Angebots wesentlich.[49]

Auch in den anderen Rechtsfamilien setzt ein Vertrag regelmäßig Angebot und passende Annahme voraus. Es gibt jedoch oft feine Unterschiede und zusätzliche Erfordernisse.

---

[48] Vgl. http://www.wipo.int/amc/en/mediation/rules/#15a.
[49] https://beck-online.beck.de/?vpath=bibdata/komm/SchlechtriemSchwenzerKoUNKaufR_5/UNKaufRUe/cont/SchlechtriemSchwenzerKoUNKaufR.UNKaufRUe.a19.htm.

So gilt etwa nach Common Law die Annahme bereits als erfolgt, wenn die Annahmeerklärung nur ausreichend frankiert zur Post aufgegeben wurde.[50] Diese posting/mailbox rule macht einen dieser feinen Unterschiede deutlich. Sie gilt auch beim UN-Kaufrecht.

Ähnlich ist die Vorstellung der CISG, dass eine Mängelrüge schon dann wirksam erfolgt ist, wenn sie abgesandt wurde auf eine Art und Weise, bei der nach gewöhnlichen Umständen mit dem Zugang beim Verkäufer gerechnet werden durfte. Nach deutschem HGB kommt es stattdessen darauf an, dass die Rüge beim Verkäufer zugeht. Das hat der Käufer zu beweisen, was nicht immer leicht ist. Das deutsche Recht weist dem Käufer das Transportrisiko für seine Erklärung zu, weil der Käufer es schließlich in der Hand hat, durch die Auswahl der Kommunikationsmittel das Risiko zu steuern. Die CISG weist das Transportrisiko dem Verkäufer zu, der schließlich durch die pflichtwidrige Lieferung der mangelhaften Ware erst das Risiko versursacht hat, dass die Mängelrüge auf dem Weg zu ihm „verloren geht" bzw. sich verspätet:

> Artikel 27
> Soweit in diesem Teil des Übereinkommens nicht ausdrücklich etwas anderes bestimmt wird, nimmt bei einer Anzeige, Aufforderung oder sonstigen Mitteilung, die eine Partei gemäß diesem Teil mit den nach den Umständen geeigneten Mitteln macht, eine Verzögerung oder ein Irrtum bei der Übermittlung der Mitteilung oder deren Nichteintreffen dieser Partei nicht das Recht, sich auf die Mitteilung zu berufen.[51]

Die hier nur beispielhaft dargestellten Unterschiede im Rahmen der Regeln für den Vertragsschluss bzw. die Vertragsabwicklung machen deutlich, dass ein höheres Maß an Formalität, gemeinsam unterzeichnete schriftliche Vertragsurkunden und klare schriftliche Abreden über die Rechtsgültigkeit von Vereinbarungen im internationalen Geschäftsverkehr helfen können, Risiken zu vermeiden.

Dies gilt umso eher, als sich Parteien vor allem in Streitsituationen auf solche „Formalien" berufen, um ihnen nicht mehr genehmen Verpflichtungen auszuweichen. Solange hingegen eitel Sonnenschein herrscht, wird über deren fehlende Einhaltung gerne großzügig hinweggesehen, auch weil sie mit einem erhöhten Arbeitsaufwand verbunden sind.

1.5.1 Form

Das deutsche Rechtsinstitut des kaufmännischen Bestätigungsschreibens ist im Ausland regelmäßig unbekannt. Nach seinen Regeln kommt daher typischerweise kein Vertrag zustande.

---

[50]Wenn aus den Umständen deutlich geworden ist, dass der Anbietende mit einer solchen Form der Kommunikation einverstanden sein wird.
[51]http://cisg7.institut-e-business.de/pdf/gesetze/Deutschland.pdf.

Das Rechtsinstitut besagt, dass das Schweigen eines Kaufmannes auf eine Nachricht als Zustimmung zu werten ist. Damit widerspricht es dem Grundprinzip, dass „Schweigen keine Willenserklärung ist". Diese Wirkung wird bei uns indes dem Schweigen ausnahmsweise zugemessen, wenn eine vorherige Geschäftsbeziehung, etwa durch Verhandlungen, besteht, wenn der Schweigende ein Kaufmann ist und wenn die Erklärung der Gegenseite die vorherigen mündlichen Abreden im Wesentlichen korrekt wiedergibt. In einer solchen Situation erwartet das deutsche Handelsrecht, dass ein ehrlicher Kaufmann dem Gegenüber aktiv deutlich macht, dass er nicht oder nicht mehr mit dem „bestätigten Vertragsinhalt" einverstanden ist. Eine solche Reaktion ist dann nach Treu und Glauben geboten. Wer sich an der bisherigen Übereinkunft nicht festhalten lassen will, von dem erwartet das deutsche Recht, dass er unverzüglich widerspricht, also ohne schuldhaftes Zögern.

Bei grenzüberschreitenden Geschäftsbeziehungen sollte man daher bewusst vom Instrument des kaufmännischen Bestätigungsschreibens Abstand nehmen und solcherart Anschreiben weder selbst versenden, noch auf entsprechende „Bestätigungen" schweigen, sondern sie ausdrücklich zurückweisen, oder aber konkrete Zusagen einfordern bzw. abgeben.

Dass Schweigen nach der CISG auch als Zustimmung gelten kann, wurde im Zusammenhang mit dessen Art. 19 bereits dargestellt.

1.5.2 Bindungsfrist

Einer der auffallendsten Unterschiede zwischen Common Law und Civil Law ist die Tatsache, dass ein Vertragsangebot im Common Law grundsätzlich[52] unverbindlich ist, selbst wenn es mit einer Annahmefrist versehen ist. Im kontinental-europäischen Recht ist ein Angebot auch ohne eine solche Frist für das Gegenüber verbindlich annehmbar, solange die Rücknahmeerklärung dort nicht eingegangen ist und die Frist nicht abgelaufen ist, innerhalb derer man ein solches Angebot üblicherweise annimmt. Das gilt jedenfalls, sofern das Angebot nicht als „freibleibend" gekennzeichnet wird.

Aus diesem Grund müssen „Angebote" ausländischer Kunden und auch deren „Bestellungen" mit großer Vorsicht betrachtet werden. Zu einem bindenden Vertrag kommt es hier oft erst zeitlich später oder unter anderen Umständen als nach deutschem Recht.

Eigene Angebote sollten mit klaren Bindungsfristen versehen werden.

---

[52]Unter bestimmten Umständen machen Kaufgesetze davon mittlerweile Ausnahmen.

1.5.3 Werbung, Muster, Angebote

Kein Vertragsschluss kommt ohne Vorgeschichte zustande. Der Vertragspartner hat eine Anzeige in einem Branchenmagazin gelesen. Ihm liegt die Bedienungsanleitung einer alten Maschine vor. Er hat die Homepage des Unternehmens, evtl. die mit dem Stand von vor einigen Jahren, in Form eines Ausdrucks in seiner Akte. Der Kunde hat einen Messeflyer oder ein von ihm selbst gemachtes Foto eines Messeaufstellers oder eines dort seinerzeit ausgelegten Infoblattes archiviert. Ihm liegen Werbematerialien aus einem anderen Land vor. Er hat das Angebot, das man einem anderen Kunden vor einiger Zeit einmal zugeschickt hatte, in „die Finger bekommen" usw. usw.

Gleichgültig, nach welcher Rechtsordnung der Vertrag beurteilt wird, in jedem Fall sollte er eine Klausel enthalten, die deutlich macht, das ausschließlich die im Vertragstext selbst ausdrücklich enthaltenen Angaben zur Ware für die Frage maßgeblich sind, ob eine Abweichung hiervor vorliegt oder was der Kunde erwarten durfte. Anderenfalls besteht die Gefahr, dass der Kunde sich zur Begründung eines Mangels oder einer vorvertraglichen Pflichtwidrigkeit erfolgreich auf außerhalb des Vertrages gemachte Angaben beruft.

Eine entsprechende Klausel könnte wie folgt lauten:

Rechte und Ansprüche der Y-Company im Hinblick auf die Vertragsware können sich nur aus den ausdrücklich in diesem Vertrag vereinbarten Eigenschaften der Vertragsware ergeben. Unerheblich sind daher insbesondere, ohne dass dies abschließend wäre:

- Aussagen der X-Company über die Vertragsware, gleichgültig ob ausdrücklich oder konkludent gemacht, die nicht ausdrücklich Gegenstand dieses Vertrages geworden ist
- der übliche Gebrauch der Vertragsware
- der von der Y-Company beabsichtigte Gebrauch
- Beziehungen der Vertragsware zur Umwelt
- Aussagen über die Vertragsware in der Werbung
- Aussagen über die Vertragsware im Marketing
- Aussagen über die Vertragsware in Messen
- Aussagen über die Vertragsware in der Homepage der X-Company
- an die Y-Company übergebene Muster
- vorherige Angebote gegenüber Y-Company oder gegenüber Dritten
- vorherige Lieferungen an die Y-Company oder an Dritte
- Angaben Dritter über die Vertragsware
- Angaben von Vertriebsmittlern der X-Company über die Vertragsware
- Angaben der X-Company über die Vertragsware gegenüber Dritten

Die Parteien dieses Vertrages sind sich darüber einig, dass die X-Company keine Beratungspflichten gegenüber der Y-Company im Zusammenhang mit der Vertragsware übernommen hat. Die Y-Company hat sich vielmehr aufgrund ihrer allgemeinen Erfahrung als … Unternehmen seit … Jahren und konkret durch die ausgiebigen Beschäftigung mit den Spezifikationen der Vertragsware, ihrer Verwendungsmöglichkeiten und den Produkten der Mitbewerber sowie der Hinzuziehung von Fachleuten einen Wissensstand im Hinblick auf die Vertragsware und auf deren Beziehungen zur Umwelt erarbeitet, der demjenigen der X-Company mindestens entspricht.

Es ist natürlich wichtig, dass Ihre Mitarbeiter auch bei der Vertragsabwicklung und beim Aftersales-Service keine Aussagen zu den Produkten machen oder Ratschläge geben, die als Zusicherungen oder als Beratungsleistungen eingestuft werden können („Ja, das Getriebeöl der Fa. … ist auch gut geeignet…", „Nein, es gab bisher noch nie Schwierigkeiten mit einer CE-Kennzeichnung des Modells…", „Doch, ein Nutzergewicht von 120 kg ist an sich auch kein Problem, da ist genug ‚Luft' im Rohrquerschnitt, um das Zusatzgewicht auszuhalten, da ist bisher noch nie was passiert…" usw.).

1.6 Allgemeine Geschäftsbedingungen

Alle Vertragsinhalte, die vorformuliert sind und die man mehrfach zu verwenden gedenkt, fallen rechtlich in die Kategorie der „Allgemeinen Geschäftsbedingungen"[53]. Auf die erheblichen Vorteile solcher Standardformulierungen war einleitend schon hingewiesen worden.

Viele Rechtsordnungen betrachten solche Textpassagen jedoch kritisch. Der Vertragspartner sei durch sie benachteiligt. Er kann in der konkreten Verhandlungssituation nicht vollständig beurteilen, welche Konsequenzen die ausgetüftelten Formulierungen haben können. Dadurch sei er dem Verwender der AGB strukturell unterlegen. Zum Ausgleich werden typischerweise

- hohe Hürden für die Einbeziehung der AGB[54] in den Vertrag aufgestellt,
- einige Regelungsbereiche als in AGB unzulässig ausgeklammert (Haftungsausschluss, Gerichtsstandvereinbarung, Rechtwahl usw.) oder jedenfalls
- einer strengeren Inhaltskontrolle unterzogen, als sie für den sonstigen Vertragstext üblich ist.

Traditionell werden in Deutschland AGB in vom Vertrag getrennten Dokumenten zusammengefasst, z. B. in Allgemeinen Verkaufsbedingungen. Das ist sogar so üblich, dass der Begriff der „AGB" mit diesem Blatt „Kleingedruckten" gleichgesetzt wird. Hier muss man aus drei Gründen Vorsicht walten lassen:

1. Die Einstufung eines Textes als AGB hängt nicht unbedingt daran, ob er separat niedergelegt ist, sondern vor allem daran, ob er vorformuliert ist und standardmäßig verwendet wird.
2. Gerne vereinbart der deutsche Verkäufer sein Heimatrecht als für den Vertrag maßgebliches Recht. Im deutschen Recht ist die Inhaltskontrolle aber leider besonders streng.

---

[53]Übersetzt etwa „Standard (oder auch: General) Business Conditions".
[54]Wenn die AGB nicht im eigentlichen Vertragstext enthalten sind.

3. Jede vom eigentlichen Vertrag getrennte AGB-Verwendung beschwört das Risiko herauf, das sie als gar nicht in den Vertrag einbezogen angesehen werden. Diese Gefahr ist im internationalen Geschäft sogar noch gesteigert.

Es gibt daher gewisse **Grundregeln für AGB-Formulierungen:**

1. AGB-Charakter können auch Formulierungen im Hauptvertrag haben.
2. AGB-Formulierungen müssen besonders unzweideutig sein.
3. Nach „fest" kommt „ab"!
4. Inlands-AGB dürfen nicht unverändert für Exportverträge übernommen werden.
5. AGB sollten nicht in separate Dokumente ausgegliedert, sondern in den Hauptvertrag einbezogen werden.
6. AGB sollten so formuliert sein, dass sich die einzelnen Regelungen gut voneinander trennen lassen. Die Regelungen müssen also auch unabhängig voneinander verständlich sein.
7. Dass man AGB-Formulierungen als verhandelbar vorgeschlagen hat[55] sollte ebenso dokumentiert werden, wie stattgehabte Verhandlungen und welche Seite welche Änderungen aus welchem Grund durchsetzen wollte.
8. Die Verhandlungsstärke und die Alternativen, die der Vertragspartner im Zeitpunkt der Verhandlungen hatte, sollten ebenso dokumentiert werden wie der Umfang und die Qualität seiner rechtlichen Beratung.
9. Eine Alleinstellungsklausel sollte immer mit dabei sein.

Diese Empfehlungen beruhen auf folgenden Überlegungen:

1. Wenn nach dem anwendbaren Recht eine für AGB verschärfte Inhaltskontrolle durchgeführt wird, dann erfasst sie die Klauseln unabhängig davon, wo sie auftauchen.
2. Unklarheiten in AGB gehen immer zulasten desjenigen, der die Formulierung vorgeschlagen hat. Es wird also immer die für den Vorschlagenden schlechteste Alternative angewandt bzw. der Inhaltskontrolle unterworfen.
3. Im Regelfall führt die Inhaltskontrolle durch das Gericht nicht etwa dazu, dass die Klausel mit der gerade noch akzeptablen Härte aufrecht erhalten wird, sondern sie wird typischerweise komplett für unwirksam erklärt. Das gilt auch, wenn der Vertrag eine salvatorische Klausel enthält, nach der unwirksame Klauseln aufrecht erhalten bleiben in dem Umfange, in dem sie für unwirksam erklärt wurden. Es gelten dann stattdessen die gesetzlichen Regelungen. Das bedeutet, dass man sich einerseits darüber im Klaren sein sollte, was bei Unwirksamkeit gilt, anderseits sollte man es bei drohender Inhaltskontrolle mit der „Schärfe" der Klausel nicht übertreiben. Lieber eine vernünftige Haftungsbeschränkung, mit der man leben kann, als ein „kompletter

---

[55] Auch wenn die Gegenseite von dieser Möglichkeit keinen Gebrauch gemacht hat.

Ausschluss jeglicher Haftung", der sich als komplett unwirksam herausstellt und bei dem dann stattdessen die ggf. uferlose gesetzliche Haftung gilt!
4. Die Export-AGB müssen viele weitere Fragen abdecken, außerdem müssen die schon vorhandenen Regelungen auf die Besonderheiten der Exportsituation zugeschnitten werden.
5. Das ist etwas, was man von der Vertragspraxis der Common-Law-Länder lernen kann. Was bei uns separate AGB sind, findet sich dort regelmäßig im eigentlichen Vertrag. Diese bei jedem Vertrag des Unternehmens gleichbleibenden Klauseln, unser „Kleingedrucktes", wird als Boilerplate bezeichnet. Die Einbeziehung in den Hauptvertrag vermeidet das Risiko, das separate AGB als nicht einbezogen gelten. Sie verringert zugleich das Risiko, dass Ungereimtheiten zwischen AGB und den restlichen Vertragsformulierungen auftreten.
6. Ihre AGB-Passagen müssen so formuliert sein, dass die darin enthaltenen einzelnen Regelungen möglichst jeweils mit einem „blauen Stift"[56] gestrichen werden können und die anderen Regelungen trotzdem aus sich heraus verständlich bleiben. Hintergrund des Bestrebens, solche Trennbarkeit zu erreichen, ist die in vielen Rechtsordnungen geltende Regel, wonach ein Gericht Vertragsabschnitte, die es für unwirksam hält, etwa weil sie die Gegenseite wider Treu und Glauben benachteiligen, nur aus dem Vertrag streichen kann, sie aber nicht im gerade noch zulässigen „Knebelungsmaße" aufrecht erhält.[57] Es müssen dabei aber immer alle Textpassagen gestrichen werden, die zusammen hängen. **Eine einzige unwirksame Regelung kann also mehrere andere, an sich wirksame Regelungen „mit in die Unwirksamkeit reißen", wenn sich die Textpassagen inhaltlich nicht klar voneinander trennen lassen!** Daher ist es auch aus diesem rechtlichen Grund, nicht nur wegen der Verständlichkeit, sinnvoll, kurze Sätze und kurze Absätze zu bilden. Dann ist der Schaden im Falle einer als unwirksam angesehenen Regelung kleiner.
7. Eine AGB-Klausel wird vom Gericht immer gegen die Interessen der Partei ausgelegt, die sie vorgeschlagen hat. Sie wollen beweisbar vortragen können, dass ein Klauselbestandteil gerade auf den Wünschen des Gegners beruht, wenn er kritisiert wird.
8. Gerade vor Schieds- und Common-Law-Richtern, insbesondere bei Verträgen, für die ein AGB-freundliches Recht gilt, werden AGB-Klauseln eher Bestand haben, wenn die Partei, die sich auf sie beruft, den Eindruck vermitteln kann, dass sich die Gegenpartei aus freien Stücken, gut anwaltlich beraten und aus wirtschaftlichen Überlegungen heraus auf sie eingelassen hat.
9. Ihr Vertrag sollte immer eine Formulierung enthalten, dass die AGB der Gegenseite nicht gelten, nur (Ihre) vertraglichen Regelungen.

---

[56]„Blue pencil test", weil Korrekturen an Drucksachen früher mit blauem Stift durchgeführt wurden (eine Farbe, die in den Abzügen nicht sichtbar war).

[57]Denn sonst würde es sich für denjenigen, der die Klauseln vorschlägt, ja immer lohnen, so hart wie möglich zu formulieren, weil schlimmstenfalls die gerade noch zulässige Variante erhalten bleibt.

1.6.1 AGB einzelner Unternehmen

Viele Formulierungen, die Ihr Unternehmen regelmäßig verwendet, sodass sie als AGB einzustufen sind, werden sich so nicht bei anderen Unternehmen finden. Es handelt sich also um die individuellen AGB Ihres Unternehmens.

Solche Klauseln sind natürlich besonders angreifbar, weil Sie sich insoweit nicht auf eine Übung in der Branche berufen können, die die dortigen Regelungen als angemessen und fair einstuft.

Auch um diesen Nachteil zu vermeiden, greift die Praxis gern auf allgemein anerkannte Musterformulierungen zurück. Einige von ihnen werden im Folgenden beschrieben. Ihr hoher Bekanntheitsgrad darf nicht darüber hinwegtäuschen, dass es sich bei ihnen auch um AGB handelt, wenn sie in Verträge einbezogen werden sollen. Dieses Bewusstsein ist aus zweierlei Gründen von Bedeutung:

- Auch „offizielle Musterformulierungen" müssen durch vertragliche Vereinbarung einbezogen werden, gelten also nicht automatisch, anders als etwa gesetzliche Regelungen.
- Es gibt staatliche Gerichte, die selbst die Formulierungen aus international anerkannten Musterverträgen an der AGB-Inhaltskontrolle scheitern lassen, weil sie angeblich unfair seien. Maßstab für die Inhaltskontrolle ist immer das auf den Vertrag anwendbare Recht.

Leider tun sich besonders deutsche Gerichte im Hinblick auf den zweiten Punkt hervor. Das wird von den hiesigen Exporteuren häufig als Wettbewerbsnachteil empfunden, denn es macht es erforderlich, auf ein AGB-freundlicheres fremdes Recht im Wege der Rechtswahl auszuweichen. Das ist regelmäßig mit höheren Beratungskosten verbunden. Als Reserverecht, das dem deutschen Recht noch am ehesten vergleichbar ist, aber nicht die überzogene AGB-Kontrolle im B2B-Verkehr aufweist, wird hier häufig das Schweizer Recht empfohlen. Andere Stimmen mahnen auch dort zur Vorsicht – und betonen, dass jeweils eine Einzelfallprüfung erforderlich ist.

Die Kombination aus

- offenen Verhandlungen über die wirtschaftlichen Folgen ausufernder Haftungsklauseln zulasten des Verkäufers (erhöhte Preise wegen der Kosten der dann erforderlichen weiteren Versicherungsdeckung nämlich u. a.),
- deren gerichtsfeste Dokumentation,
- die Verwendung in der Branche anerkannter Musterformulierungen mit
- einer strategischen Rechtswahl und schließlich
- der Vereinbarung eines Schiedsgerichts, das auch Kaufleute enthalten muss,

verspricht oft die besten Chancen, dass AGB-Klauseln Bestand haben.

1.6.2 Incoterms ICC

Die weltweit wohl bekanntesten und auch von Gerichten anerkannten AGB-Vorschläge stellen die Incoterms dar, die von der International Chamber of Commerce mit Sitz in Paris entwickelt wurden und von ihren Gremien regelmäßig überarbeitet werden.[58] Die ICC ist eine private Einrichtung am internationalen Geschäftsverkehr interessierter Kreise, keine staatliche Institution. Detailliertere Informationen zu ihren Musterklauseln und Verträgen bietet sie gegen Entgelt an. Sie führt weltweit auch entsprechend zertifizierte Seminare durch. Investitionen in diesem Bereich sind regelmäßig lohnend.

Die Einbeziehung dieser AGB in den individuellen Vertrag erfolgt durch die Verwendung der Abkürzung der gewünschten Klausel. Sie ist regelmäßig mit der Angabe des Ortes zu versehen, an dem die entsprechenden Leistungen erbracht werden sollen. Die Angabe sollte jeweils ergänzt werden um die Angabe „Incoterms © 2010 ICC", damit deutlich wird, welches Klauselwerk einbezogen sein soll. Es gibt nämlich auch andere Regelungen, die ähnliche Abkürzungen verwenden, etwa „F.O.B."[59] nach dem US-amerikanischen Uniform Commercial Code, UCC. Zudem gibt es die Incoterms der ICC in verschiedenen Fassungen, sodass die Angabe der Jahreszahl deutlich macht, welche Version der schon mehrfach revidierten Fassungen zur Anwendung kommen soll.

Bei der Anwendung der Incoterms sind die folgenden Gesichtspunkte zu beachten:

- Auswahl der passenden Klausel
- Korrekte Bezeichnung der ausgewählten Klausel
- Präzise Angabe des „benannten Ortes"
- Beschränkter Regelungsumfang
- Kein Widerspruch zu den restlichen vertraglichen Regelungen
- Einhaltung der Verpflichtungen bei der Abwicklung

Die Incoterms regeln nur einen kleinen Ausschnitt der in einem Exportvertrag regelungsbedürftigen Fragen und verteilten die Verantwortlichkeit dafür zwischen Verkäufer und Käufer. Sie regeln:

- Gefahrübergang
- Transportpflicht
- Verzollungsformalitäten
- Verzollungskosten
- Abwicklungs- und Kostentragungspflichten für
  - Rechnungstellung
  - Verpackung und Kennzeichnung

---

[58]http://www.iccgermany.de/standards-regelwerke/incoterms/.
[59]Also Vereinbarung der Lieferung an den Kunden „Free on Board".

- Exportgenehmigungen
- Importgenehmigungen
- Sicherheitsrelevante Informationen
- Nachricht über Verschiffung
- Ladepapiere
- Empfangsbescheinigung
- Proof of Delivery
- Beförderungsverträge
- Versicherungsverträge

Von EXW (Ex works) bis zu DDP (Delivered Duty Paid) erhöhen sich dabei die vom Verkäufer übernommenen Pflichten, das Risiko und die Kosten. Einen guten Überblick geben verschiedene Zusammenfassungen,[60] ohne die offizielle Erläuterungsbroschüre der ICC kommt man indes nicht aus. Beachtenswert ist, dass der Verkäufer auch bei der ihn am wenigsten belastenden Klausel, EXW, die Kosten für die Verpackung trägt, die im Hinblick auf die ihm vor Vertragsschluss bekannten Umstände erforderlich sind. Das können nicht unerhebliche Aufwendungen sein.

Die korrekte Verwendung der Klauseln beispielhaft für EXW wäre „EXW Hamburg, Deutschland, Industriestraße 12, Laderampe 3, Incoterms © 2010 ICC".

Folgende Klauseln sind nur für den See- und Binnenschifftransport vorgesehen und sollten auch nur so verwendet werden: FAS, FOB, CFR, CIF, während die anderen universell verwendbar sind.

Außer den oben genannten Bereichen regeln die Incoterms nichts, insbesondere regeln sich nicht:

- Eigentumsübergang
- Zahlungsbedingungen
- Gewährleistung
- den Inhalt ggf. abzuschließender Transport- und Versicherungsverträge

Die Incoterms stellen also „nur" eine Standardisierung der technischen Abwicklung der Lieferung dar, wobei aus rechtlicher Sicht die Definition des Gefahrüberganges der gravierendste Punkt ist. Es ist dabei zu beachten, dass die Kostentragungspflicht des Verkäufers auch nach diesem Zeitpunkt noch bestehen kann, sodass diese beide Dinge voneinander zu unterscheiden sind.

---

[60] https://www.dhl.de/content/dam/dhlde/downloads/pdf/incoterms-%C2%AE-2010-flyer.pdf, http://www.frankfurt-main.ihk.de/imperia/md/content/pdf/international/INCOTERMS-2010-im-ueberblick.pdf, http://www.iccwbo.org/roducts-and-services/trade-facilitation/incoterms-2010/the-incoterms-rules/, https://www.ihk-nordwestfalen.de/fileadmin/medien/02_Wirtschaft/44_International/22_Export_Import/medien/INCOTERMS2010.pdf, https://de.wikipedia.org/wiki/Incoterms.

1.6 Allgemeine Geschäftsbedingungen

Wenn man die Incoterms verwendet, dann muss man sie auch ernst nehmen, d. h. sich in der Praxis regelkonform verhalten. EXW verpflichtet den Verkäufer, die Ware für den Käufer am benannten Ort bereitzustellen („place the goods at the disposal of the buyer"). Wenn er diese Pflicht erfüllt hat, geht die Gefahr (der zufälligen Verschlechterung und des zufälligen Untergangs) auf den Käufer über. Das bedeutet auch, dass der Käufer verpflichtet ist, die Ware auf das von ihm organisierte und bezahlte erste Transportmittel verladen zu lassen. Die Mitarbeiter des Verkäufers brauchen dementsprechend selbst die zum Versand bereitgestellte Ware nicht mehr anzufassen – und sollten dies auch nicht mehr tun, der Verkäufer sollte auch keine Lademittel zur Verfügung stellen u. a., weil er dadurch sein Risiko wieder erhöht. Gegen diese Empfehlung wird häufig verstoßen.

Fraglich ist, ob der Verkäufer verhindern kann, dass der Käufer durch ungeeignete Transportunternehmen die Ware abholen lässt. Hier ist etwa an eine mangelhafte Sicherung der Ware zu denken oder nicht verkehrssichere LKW. Der Verkäufer könnte aus Sicht derjenigen, die durch das Transportgut später gefährdet werden, als Haftungsschuldner in Anspruch genommen werden. Auch wenn dies nicht der Fall ist, allein aus Marketinggründen möchte kein Verkäufer Produkte mit seinem Namen auf der Umverpackung bei der Berichterstattung über einen spektakulären Verkehrsunfall in den Medien wiederfinden („Verrutschter Getriebeblock klemmt Schulbus ein"…). Aus diesem Grund ist es sinnvoll, die EXW-Klausel zu flankieren mit einer individuellen Vertragsklausel wie der folgenden:

> Y-Company hat nur Anspruch auf Zugang zur Vertragsware, nachdem die zweite Kaufpreisrate vertragsgemäß[61] gezahlt wurde und die Vertragsware von einem Transportunternehmen abgeholt wird, das die Gewähr für die Einhaltung der öffentlich-rechtlichen Sicherheits- und Umweltbestimmungen während des Transportes bietet, die am benannten Ort gemäß Incoterms © 2010 ICC gelten.

„Y-Company" ist in der Klausel die jeweilige Kurzfassung der Firma des Käufers. Die Klausel geht davon aus, dass der Käufer nach dem Ablauf einer bestimmten Zeitspanne nach Vertragsschluss bzw. auf entsprechende Mitteilung des Verkäufers hin (z. B. bei Beginn der Produktion) eine Anzahlung leistet und eine zweite Kaufpreisrate fällig wird z. B. 10 Tage nach Versand der Mitteilung der Bereitstellung der Ware zu Abholung durch den Käufer bzw. nach Durchführung der Qualitätskontrolle im Werk des Verkäufers.

Die Formulierung der Klausel „… hat nur Anspruch auf Zugang zu Vertragsware, wenn…" weist dem Käufer die Beweislast für das Vorliegen der Voraussetzungen zu. Zweifel daran gehen also zulasten des Käufers, sie führen dazu, dass er keinen Anspruch auf Zugang hat. Diese Klausel sollte im Abschnitt über die Regelung des Verzugs des

---

[61] „Vertragsgemäß" bezieht sich hier auf die anderweitig geregelten Umstände der Zahlung. Sie wird regelmäßig auf ein bestimmtes Konto des Verkäufers zu erfolgen haben, ohne jegliche Vorbehalte, zum endgültigen Verbleib und kostenfrei für den Verkäufer.

Verkäufers mit folgender Formulierung kombiniert werden: „Verzug setzt auch voraus, dass die Y-Company Anspruch auf Zugang zur Vertragsware hat."

Wenn man Incoterms verwendet, dann muss man ihre Regelungen jeweils vergleichen mit den übrigen Regelungen im Vertrag, die etwas über die von den Incoterms erfassten Gesichtspunkte aussagen. Soweit sich Überschneidungen oder Berührungspunkte ergeben, ist es erforderlich, die anderen vertraglichen Regelungen an die Incoterm-Regelungen anzupassen bzw. zu streichen, wo sie sich widersprechen oder die Incoterm-Regelungen wiederholen.

▶ Es ist hingegen nicht empfehlenswert, die Incoterm-Regelungen zu modifizieren!

Das ist zwar möglich, weil die Incoterms nur Vorschläge von AGB-Texten sind. Deren Abänderung ist aber kontraproduktiv, weil sie gerade der weltweiten Vereinheitlichung dienen und dieser Vorteil bei einer Modifikation zunichte gemacht würde. Damit ginge die Sicherheit der Auslegung verloren, die die Verwendung der Incoterms gerade mit sich bringen sollte. Außerdem ist die Wahrscheinlichkeit sehr hoch, dass bei der Abwicklung die Modifikationen einfach übersehen werden, insbesondere von Personen, die nicht direkt an der Vertragsverhandlung beteiligt waren, weil dann dieser Vertrag vom täglichen Standardvorgehen bei der gewählten Klausel abweicht – eine Situation, die Fehler geradezu herausfordert.

1.6.3 UN-Kaufrecht/CISG

Es gibt vier Gesichtspunkte, die beim Zusammenspiel zwischen UN-Kaufrecht und AGB zu berücksichtigen sind:

- Die Geltung der CISG kann ausgeschlossen werden. Dieser Ausschluss ist auch in vom eigentlichen Vertragstext getrennten „klassischen" AGB möglich. Solche Ausschlussversuche sind jedoch häufig nicht erfolgreich. Für die Einbeziehung der AGB in einen Kaufvertrag nach CISG ist nämlich erforderlich, dass die AGB der Gegenpartei in einer von ihr verstandenen Sprache nachweislich vor Vertragsschluss zugänglich gemacht wurden. Nur auf diese AGB und ihre Einbeziehung in den Vertrag hinzuweisen und sie z. B. bei Nachfrage zu übersenden, ist **nicht** ausreichend. **Die Einbeziehungshürden sind also nach CISG höher als bei rein nationalen Fällen!**
- Die Lösung für dieses Problem ist auch nicht eine Rechtswahlklausel zum deutschen Recht in den AGB, die die CISG ausschließt. Denn die Rechtswahlklausel kommt gar nicht zur Wirkung, weil nach der CISG ja zunächst die Einbeziehung der AGB in den Vertrag geprüft wird – mit dem Ergebnis, dass die AGB nicht einbezogen sind – und damit auch nicht Rechtswahl, die die CISG ausschließen will!
- Wenn man also bei grundsätzlicher Geltung der CISG unbedingt getrennte AGB verwenden will, dann sollte man sie der Gegenseite vor Vertragsschluss vorlegen und

sich eine Kopie mit deren Unterschrift und der Bestätigung, dass die Sprache der AGB verstanden wird, als Beweis für die Einbeziehung geben lassen. Dies gilt unabhängig davon, ob die AGB eine Rechtswahlklausel enthalten und unabhängig davon, ob darin die CISG ausgeschlossen ist. Viel sicherer ist indes, die eigenen AGB in den Vertragstext zu integrieren, vgl. oben.

- Wenn die CISG auf den Sachverhalt Anwendung findet und auch nicht ausgeschlossen wird, dann sind umfangreiche Ergänzungen, Präzisierungen und Anpassungen ihrer Regelungen für den Einzelfall erforderlich, die regelmäßig den Charakter von AGB haben werden. Sie sollten in den Vertragstext selbst integriert sein.

1.6.4 Musterverträge

Neben den inhaltlich und vom Textumfang her „minimalistischen" Incoterms gibt es unzählige umfangreiche, nahezu komplette Vertragsmuster und -vorschläge für den grenzüberschreitenden Handel,[62] etwa von den folgenden Institutionen:

- IHK[63]
- VDMA[64]
- ICC[65]
- FIDIC[66]
- ECE[67]
- UNCITRAL
- ITC[68]

Es ist sehr sinnvoll, sich solche AGB-Vorschläge anzusehen und für das eigene Unternehmen zu verwenden oder bei der Gestaltung des eigenen Standardvertrages zu berücksichtigen. Sie alle weisen indes Eigenheiten auf, die es zu berücksichtigen gilt. Die

---

[62] http://www.firmextra.de/fileadmin/kmu/content/Wissen/PDF-Dateien/Exportvertrag_deutsch_englisch.pdf.
[63] http://www.frankfurt-main.ihk.de/recht/rechtslinks/vertraege_agb/.
[64] http://www.vdma.org/, u. a. Rahmenliefervertrag.
[65] http://www.iccgermany.de/standards-regelwerke/mustervertraege/, http://fidic.org/bookshop/about-bookshop/which-fidic-contract-should-i-use.
[66] http://fidic.org/bookshop/about-bookshop/which-fidic-contract-should-i-use.
[67] http://www.unece.org/fileadmin/DAM/leginstr/Annex.pdf, https://www.apischmidt-bretten.de/pdfdat/EU-lieferbedingungen_188_deutsch.pdf.
[68] http://www.intracen.org/model-contracts-for-small-firms/, http://www.intracen.org/uploadedFiles/intracenorg/Content/Exporters/Exporting_Better/Templates_of_contracts/3%20International%20Commercial%20Sale%20of%20Goods.pdf.

ECE-Muster etwa sind schon sehr alt, andere sind aus der Perspektive des Common Law geschrieben usw. Es gibt zudem Branchen, in denen eigene Standardverträge erhebliche Bedeutung haben, etwa beim Handel mit gebrauchten Schiffen, vgl. Norwegian Saleform 2012, NSF[69].

Es gibt solche Muster auch von rein kommerziellen Anbietern.[70] Es wird mit großer Sorge betrachtet, dass deutsche staatliche Gerichte auch zwischen gewerblichen Vertragsparteien in der AGB-Inhaltskontrolle zuweilen insbesondere Haftungsbeschränkungen für unwirksam erklären, die sich so auch in international verwendeten Vertragsmustern finden. Hier ist etwa die Beschränkung der Höhe des Schadenersatzes auf den Auftragswert zu nennen. Diese „Fürsorge" für den Vertragspartner führt dazu, dass sich deutsche Unternehmen in Rechtswahlklauseln auch im Rahmen von Musterverträgen für ausländische Rechtsordnungen entscheiden, die insoweit nach verbreiteter Ansicht der Vertragsgestaltung weitere Grenzen stecken, wobei hier das Schweizer Recht und das Englische Recht genannt werden, vgl. oben.

1.7 Preisstellung und Gefahrtragung

Hier ist auf die Aufnahme von Preisanpassungsklauseln soweit das Wechselkursrisiko beim Bezug von Vorprodukten zu achten.

Der Übergang der Gefahr auf den Kunden sollte dann erfolgen, wenn der Verkäufer die direkte Kontrolle über die Ware verliert, also etwa bei Übergabe an den ersten Beförderer oder wenn die Ware im Werk des Verkäufers für den Kunden vertragsgemäß zur Abholung bereitgestellt wurde und der Zeitpunkt verstrichen ist, zu dem der Kunde diese frühestens hätte abholen können.

Für die weitere Aufbewahrung kann eine entsprechende Aufwandsentschädigung vereinbart werden. Gleiches gilt für Entsorgungskosten. Die Gefahrtragung ist von der Kostentragung zu trennen.

1.8 Zahlungsbedingungen

Es gibt im Exportgeschäft eine Vielzahl von Faktoren, die sich auf den Preis auswirken können. Es ist sinnvoll, ihre Effekte so weit wie möglich dem Kunden zuzuweisen, insbesondere dort wo er die Kontrolle oder Kenntnis darüber eher hat.

Eine entsprechende Klausel könnte lauten:

---

[69]http://www.fleetle.com/a/d/pdf/saleform_2012.pdf, oder vergleichbare Saleforms.
[70]http://www.internationalcontracts.net/vertr%C3%A4ge/internationaler/internationaler-kaufvertrag.html.

Die Y-Company hat die Zahlungen nach diesem Vertrag in Form von Überweisungen auf folgendes Konto der X-Company zu leisten: … Maßgeblich ist der Tag der Gutschrift. Sie gilt als erfolgt um 24.00 Uhr am Tag der Wertstellung. Es gilt die Zeit am Ort der Bank der X-Company. Die Zahlungen haben nur Erfüllungswirkung, wenn sie vertragsgemäß erfolgen. Dies setzt voraus,
    dass die volle geschuldete Summe einschließlich etwa fällig gewordener Verzugszinsen gutgeschrieben wird.
    Die Gutschrift muss endgültig sein.
    Die Gutschrift muss ohne Vorbehalt erfolgen.
    Die Gutschrift muss ohne Spesen, Kosten, Gebühren und Abzüge erfolgen.
    Die Verfügung durch die X-Company darf nicht beeinträchtigt sein, etwa durch Pfändungen, Devisenbeschränkungen, Arreste, einstweilige Verfügungen oder notification injunctions oder ähnlich Maßnahmen.
    Eine Aufrechnung oder Zurückbehaltung ist nur möglich mit Forderungen, die anerkannt oder rechtskräftig festgestellt sind.
    Die Y-Company trägt sämtlich Kosten, Abgaben, Steuern, Zölle und öffentlichen Lasten und beschafft und bezahlt alle Genehmigungen, Erlaubnisse, Zeugnisse, Bescheinigungen usw., die für den Export oder den Import oder den Transport oder die Lagerung oder Aufbewahrung oder Verbringung oder Untersuchung oder Zertifizierung der Vertragsware erforderlich sind.
    Der Vertragspreis ist in Euro zu entrichten. Im Hinblick auf den Wechselkurs des Euro zur Währung im Land der Y-Company wird vereinbart, dass…

1.9 Lieferzeitpunkt, Verzug, Verzugsfolgen, Höhere Gewalt

1.9.1 Lieferzeitpunkt

Wann wo wie geliefert wird, sollte im Vertrag möglichst genau festgelegt sein, auch wer die Verantwortung dafür trägt und die Kosten. Letztere können bei Exportverträgen erheblich sein. In diesen Lieferbedingungen ist insbesondere festzuhalten:

- Menge
- Qualität
- Qualitätsprüfung und -dokumentation
- Versandart (Hol-, Schick- oder Bringschuld)
- Verpackung
- Markierung der Ware im Versand
- Markierung der Ware für das Endverbrauchs- bzw. -nutzerland
- Versand- bzw. Bereitstellungsdatum
- Information des Kunden
- Rechnungsformat und -stellung, USt./VAT- Ausweis u. ä.

Die Verwendung von Incoterms © ICC ist sicherlich ein sehr gutes Mittel, um hier eine Grundlage zu schaffen. Die Qualitätsprüfung wird häufig in Form von FAT oder SAT (oder einer Kombination) durchgeführt. Der Factory-Acceptance-Test findet beim Verkäufer statt, der Site-Acceptance-Test am Verwendungsort. Der Verkäufer wird dafür Sorge tragen, dass deren jeweiliger Umfang und die äußeren Bedingungen genau definiert sind und ihre Durchführung auch ohne Mitwirkung des Kunden stattfinden kann, insbesondere wenn ihr Ergebnis für die Fälligkeit von Kaufpreisraten von Bedeutung ist, für das Anlaufen von Gewährleistungsfristen u. ä. Denkbar ist hier die Einschaltung anerkannter Prüfgesellschaften (TÜV, Dekra, DNV GL, SGS, Bureau Veritas, Intertek Group, SQS, Cotecna Inspection, Asiainspection usw.).

Die Risiken eines SAT im Ausland, selbst im europäischen Ausland, sind hoch. Es ist praktisch nicht vorhersehbar, welche Hemmnisse (Mitarbeiter erhalten kein Einreisevisum, ihre persönliche Ausrüstung erhält keine Einfuhrerlaubnis, weil ein Hammerstiel aus Holz nicht zertifiziert ist…) auftreten können oder welche Beschädigungen eintreten können, die vom Verkäufer nicht zu vertreten und nicht zu verhindern sind (Mitarbeiter des Kunden verwenden chemisch verunreinigtes Getriebeöl zur Vorbereitung der Maschine für den FAT, das innerhalb von Stunden nach Erstinbetriebnahme zum Totalschaden führt).

1.9.2 Verzug, Verzugsfolgen

Die Regelung der Spätleistung, des Verzugs, stellt häufig einen besonders kritischen Verhandlungspunkt dar, denn einerseits gilt, „Zeit ist Geld", andererseits ist in einer arbeitsteiligen Wirtschaft und bei der Überwindung großer Entfernungen, zahlreicher Grenzen und vieler beteiligter Dienstleister und Behörden ein Verzug schnell eingetreten, ohne dass den Verkäufer hieran ein Verschulden trifft.

Weil im Common Law regelmäßig Schadenersatz ohne Verschulden zu leisten ist und der Grundsatz gilt „time is of the essence", also Fristversäumnisse immer eine wesentlichen Pflichtverletzung darstellen, sollten mehrere Methoden verwendet werden, um das sich daraus ergebende Haftungsrisiko einzudämmen:

- Verschuldensprinzip (Schadenersatz nur bei Verschulden) vereinbaren
- Klare Festschreibung der Verkäuferpflichten
- Geringstmöglicher Umfang der Verkäuferpflichten (vgl. EXW Incoterms)
- Umfassende Force-Majeure-Klausel
- Inhaltliche Begrenzung des Schadenersatzes (kein Gewinnverlust)
- Summenmäßige Begrenzung des Schadenersatzes
- Ausreichend lange Fristen
- Fristbeginn erst nach nötigen Beistellungen der Verkäufers
- Gestaffelte Fristen, die unabhängig voneinander sind[71]

---

[71]So dass sich ein einmal eingetretener Verzug nicht über die gesamte Vertragsabwicklung hin durchschleppt, sondern vielmehr die nachfolgende Frist unabhängig davon neu beginnt und also dann jedenfalls wieder eingehalten werden kann!

Ein Beispiel für eine Verzugsklausel bieten die ECE-Bedingungen 188 (General Conditions for the Supply of Plant and Machinery for Export):

> 7.3 Ist im Vertrag eine verbindliche Lieferfrist vorgesehen, liefert der Verkäufer aber nicht innerhalb der vereinbarten (oder nach Nr. 2 dieses Artikels verlängerten) Frist, so kann der Käufer eine Ermäßigung des Vertragspreises verlangen, vorausgesetzt, dass er innerhalb angemessener Frist dieses Verlangen an den Verkäufer schriftlich stellt; dies gilt jedoch nicht, wenn sich aus den Umständen ergibt, dass er keinen Schaden erlitten hat. Die Ermäßigung entspricht dem unter A des Anhangs angegebenen Prozentsatz, wie er sich aus dem Vertrag für den Teil des Liefergegenstands ergibt, der infolge der Lieferverzögerung nicht in der vorgesehenen Weise benutzt werden konnte. Sie wird für jede volle Woche der Verzögerung vom vertraglichen Lieferzeitpunkt an berechnet, kann jedoch den unter B des Anhangs angegebenen Höchstsatz nicht überschreiten. Sie wird mit den vom Käufer ab Lieferung zu leistenden Zahlungen verrechnet. Vorbehaltlich Nr. 5 dieses Artikels schließt diese Preisermäßigung jede weitere Schadensersatzpflicht des Verkäufers wegen Lieferverzögerung aus.[72]

1.9.3 Höhere Gewalt

Es dürfte kaum einen Exportvertrag geben, der ohne Force-Majeure-Klausel auskommt. Es handelt sich um eine Regelung, die die Folgen von Ereignissen regelt (und die Einstufung als solche), die die Parteien beim Vertragsschluss nicht vorausgesehen haben, über die sie keine Kontrolle haben, die die Vertragserfüllung erheblich beeinträchtigen und deren Risiko vom Vertrag nicht einer Seite zugewiesen ist.

Ein klassisches Beispiel ist das Verwendungsrisiko des Käufers. Wenn der Zweck, für den er den Kaufgegenstand erworben hat, wegfällt, etwa weil die geplante Feierlichkeit, für die er die Blumen bestellt hat, aufgrund von Zerwürfnissen mit den Gästen nicht stattfindet, oder weil der Jubilar verstirbt o. ä., dann ändert das nichts an seiner Verpflichtung, den Kaufvertrag zu erfüllen. Das Risiko der Verwendung liegt beim Käufer.

Ein Ereignis, dass keiner Seite zugerechnet werden kann, aber die Leistungserbringung erheblich stören kann, ist z. B. ein Krieg oder, weiter gefasst, eine gewaltsame Auseinandersetzung, oder die Zerstörung der individuellen Vertragsware (bei gebrauchten Maschinen etwa) oder der gesamten Gattung (Vernichtung seltener Vorprodukte für Kosmetika durch epidemische Pflanzenkrankheiten u. ä.).

In Exportverträgen ist die Wahrscheinlichkeit noch höher, dass solche Ereignisse eintreten, außerdem regeln die in Betracht kommenden Rechtsordnungen die Voraussetzungen und Folgen sehr unterschiedlich, sodass vertragliche Festlegungen zur Beseitigung von Unsicherheiten noch wichtiger werden.

Während etwa die anglo-amerikanischen Länder eher Schadenersatzansprüche ohne Rücksicht auf das Verschulden gewähren, dafür aber grundsätzlich keinen einklagbaren Anspruch auf die eigentliche Vertragsleistung kennen, ist der Anspruch auf die konkrete

---

[72] https://www.apischmidt-bretten.de/pdfdat/EU-lieferbedingungen_188_deutsch.pdf.

Erfüllung im kontinental-europäischen Recht die Regel, dafür aber eine Schadenersatzanspruch an seiner Stelle vom Verschulden abhängig.

Die Klauseln sollte für drei verschiedene Szenarien Regelungen enthalten:

- Preisbestimmende Faktoren ändern sich
- Umstände erschweren die Leistungserbringung gravierend
- Umstände machen die Leistungserbringung vorübergehend oder dauerhaft völlig unmöglich

Der erste Fall kann durch **Preisanpassungsklauseln** aufgefangen werden. Sie unterliegen zum Teil Beschränkungen, weil Staaten Inflationsausgleichsklauseln und damit ggf. eine sich selbst verstärkende Preissteigerung verhindern wollen.

Der zweite Teil betrifft Situationen, die die Leistung zwar weiterhin möglich machen, die indes zu so erheblichen Kostensteigerungen oder Zeitverzögerungen führt, dass es für die betroffene Partei wirtschaftlich völlig unsinnig oder gar ruinös wird, den Vertrag ohne Änderung weiter zu vollziehen. Man spricht auch von **Hardship-Klauseln.** Hier ist etwa an den Ausfall eine Lieferanten von Komponenten oder Vorprodukte zu denken (wenn es noch andere gibt, die aber ggf. teuer sind und erst deutlich später liefern können). Auch die Sperrung gewisser Transportwege (Suezkanal, Panamakanal, Flüge über die Ukraine usw.) oder die Erhöhung von Zöllen im Wege des Strafzolles ist denkbar (die Lieferung ist auf anderen, teureren und langwierigeren Wegen bzw. zu Kosten, die die Gewinnmarge aufzehrt, denkbar).

Auch der Austritt des UK aus der EU könnte einschlägig für solche Klauseln sein.

Schließlich gibt es Umstände, die die Leistungserbringung gänzlich unmöglich machen, wirtschaftlich, rechtlich oder physisch, etwa ein neues Embargo für das Produkt und für das Zielland, Überflutungen, Generalstreiks, Erdbeben, Quarantäne für Tierprodukte usw. Dies wird durch klassische **Force-Majeure-Klauseln** erfasst.

Die Praxis hat durch die Aufnahme solcher Hemmnisse in Art. 79 CISG reagiert und die Entwicklung von Klauselvorschlägen, etwa durch die ICC in ihrer Hardship & Force majeure Clause[73]. Die Regelungen in der CISG enthält viele typische Elemente auch der gebräuchlichen vertraglichen Force-Majeure-Klauseln:

Art. 79 [Hinderungsgrund außerhalb des Einflussbereiches des Schuldners]

(1) Eine Partei hat für die Nichterfüllung einer ihrer Pflichten nicht einzustehen, wenn sie beweist, dass die Nichterfüllung auf einem außerhalb ihres Einflussbereichs liegenden Hinderungsgrund beruht und dass von ihr vernünftigerweise nicht erwartet werden konnte, den Hinderungsgrund bei Vertragsabschluss in Betracht zu ziehen oder den Hinderungsgrund oder seine Folgen zu vermeiden oder zu überwinden.

---

[73]http://store.iccwbo.org/t/ICC%20Force%20Majeure%20Hardship%20Clause.

(2) Beruht die Nichterfüllung einer Partei auf der Nichterfüllung durch einen Dritten, dessen sie sich zur völligen oder teilweisen Vertragserfüllung bedient, so ist diese Partei von der Haftung nur befreit,

a) wenn sie nach Abs. 1 befreit ist und
b) wenn der Dritte selbst ebenfalls nach Abs. 1 befreit wäre, sofern Abs. 1 auf ihn Anwendung fände.

(3) Die in diesem Artikel vorgesehene Befreiung gilt für die Zeit, während der der Hinderungsgrund besteht.
(4) Die Partei, die nicht erfüllt, hat den Hinderungsgrund und seine Auswirkung auf ihre Fähigkeit zu erfüllen der anderen Partei mitzuteilen. Erhält die andere Partei die Mitteilung nicht innerhalb einer angemessenen Frist, nachdem die nicht erfüllende Partei den Hinderungsgrund kannte oder kennen musste, so haftet diese für den aus dem Nichterhalt entstehenden Schaden.
(5) Dieser Artikel hindert die Parteien nicht, ein anderes als das Recht auszuüben, Schadenersatz nach diesem Übereinkommen zu verlangen.[74]

Eine vertragliche Klausel könnte wie die folgende aussehen:

Art. 13 Force majeure
13.1 A party is not liable for a failure to perform any of his obligations in so far as he proves:

(a) that the failure was due to an impediment beyond his control, and
(b) that he could not reasonably be expected to have taken into account the impediment and its effects upon his ability to perform at the time of the conclusion of the Contract, and
(c) that he could not reasonably have avoided or overcome it or its effects.

13.2 A party seeking relief shall, as soon as practicable after the impediment and its effects upon his ability to perform become known to him, give notice to the other party of such impediment and its effects on his ability to perform. Notice shall also be given when the ground of relief ceases. Failure to give either notice makes the party thus failing liable in damages for loss which otherwise could have been avoided.

13.3 Without prejudice to article 10.2, a ground of relief under this clause relieves the party failing to perform from liability in damages, from penalties and other contractual sanctions, except from the duty to pay interest on money owing as long as and to the extent that the ground subsists.

13.4 If the grounds of relief subsist for more than six months, either party shall be entitled to terminate the Contract with notice.[75]

---

[74] https://beck-online.beck.de/?vpath=bibdata%2Fkomm%2Fschlechtriemschwenzerkounkaufr_6%2Funkaufrue%2Fcont%2Fschlechtriemschwenzerkounkaufr.unkaufrue.a79.htm

[75] https://www.bundesanzeiger-verlag.de/fileadmin/AW-Portal/Dokumente/Themenseiten-Material/Aussenwirtschaft_Grundlagen/Muster_Exportvertrag_eng_de.pdf.

Die vorstehenden Regelungen gehen von der abstrakten Beschreibung der „höheren Gewalt" aus. Wenn stattdessen oder (häufiger) zusätzlich noch einzelne Umstände aufgeführt werden, die als höhere Gewalt gelten sollen, dann ist es erforderlich, das Verhältnis zur Generalklausel zu definieren. Sollen die Einzelfälle nur Beispiele sein, sodass die Voraussetzungen der Generalklausel daneben auch gegeben sein sollen – oder sollten die Einzelfälle völlig unabhängig von der Anwendung der Generalklausel sein? Weiterhin ist darauf zu achten, dass die Einzelfälle nicht zu eng gefasst werden. „Krieg" ist enger als „gewaltsame Auseinandersetzung", weil er eine förmliche Kriegserklärung voraussetzt, die bei „hybriden Kriegen" moderner Prägung fehlen kann. „Streik" ist enger als „Arbeitskampfmaßnahme", weil letztere auch für wilde Streiks, Warnstreiks, Aussperrungen, „Dienst nach Vorschrift" usw. greift. Es kann auch unterschieden werden, ob diese Maßnahmen außerhalb oder auch innerhalb des Betriebes einer Partei vorkommen dürfen und trotzdem zu einer Aufhebung der Leistungspflicht führen (denn interne Streiks könnte man ja durch höhere Zahlungen schnell beenden…).

Bei möglicherweise nur vorübergehenden Hemmnissen kann eine Zeit festgelegt werden, nach deren Ablauf sie als dauerhaft gelten oder jedenfalls die Parteien die Möglichkeit haben, sich vom Vertrag zu lösen.

Bei den Rechtsfolgen kann auch geregelt werden, was z. B. mit bereits aufgewandten Kosten passieren soll, ob ein Erstattungsanspruch einer Seite besteht usw.

Der Vertrag sollte auch das Verhältnis der drei Klauselarten zueinander regeln, also ob sie z. B. parallel in Anspruch genommen werden können, oder ob eine Vorrang vor der anderen genießt bzw. bei der Bewertung der zumutbaren Folgen einer Änderung der Umstände zu berücksichtigen ist (z. B. das Recht zur Weitergabe erhöhter Transport- oder Zollkosten an den Käufer bei bestehen bleibender Pflicht zur Erfüllung der eigentlichen Leistungspflicht).

1.10 Abnahme

Die im deutschen Recht für Werkverträge vorgesehene Entgegennahme des Werkes als im Wesentlichen vertragsgerecht, die Abnahme, hat dort einschneidende Folgen für die Beweislast, die Fälligkeit des Werklohns, den Beginn der Gewährleistung und das Risiko des Unterganges des Werkes, ebenso für den Anspruch des Bestellers auf Neulieferung.

Es ist kein Zufall, dass sich gerade für die komplexen Werkverträge internationale Vertragsmuster als Standard entwickelt haben, die die mit der Abnahme bzw. vorläufigen oder Teilabnahme verbundenen Herausforderungen zu bewältigen versuchen. Die FIDIC-Verträge sind insoweit bereits angesprochen worden.

Bei Kaufverträgen finden sich ähnlich formalisierte Meilensteine in der Vertragsabwicklung, auf die im Rahmen der Lieferungsbedingungen bereits verwiesen wurde.

1.11 Gewährleistung und Haftung

Die Wahl ausländischen Rechts als anwendbares Recht kann hier die Gestaltungsfreiheit im Hinblick auf Haftungsausschlüsse erhöhen. Nach deutschem Recht ist er, grob gesagt, unzulässig in AGB für:

- Vorsatz
- grobe Fahrlässigkeit
- Körperschäden
- Verletzung vertragswesentlicher Pflichten
- Produkthaftung
- vorhersehbare und typische Schäden
- summenmäßige Begrenzungen, die unrealistisch niedrig sind.

Es gibt natürlich auch im ausländischen Recht Einschränkungen, gerade in vorgenannten Bereichen. Hier und vor Schiedsgerichten sind sie jedoch im Einzelfall deutlich geringer, sodass eine Kombination dieser Instrumente entsprechende Sicherheitsgewinne zur Folge haben kann. Die Einbeziehung der Beschränkungen auf versicherte Schäden bei ausreichender Versicherungsdeckung, der Ausschluss der weiter entfernt liegenden Schadensfolgen (loss of turnover, loss of profit, loss of goodwill, downtime cost usw. usw.), die gesonderte Behandlung von Erfüllungsgehilfen, die Einschränkung der eigenen Leistungspflichten, die Verteilung der Beweislast und die Berücksichtigung des Mitverschuldens sowie der Rechtsverfolgungskosten ermöglichen insoweit auch Verbesserungen der Haftungssituation. Gleiches gilt für die Verwendung im internationalen Rechtsverkehr anerkannter Musterklauseln. Insoweit wir auf die bereits erwähnten Beispiele verwiesen.

Eine einfache Klausel könnte bestimmen:

Die Y-Company hat im Falle eines wesentlichen Mangels der Vertragsware einen Anspruch auf Nachbesserung oder Minderung des Kaufpreises. Die Wahl zwischen beiden Ansprüchen steht der X-Company zu. Der Anspruch setzt voraus, dass der Mangel im Zeitpunkt des Gefahrüberganges bereits vorlag. Der Mangel muss vor Ablauf der Gewährleistungsfrist noch bestanden haben. Der Anspruch setzt voraus, dass die Y-Company den Mangel unverzüglich der Y-Company angezeigt hat, nachdem er offenbar wurde oder hätte offenbar werden müssen, wenn die Ware unverzüglich und ordnungsgemäß untersucht worden wäre. Dies hat längstens innerhalb von einer Woche zu erfolgen, nachdem der Anspruch der X-Company auf Abnahme der Ware fällig geworden ist. Der Anspruch setzt eine schriftliche Anzeige voraus und dass die Mangelsymptome darin so genau beschrieben sind, wie sie sich einem sorgfältigen Käufer zeigen.

Die Gewährleistungszeit beträgt … Monate oder eine Gesamtlaufzeit von … Stunden, je nachdem, was früher eintritt. Die Gewährleistungszeit beginnt mit dem Zeitpunkt des Gefahrüberganges. Für die Dauer vom Zugang der Anzeige bis zur Mängelbeseitigung oder Minderung ist der weitere Ablauf der Gewährleistungszeit gehemmt.

1.12 Produkthaftung

Die Produkthaftung ist in der EU vereinheitlicht worden. Sie weist auch außerhalb der EU Strukturähnlichkeiten hierzu auf, wobei zum Teil aber auch Freiheits- oder sogar Todesstrafen für die Unternehmensverantwortlichen drohen können.

Entscheidend ist der Gedanke, dass der Hersteller selbst dem Geschädigten haftet, obwohl er keine vertragliche Beziehung zu ihm hat. Die Haftung ist eine Garantiehaftung, ein Verschulden ist nicht Voraussetzung. Allerdings kann sich der Hersteller dann von dieser Haftung befreien, wenn er nachweisen kann, dass auch die größte Sorgfalt seinerseits den Schaden nicht hätte verhindern können.

Sorgfaltspflichten bestehen bei der Konstruktion der Ware, ihrer Produktion, dem Vertrieb, der Information der Nutzer und der Überwachung ihres Gebrauchs in der Praxis, wobei auch die vergleichbaren Produkte der Mitbewerber im Blick zu halten sind.

Die Berücksichtigung des aktuellen Standes der wissenschaftlichen und technischen Erkenntnis ist erforderlich, die Warnung der Nutzer vor Gefahren und die Marktbeobachtung.

Besonders risikoreich ist die Produkthaftung in Rechtsordnungen, wo statt der vorbeugenden Produktprüfung das Hauptaugenmerk darauf gelegt wird, im Falle von Produktfehlern das konkret betroffene Unternehmen besonders hart zu bestrafen, indem hohe Schadenersatzsummen zugesprochen werden. Sie kompensieren nicht nur den eingetretenen Verlust, sondern gehen weit darüber hinaus. Sie sollen als Vermögensstrafe wirken. Dass sie den zivilen Klägern, die häufig als Gruppe in Form einer Sammelklage auftreten, zugutekommen, ist nur ein Nebeneffekt. Zentral sind die Abschöpfung von Gewinnen und der Abschreckungseffekt für die gesamte Branche. Sie soll über den Umweg des Haftungsprozesses für die Zukunft höhere Sicherheitsstandards bei allen Marktteilnehmern bewirken.

Dass die Anwälte in diesen Rechtsordnungen an den Strafschadensersatz-Zahlungen (punitive damages) durch zulässige „Erfolgshonorare" partizipieren können, macht die product liability besonders in den USA so gefährlich, zumal für diesen Teil des Urteils regelmäßig auch keine Versicherungsdeckung zu erhalten ist.

Die Tatsache, dass eine Jury von Laien im Zivilprozess die Schadenshöhe festlegen kann, macht das Risiko nicht kleiner.

In der Vertragsgestaltung mit den Zwischenhändlern oder den sonstigen Vertriebsmittlern oder Assemblern kann zur Risikominderung beitragen,

- dass sie mit in die Pflicht für die Marktbeobachtung genommen werden. So kann z. B. im Aftersales-Service schnell auf Qualitätsmängel, eine Änderung der Verwendung des Produktes, Missbrauchstendenzen bzw. Auffälligkeiten bei den Produkten von Mitbewerbern reagiert werden;
- dass die Verantwortungsbereiche klar festgelegt und getrennt werden, sodass keine Lücken entstehen, bei denen jeder glaubt, der jeweils andere müsse sich darum kümmern;

- dass die Pflicht zur Beschriftung mit Warnhinweisen, die Formulierung der Bedienungsanweisungen usw. denjenigen zufällt, die aufgrund ihrer Sprach- und Marktkenntnis und der Kenntnis der geltenden Regeln in diesem Bereich kostengünstiger die Anforderungen erfüllen und Änderungen umsetzen können;
- dass durch Rückgriffs- und Freihaltungsregelungen der finanzielle Schaden verringert werden kann.

1.13 Eigentumsvorbehalt

Für den Lieferanten im Inlandsgeschäft gehört der Eigentumsvorbehalt (retention of title clause) zum klassischen Sicherungsmittel. Es bietet insbesondere in der Insolvenz des Kunden entscheidende Vorteile, denn es gestattet dem Verkäufer die Aussonderung seiner Ware aus der Insolvenzmasse. Im Exportvertrag steht es oft nur eingeschränkt, vielfach gar nicht zur Verfügung.

Das liegt in erster Linie an einem weltweit gültigen IPR-Grundsatz. Er besagt, dass für Sachen immer das Recht der Rechtsordnung gilt, in der sich die Sache befindet.

Ware, die Grenzen überschreitet, wechselt also bei jedem Grenzübertritt bildlich gesprochen ihr „rechtliches Kleid", streift insbesondere dasjenige des Ursprungslandes mit dem Verlassen des Bundesgebietes ab. Hiergegen hilft auch nicht die Rechtswahlklausel im Vertrag. Sie regelt nur die Beziehung zwischen den Vertragspartnern. Beim Eigentumsvorbehalt geht es aber gerade darum, dass sich der Verkäufer aus seiner Beziehung zur Ware, seinem zurückbehaltenen Eigentum, gegen nicht am Vertrag beteiligte Dritte durchsetzen kann, etwa dem Insolenzverwalter oder anderen Gläubigern des Vertragspartners gegenüber.

Aus Sicht des Kollisionsrechts müssen aber die Interessen des unbeteiligten Rechtsverkehrs in dem Land, in dem sich die Ware befindet, den Vorrang vor den Einzelinteressen des Verkäufers haben. Ob also ein „Eigentumsvorbehalt" des Verkäufers besteht oder nicht, richtet sich nicht nach deutschem Recht oder dem im Vertrag vereinbarten Recht, sondern immer nach dem Recht des jeweiligen Landes, in dem sich die Ware zur fraglichen Zeit befindet.

Wenn diese Rechtsordnung den Eigentumsvorbehalt kennt und wenn die dortigen Voraussetzungen für seine Vereinbarung eingehalten sind, dann besteht zugunsten des Verkäufers ein Eigentumsvorbehalt, z. B. nach Schweizer Recht. Anderenfalls entfällt dieser Vorbehalt ersatzlos.

Das Problem ist, dass viele Rechtsordnungen

- den Eigentumsvorbehalt gar nicht kennen,
- andere besondere formelle Anforderungen an ihn knüpfen,
- den verlängerten Eigentumsvorbehalt nicht kennen,
- den erweiterten Eigentumsvorbehalt nicht kennen oder schließlich
- die Durchsetzung eines bestehenden Vorbehalts sehr zeit- und kostenaufwendig ist.

Wenn man einen Eigentumsvorbehalt im Exportvertrag nutzen möchte, dann muss man dies gemäß den Regeln tun, die in der Rechtsordnung gelten, in der sich die Ware vermutlich im kritischen Moment befinden wird, bzw. in allen insoweit in Betracht kommenden Rechtsordnungen. In nicht wenigen Fällen ist es dafür z. B. erforderlich, dass der Vorbehalt in einem öffentlichen Register eingetragen wird, etwa in der Schweiz. Es kann auch nötig sein, seine Vereinbarung öffentlich beglaubigen zu lassen oder ihn außerhalb von AGB zu vereinbaren.

Über die Eigenheiten des Eigentumsvorbehalts im Ausland informieren Berichte in der Recht-Kompakt-Reihe des gtai[76] oder Publikationen der IHK[77].

Es lohnt sich, im Zusammenhang mit diesem Sicherungsmittel zwei Besonderheiten im Auge zu behalten:

1. Die Geltendmachung eines Eigentumsvorbehalts im Ausland kann, wenn er erfolgreich vereinbart wurde, dazu führen, dass der dortige Fiskus darin die Begründung einer steuerlichen Betriebsstätte im Land der Belegenheit sieht, etwa wenn eine Maschine im Ausland weiter benutzt wird oder Ware gelagert wird. Diese Konsequenzen sollten Sie ggf. im Vorwege durchkalkulieren lassen.
2. Das vollständige Fehlen oder die Einschränkungen des Eigentumsvorbehalts können Sie dazu veranlassen, zu ermitteln, ob es am Belegenheitsort der Ware oder im Heimatland des Kunden möglicherweise alternative oder ergänzende Sicherungsmittel gibt, die das deutsche Recht nicht kennt. Ein augenscheinliches Problem des Exportgeschäfts kann insoweit auch eine Chance bieten.

Ein Beispiel für ein dem deutschen Recht unbekanntes Sicherungsmittel ist die Floating Charge des Common Law. Man kann sie sich als Pfandrecht an allen bzw. bestimmten Vermögensgegenständen des Kunden vorstellen. Ihr Umfang steigt und fällt mit dessen Vermögensstand, sie „schwimmt" praktisch wie ein Boot auf der Bilanzsumme. Erst beim Eintreten bestimmter Umstände „greift" sie und bezieht sich dann auf die konkret in diesem Zeitpunkt vorhande Vermögensgegenstände. Welche Umstände das sind, kann vertraglich vereinbart werden, etwa das Auftreten eines Zahlungsverzugs, Umsatzrückgänge o. ä. Ihr Eingreifen ermöglicht es, die erfassten Vermögensgegenstände zur Forderungsbefriedigung zu verwerten, oder aber ggf. auch das Unternehmen durch einen Treuhänder des Gläubigers zum Zwecke der Befriedigung betreiben zu lassen.

Bei allen diesen Überlegungen hilft es sich zu vergegenwärtigen, dass viele Rechtsordnungen unsere Trennung zwischen dem schuldrechtlichen und dem dinglichen Rechtsgeschäft nicht kennen: Mit dem ersten Vertrag wird die Pflicht zur Übertragung des Eigentums begründet. Mit dem zweiten Vertrag wird das Eigentum übertragen. Diese

---

[76]http://www.gtai.de/GTAI/Navigation/DE/Trade/recht-zoll.html.
[77]Vgl. etwas http://www.offenbach.ihk.de/publikationen/cd-rom-der-eigentumsvorbehalt-bei-warenlieferungen-in-das-ausland/.

Aufspaltung erscheint anderen Rechtsordnungen befremdlich. Dort kann das Eigentum schon mit dem Abschluss des Kaufvertrages übergehen.

1.14 Rücktritt vom Vertrag

Der im deutschen Recht klar definierte Rücktritt vom Vertrag, der das Austauschverhältnis in ein Rückgewährschuldverhältnis verwandelt, in dem die Parteien einander das zurückzugewähren haben, was sie jeweils empfangen hatten, stößt im Exportvertrag auf zwei Schwierigkeiten:

1. Die Rückabwicklungskosten sind höher, weil die Transportkosten und Transaktionskosten, Zoll, Ein- und Ausfuhrbescheinigungen usw. zu Buche schlagen. Es können sich auch Verwertungsprobleme durch länderspezifische Produktvarianten ergeben.
2. Fremde Rechtsordnungen kennen evtl. den einheitlichen Rücktritt nicht, sondern fächern mögliche Vertragsbeendigungen in verschiedene Alternativen auf, für die unterschiedliche Beweislastverteilungen und Rechtsfolgen gelten.

Aus diesen Gründen ist es symptomatisch, dass das CISG als harmonisiertes Kaufrecht den Rücktritt als die große Ausnahme und stattdessen den Verbleib der Ware beim Kunden und Schadenersatzleistung als praktikablere Lösung ansieht.

1.15 Abstimmung Verkaufsvertrag – Einkauf von Komponenten

Der Exportvertrag hat auch Rückwirkungen auf die vorgelagerten Verträge des Unternehmens. Die Zulieferverträge sind ggf. auf die sich aus dem Export ergebenden Änderungen anzupassen: Wo im Inland die Streitverkündung einen Gleichklang der Entscheidungen ermöglichte, muss nun mit dem Zulieferer eine Schiedsvereinbarung über die Geltung einer Schiedsordnung vereinbart werden, die seine Einbeziehung in dieses private Gerichtsverfahren ermöglicht. Wo die Gewährleistungsfristen im Inland naturgemäß von den gesetzlichen Fristen bestimmt waren und ausdrücklich den Rückgriff in der Kette zum Verbraucher als Endkunden vorsahen, müssen die individuellen und von Transport- und Verzollungshemmnissen geprägten Fristen bei Lieferung ins Ausland berücksichtigt werden.

Es ist darauf zu achten, dass der Gleichklang auch für die geänderten Regeln der Exportverhältnisse bestehen bleibt.

1.16 Exportklausel

Der Exporteur unterliegt den Ausfuhrvorschriften seines Landes. Ihre Änderung während der Vertragslaufzeit kann ihn daran hindern, seine vertraglichen Pflichten zu erfüllen. Entsprechend kann er versuchen, dieses Risiko durch eine Exportklausel zu mindern. Sie könnte folgenden Inhalt haben:

> Die X-Company ist von ihrer Leistungspflicht befreit, wenn ihrer Erfüllung rechtskräftige Bescheide, Weisungen oder gesetzliche oder sonstige öffentlich-rechtliche Vorschriften entgegenstehen. Dies gilt insbesondere für Exportkontroll-, Importkontroll- und Embargo- oder Kontingent- und Quoten-Vorschriften sowie Devisenverkehrsbeschränkungen. Gleiches gilt für ihre Erfüllungsgehilfen und Zulieferer. Die Y-Company verpflichtet sich unabhängig davon, alle für Export, Import oder Verbringung erforderlichen Informationen, Unterlagen, Genehmigungen und Zeugnisse auf eigene Kosten unverzüglich beizubringen, die für die Erfüllung der Leistungspflicht erforderlich sind, es sei denn die X-Company hätte deren Beschaffung oder Bereitstellung übernommen. Kommt es wegen der Einschränkungen aufgrund vorgenannter Verfahren oder Maßnahmen (Genehmigungs-, Prüfungs- oder Auskunftsverfahren u. ä.) zu Verzögerungen bei der Leistungserbringung, so sind dadurch Fristen und Liefertermine entsprechend nach hinten verschoben, wenn nicht die X-Company diese Verzögerung allein zu vertreten hat. Werden Teile der Leistung danach rechtlich unmöglich, so gilt der Vertrag als insoweit nicht geschlossen. Der restliche Teil besteht weiter, es sei denn, die Y-Company weist nach, dass der verbleibende Teil für sie nicht mehr von Interesse ist. Ansprüche oder Rechte wegen einer Verzögerung oder wegen einer vollständigen oder teilweisen Vertragsaufhebung hat die Y-Company nicht.

1.17 Weitere Punkte

Immer größere Bedeutung kommt auch dem Exportkontrollrecht zu. Seine Vorschriften sind über verschiedene Rechtsquellen verstreut. Es geht hier um die Berücksichtigung öffentlich-rechtlicher Interessen des Herstellerlandes bzw. des Landes, aus dem die Waren ausgeführt werden. Hierbei gibt es Waren, die schon für sich genommen Beschränkungen unterliegen, etwa Kriegswaffen, und solche, die an sich unverfänglich sind, die jedoch nicht bestimmten Empfängerländern oder bestimmten Personen zugutekommen sollen. Zu denken ist hier an personenbezogene Embargos für Ausrüstungsgegenstände, die beim Abbau von Rohstoffen Verwendung finden können. Sie kommen in Industriezweigen zum Einsatz, in denen sich z. B. gewisse Personengruppen das Vermögen einer Volkswirtschaft illegitim aneignen, sodass es dem Allgemeinwesen entzogen wird und diktatorische Strukturen mittelbar finanziell stabilisiert.

Ohne einschlägige ständig aktualisierte Software zum Thema kann sich ein Exportunternehmen in diesem Bereich kaum noch sicher bewegen. Die Verantwortung tragen hierbei persönlich jeweils die Geschäftsführung und die Exportbeauftragen im Unternehmen.

1.17 Weitere Punkte

Informationen, Auskünfte und Genehmigungen sind vom Bundesamt für Wirtschaft und Ausfuhrkontrolle erhältlich.[78]

Die entsprechenden Embargo-Listen werden laufend verändert, sodass es erforderlich ist, im Laufe der Vertragsverhandlung und Vertragsabwicklung sowie beim späteren Service, auch bei Ersatzteillieferungen jeweils erneut eine Prüfung durchzuführen, ob eine Ausfuhr (noch) zulässig ist.

In diesem Bereich seien nur einige Punkte herausgegriffen:

Dual-Use-Güter sind besonders tückisch, weil dem nicht eingeweihten Verwender die militärische Nutzungsmöglichkeit evtl. nicht ohne Weiteres bewusst ist.[79] Aber Geländewagen können auch als Transportmittel für Militär- oder Polizeikräfte eingesetzt werde, Beschleunigungssensoren auch für Raketen Verwendung finden.

Know-how kann als solches schon einer Ausfuhrbeschränkung unterliegen, auch z. B. die Bereitstellung von technischen Datenblättern, die auf den heimischen Servern liegen, aber auf die aus dem Ausland zugegriffen werden kann, können den Export solcher Waren darstellen.

Eine Telefon- oder E-Mail-Hotline, die das Unternehmen anbietet, kann unzulässige Unterstützungshandlungen verwirklichen, wenn z. B. die Identität der Anfragenden oder ihr Standort nicht geprüft sind.

Die Einräumung von Zahlungszielen kann sich als finanzielle Unterstützung darstellen, die unzulässig sein könnte.

Auch die Exportvorschriften von Drittländern, insbesondere diejenigen der USA können für den hiesigen Exporteur Bedeutung erlangen, wenn er Vorprodukte, evtl. z. B. nur Software, aus dem dortigen Rechtsraum verwendet. Er kann nach dortigen Regeln gehalten sein, sie nicht an bestimmte Personen oder in bestimmte Länder weiter zu exportieren. Die indirekten Sanktionen bei Verstößen können erhebliche Folgen für die Mitarbeiter (bei einer späteren Einreise in die USA) oder das Unternehmen haben, das evtl. von der Belieferung durch US-amerikanische Zulieferer ausgeschlossen wird.

Es kann erforderlich sein, sich Informationen über den Endnutzer der eigenen Produkte zu verschaffen, um die einzelnen Stationen in der vorgesehenen Nutzerkette separat auf eine Betroffenheit von Sanktionen, Embargos oder „Schwarzen Liste" zu prüfen.

Man muss davon ausgehen, dass sämtlich Aufzeichnungen, auch wenn sie schon Jahre zurückliegen, im Rahmen von Verfahren wegen angeblicher Verstöße gegen Exportkontrollvorschriften zur Überprüfung der Kenntnisse des Unternehmens über problematische Umstände des Geschäftes bzw. auch zur Qualität der unternehmensinternen Einhaltung der Vorschriften von den Ermittlungsbehörden herangezogen werden.

Es gilt daher auch hier, sich die nötigen Fähigkeiten anzuzeigen und angemessene Verfahren zu entwickeln, die ein Verstoß gegen Exportkontrollregeln vermeiden – und

---

[78] http://www.ausfuhrkontrolle.info/ausfuhrkontrolle/de/aufgaben/index.html.
[79] http://www.zoll.de/DE/Fachthemen/Aussenwirtschaft-Bargeldverkehr/Warenausfuhr/Waren/Dual-Use-Gueter/dual-use-gueter_node.html.

auch unnütze Vertragsvorbereitungsarbeiten, wenn schon am Anfang die Erkenntnis steht, dass ein Export gar nicht zulässig sein wird.

Last but not least:

▶ „Never do business with anybody you don't like. If you don't like somebody, there's a reason."[80]

Literatur

Murray, Carole / Holloway, David / Timson-Hunt, Daren, Schmitthoff, The Law and Practice of International Trade, 12. Auflage, London, 2012

Ostendorf, Patrick / Kluth, Peter, Hrsg., Internationale Wirtschaftsverträge, 1. Auflage, München, 2013

Powell, Mark, International Negotiations, 1. Auflage, Cambridge, 2012

Hay, Peter, Law of the United States, 2. Auflage, 2005

Stadler, Hans-Jörg, Internationale Lieferverträge, 4. Auflage, 2014

---

[80]*Harry Qadracci*, zit. in *Powell* 2012, S. 10.

Der Handelsvertretervertrag

2

Zusammenfassung

Handelsvertreter sind fachkundige Berater und Vertriebsspezialisten, die in einer bestimmten Region die Vermittlung von Geschäften für ihre vertretenen Firmen und Kunden übernehmen, und zum Absatz von Waren und Dienstleistungen beitragen. Handelsvertretungen haben einen großen Anteil an der Vermittlung des verfügbaren Warenangebots in Deutschland, mit einem jährlichen Warenwert von ca. 200 Mrd. EUR. Somit ist es die häufigste Vertriebsform für Waren produzierende Unternehmen.

Beim Handelsvertretervertrag handelt es sich nicht um ein dem Arbeitsverhältnis verwandtes Rechtsverhältnis, sondern um einen Vertrag zwischen selbstständigen Kaufleuten. Er kann grundsätzlich formfrei abgeschlossen werden und beinhaltet Rechte und Pflichten für beide Vertragsparteien.

2.1 Einführung

Der Handelsvertretervertrag ist ein **gegenseitiger Vertag,** der – ähnlich dem Kaufvertrag – auf den Austausch von Leistungen und Gegenleistungen gerichtet ist. Ein Handelsvertreter wird sich in der Regel der Verpflichtung unterwerfen, Geschäfte für ein Unternehmen innerhalb eines bestimmten Vertragsgebiets zu vermitteln oder abzuschließen. Die Vermittlungs- bzw. Abschlusspflicht zugunsten des Unternehmers stellt gemäß §§ 320 BGB die Leistung des Handelsvertreters dar. Die Gegenleistung aus dem gegenseitigen Vertrag ist die vereinbarte Vergütung des Unternehmers zugunsten des Handelsvermittlers, sei es in Form einer fixen oder einer prozentualen Provisionsvergütung. Der Handelsvertretervertrag kommt nach den Vorschriften des BGB bezüglich Angebotserklärung und Annahme zustande, es sind allerdings auch die allgemeinen schuldrechtlichen Vorschriften des BGB zu beachten, sowie zwingende Vorschriften des HGB. Trotz der bestehenden Formfreiheit kann eine unzureichende Vertragsgestaltung erhebliche wirtschaftliche und juristische Konsequenzen haben, im ungünstigen Fall kann dies den Verlust von viel Geld für den Handelsvertreter- bzw. die existenzielle Bedrohung für den Unternehmer bedeuten. Darüber hinaus bestehen aufgrund der Europäischen Handelsvertreterrichtlinie vom Dezember 1986 bezüglich der Harmonisierung grenzüberschreitender Regelungen auch in sämtlichen Mitgliedsstaaten nahezu identische Bestimmungen zum Schutz des Handelsvertreters. Diese wurde im April 1993 auf den Europäischen Wirtschaftsraum ausgeweitet. Somit ist bei Verträgen mit Auslandsbezug auf saubere Formulierungen zu achten, insbesondere in Bezug auf das anwendbare Recht und den Gerichtsstand, sowie dem in diesem Zusammenhang stehenden Ausgleichsanspruch.

2.2 Allgemeines

Die Rechtsstellung der Handelsvertreter ist im Handelsgesetzbuch (HGB) geregelt, dort hauptsächlich in den §§ 84 ff. bis 92 ff. zu finden.

▶ Handelsvertreter ist gemäß § 84 HGB, wer „als selbstständiger Gewerbetreibender ständig damit betraut ist, für einen anderen Unternehmer Geschäfte zu vermitteln oder in dessen Namen abzuschließen".

Selbstständig ist demnach, wer im Wesentlichen frei seine Tätigkeit gestalten und seine Arbeitszeit bestimmen kann. Der selbstständige Handelsvertreter trägt sein eigenes Risiko und kann sowohl eine natürliche als auch eine juristische Person sein. Die eigenverantwortliche Kundenstammbeschaffung, die Pflege von Bestandskunden sowie die eigens entwickelte und umgesetzte Marketingstrategie sind wesentliche Merkmale dieser Tätigkeitsform.

Gewerbetreibender ist, wer auf Dauer einer selbstständigen Tätigkeit nachgeht, welche nach außen klar erkennbar zum Zwecke der Gewinnzielung dient, und diese Tätigkeit keinen „freien Beruf" wie Architekt, Arzt, Steuerberater oder Anwalt darstellt. Als Gewerbetreibender hat ein Handelsvertreter die Rechtsstellung eines Selbstständigen, wobei er allerdings nicht notwendiger Weise Kaufmann sein muss (§ 84 IV HGB). Für die Aufnahme der Tätigkeit ist in der Regel ein Gewerbeschein durch das zuständige Gewerbeamt sowie die Beantragung einer Steuernummer beim Finanzamt ausreichend.

Ständig damit betraut ist, wer auf Dauer – und nicht nur fallweise – unternehmensorientiert arbeitet und in den Absatz sowie Vertrieb des Unternehmens eingegliedert ist. Demgegenüber fehlt es Handelsmaklern am wesentlichen Merkmal der Dauerbeauftragung.

Für einen anderen Unternehmer Geschäfte vermittelt oder abschließt heißt, dass eine Tätigkeit entweder als sogenannter Vermittlungshandelsvertreter oder als Abschlusshandelsvertreter ausgeübt werden kann. In beiden Fällen sind die Geschäftsabschlüsse auf die Tätigkeit des Handelsvertreters zurückzuführen, im Falle des Vermittlers müssen die Vermittlungsbemühungen ursächlich für diesen Geschäftsabschluss sein, in Bezug auf den Abschlusshandelsvertreter müssen die Geschäfte mit Dritten selbst abgeschlossen worden sein. Die Tatsache, ob ein Geschäft auf den Handelsvertreter „zurückzuführen" ist, verursacht häufig diverse Streitigkeiten zwischen den Parteien, insbesondere bei Geschäftsvermittlern, welche dies dem Unternehmen nachzuweisen haben. Diese Thematik wird im Folgenden näher erläutert.

Entscheidend für eine tatsächlich festgestellte Tätigkeit als Handelsvertreter ist nicht die von den Parteien gewählte Vertragsgestaltung, sondern die Erfüllung dieser Merkmale nach der vertraglichen Gestaltung und tatsächlichen Handhabung, gemäß der sog. Schwerpunkttheorie. So kann es, gemäß dieser zur Abgrenzung des Handelsvertreters von anderen Vermittlerberufen entwickelten Rechtstheorie (zum Beispiel des angestellten Reisenden), zu einer Änderung des Rechtsstatus des Handelsvertreters und damit zu einer Beendigung des Vertragsverhältnisses kommen, ohne dass dies den Vertragspartnern überhaupt bewusst wird. Ausgleichsrechtlich kann dies für den Handelsvertreter weitreichende Konsequenzen haben. Im Falle einer Schwerpunktverlagerung des Handelsvertretervertrages zugunsten eines Angestelltenvertrages und einer Beendigung des umgewandelten Vertragsverhältnisses (nunmehr das Angestelltenverhältnis), kann im Zeitpunkt der endgültigen Vertragsbeendigung die Ausschlussfrist für die Geltendmachung des Ausgleichsanspruchs bereits abgelaufen sein. **Entscheidend ist demnach die „Gesamtwürdigung" der vertraglichen Gestaltung** und tatsächlichen Handhabung; so gehen Kriterien wie Ort, Zeit, Art und Weise der Tätigkeit und Vergütung sowie das unternehmerische Risiko in dieses Gesamtbild mit ein.

Fraglich in diesem Zusammenhang ist die rechtliche Auslegung eines Handelsvertreters, der vertragswidrigen Weisungen des Unternehmers Folge leistet, und somit ungewollt zum Arbeitnehmer wird; obwohl es solche Fälle durchaus gibt, sind sie dennoch nicht alltäglich. Grundsätzlich kann hier gesagt werden, dass die Tatsächlichkeit einer Erteilung und Hinnahme von mit der Selbstständigkeit eines Handelsvertreters unvereinbaren Weisung nicht alleine entscheidend sein wird. Eine solche Weisung muss als vertragswidrig angesehen werden, auch wenn der Handelsvertreter dies zunächst hingenommen hat; unter genauer Betrachtung kann diese Hinnahme aufgrund seiner wirtschaftlichen Abhängigkeit vom Unternehmer geschehen sein. Somit wird das Vertragsverhältnis mit demjenigen Charakter weiterlaufen, unter dem es begründet worden ist. Erst wenn es ersichtlich ist, dass eine diesem Charakter entgegenstehende Handhabung sich mit ersichtlicher Billigung beider Teile zeitlich und sachlich so verfestigt hat, dass sich daraus eine einverständliche Änderung der wesentlichen vertraglichen Elemente ergäbe, könnte eine Schwerpunktverlagerung begründet werden, mit der Folge, dass der Handelsvertreter nunmehr sein Recht auf einen möglichen Ausgleichsanspruch verloren haben könnte. Allerdings müssten selbst in solch einem Fall alle bisher maßgebend gewesene Indizien durch diese neue Fakten so entkräftet sein, dass sie nicht mehr ins Gewicht fielen. Zusammenfassend bleibt festzuhalten, dass die Gesamtbetrachtung und Würdigung aller Umstände sowie die tatsächliche Handhabung wesentlich zur Beurteilung eines solchen Falles sein werden.

2.3 Aufgaben/Vertragsprodukte

Der Handelsvertreter ist auf vertraglicher Basis **in das Absatz- und Vertriebssystem** eines Unternehmens integriert. Die Hauptaufgabe des Handelsvertreters besteht im Wesentlichen darin, die *Vertragsprodukte* innerhalb des ihm übertragenen Kundenkreises, Vertragsgebietes oder Landes im Namen und auf Rechnung des Unternehmens zu vermitteln. Es liegt in seinem Verantwortungsbereich sich kontinuierlich um neue Kunden zu bemühen und die Neukundenakquise auszuweiten, sowie die Betreuung vorhandener Kunden wahrzunehmen, und sich um deren Belange in Bezug auf Service, Cross- und Upselling-Möglichkeiten, oder sich generell um Beanstandungen und Wünsche der Kunden zu kümmern. Darüber hinaus beobachtet der Handelsvertreter, je nach Vereinbarung, die Lage des Marktes und erstellt Absatz- und Umsatzprognosen, bewirbt die Vertragsprodukte auf speziellen Messen und Veranstaltungen oder zeigt generell Präsenz bei einschlägigen Fachmessen. In speziellen Fällen kann dem Handelsvertreter die Befugnis zur Gestaltung von Spezialkonzepten im technischen Bereich übertragen werden, die Befugnis Verträge im Namen des Unternehmens abzuschließen, sowie die generelle Inkassobefugnis.

Der Vertragsgegenstand bzw. die Vertragsprodukte sollten klar beschrieben- und vereinbart werden, unklare oder gar ungewöhnliche Vertragsklauseln in Handelsvertreterverträgen können sich als nachteilig erweisen. So besteht die Gefahr, dass bei komplexen Produkten, bei denen der Vertragsgegenstand nicht eindeutig und transparent beschrieben werden kann, die Wirkung der Vereinbarung angezweifelt wird. Hier empfiehlt es sich, die technischen und betriebswirtschaftlichen Verhältnisse sowie Zusammenhänge in Anhängen und Anlagen beizufügen und somit ein klares und verständliches Bild zu schaffen. Diese sind dann völlig neutral außerhalb des Vertragstextes zu interpretieren und können durch eine entsprechende Vereinbarung leicht in den Vertrag einbezogen werden. Ein weiteres Problem sind schwammige Formulierungen wie

> Der Handelsvertreter hat im übertragenen Vertretungsbezirk die Aufgabe, im Namen und für Rechnung des Unternehmens Verkaufsgeschäfte zu vermitteln/abzuschließen.

Eine solche Formulierung ist nicht klar in ihrer Absicht, in wieweit der Handelsvertreter als Vermittlungs- oder Abschlussvertreter tätig werden soll. Es ist ratsam, den Umfang der eingeräumten Vollmacht an den Handelsvertreter transparent und eindeutig klarzustellen, da eine Überschreitung der eingeräumten Befugnisse durch diesen rechtliche Konsequenzen nach sich ziehen können. Daher sollten auch in diesem Falle eindeutige Regelungen zum Umfang der Vollmacht formuliert werden, und diese als Vertragsanlage mit der genauen Angabe der jeweiligen Kunden bzw. Straßen/Orte/Regionen versehen werden.

2.3 Aufgaben/Vertragsprodukte

2.3.1 Mehrfirmen-/Einfirmenvertreter

Ein Mehrfirmenvertreter vertritt in der Regel mehrere Firmen mit ihren diversen Produkten und ist daher in der Lage, ein größeres Produktportfolio diverser Unternehmen zu vermitteln. Um Interessenkonflikte auszuschließen, darf dieser keine Produkte miteinander konkurrierender Unternehmen vertreten. Es besteht für den Geschäftszweig des vertretenen Unternehmens ein Konkurrenzverbot für den Vermittler, auch in Fällen, wo es vertraglich nicht ausdrücklich geregelt ist. Der Einfirmenvertreter grenzt sich insofern vom Mehrfirmenvertreter ab, als dass er Geschäfte insbesondere für ein einziges Unternehmen vermittelt oder abschließt. In der Regel wird dieses Unternehmen über ein eher vielfältiges Sortiment verfügen, um somit einen Handelsvermittler auslasten zu können.

2.3.2 Abgrenzungen

Es ist wichtig, die Rechtstellung des Handelsvertreters klar von derjenigen des Vertragshändlers, Reisenden, des freien Mitarbeiters oder Handelsmaklers abzugrenzen. Ein kurzer Überblick der wesentlichen Unterschiede soll dies im Folgenden verdeutlichen.

2.3.2.1 Vertragshändler

Der Gesetzgeber hat keine direkte Regelung des Vertragshändlerwesens getroffen. Ein Vertragshändler oder auch Eigenhändler ist ein selbstständiger Gewerbetreibender, der auf eigene Rechnung Geschäfte abschließt und Waren vertreibt. Diese werden aufgrund eines Dauervertrages von ihm im eigenen Namen gekauft und auf eigene Rechnung weiterveräußert (Eigengeschäft). Der Vertragshändler ist nicht für einen anderen Unternehmer tätig, es besteht aber häufig eine starke wirtschaftliche Abhängigkeit vom jeweiligen Hersteller. Üblich sind Absatzbindungen, wie z. B. die Abnahme von Mindestmengen, die Bereitstellung von Servicemaßnahmen zur Wartung oder Reparatur, die Erstellung von Absatzkonzepten, die Unterhaltung von Lager oder Ersatzteillager oder die Durchführung bestimmter Werbemaßnahmen und Kampagnen. Darüber hinaus kann die Verpflichtung bestehen, keine Konkurrenzgüter zu führen bzw. ausschließlich für den Kontraktgeber tätig zu sein (Ausschließlichkeitsbindung), im Gegenzug wird ihm dafür der Gebietsschutz eingeräumt (Alleinvertriebsrecht). Der Vertragshändler lebt nicht von einer Provision sondern von der Gewinnmarge die er selbst festlegt.

Im Unterschied zum Handelsvertreter hat der Vertragshändler keinen eigenständigen Ausgleichsanspruch gegen seinen Vertragspartner, da er auf eigene Rechnung und eigenem Namen Geschäfte abschließt und somit das unternehmerische Risiko trägt. Zu erwähnen wären in diesem Zusammenhang allerdings bestimmte Fälle, wo die Rechtsprechung einen Ausgleichsanspruch aufgrund von analog anzusetzenden Grundsätzen durchaus bejaht hat. Dies legt zugrunde, dass die Tätigkeit eines Vertragshändlers, mit der eines Handelsvertreters grundsätzlich als ähnlich zu betrachten ist, genauso wie die vergleichbare Einbindung des Vertragshändlers in die Organisation des Unternehmens.

Entscheidend für einen solchen Anspruch wird zudem die Tatsache sein, dass eine Verpflichtung zur Überlassung des eigenen Kundenstamms an den Unternehmer nach Beendigung der Vertragsbeziehung besteht. Dadurch dass sich der Unternehmer im Anschluss an die Kundendaten des Vertragshändlers bedienen kann, entsteht für ihn ein Vorteil, der durch die Vorarbeit des Vertragshändlers entstanden ist, und kann demnach einen Ausgleich gemäß § 89b HGB begründen. Gemäß der Regelung des § 89b HGB erhält der Handelsvertreter, und somit in analoger Anwendung der Vertragshändler einen Ausgleich, welcher nicht höher als der Jahresdurchschnitt der letzten 5 Jahren vor der Kündigung, wenn er neue Kunden für den Unternehmer gewonnen hat und der Unternehmer weiterhin Gewinn durch diese Kunden erzielen kann.

2.3.2.2 Reisender

Ein Reisender ist ein Verkaufsmitarbeiter im Angestelltenverhältnis (auch als Vertreter oder Außendienstmitarbeiter bezeichnet), der im Außendienst Kunden akquiriert und Geschäftsbeziehungen pflegt. Als Angestellter ist er weisungsgebunden, berichtspflichtig und hat einen Anspruch auf eine monatliche Entlohnung, welche in der Regel aus einem fixen- und einem erfolgsabhängigem Provisionsanteil besteht. Damit verbunden sind demnach Fixkosten sowie ein entsprechendes Auslastungsrisiko für den Unternehmer. Ferner hat der Reisende einen Anspruch auf die Erstattung seiner mit der Tätigkeit verbundenen Auslagen durch den Arbeitgeber. Der Provisionsanteil errechnet sich in der Regel sowohl aus den direkt bei einem Kundenbesuch abgeschlossenen Verträgen, als auch aus den gesamten Umsätzen der von einem Reisenden betreuten und ihm zugeordneten Kunden.

Ein sinnvoller Ansatz für einen Unternehmer zu Beginn seiner Geschäftstätigkeit ist, den Einsatz von Handelsvertretern zu erwägen. Sobald sich der Geschäftserfolg aber eingestellt hat und das Unternehmen nennenswerte Umsätze verbucht, ist der Umstieg auf angestellte Reisende ratsam, da mit steigendem Absatz die Kosten angestellter Verkaufsmitarbeiter unter denen selbstständiger Handelsvertreter liegen. Im Übrigen ist mit zunehmendem Erfolg auch die Motivation angestellter Verkaufsmitarbeiter in der Regel höher, da diese besser in die täglichen unternehmerischen und organisatorischen Abläufe integriert sind. Ein Reisender ist aus rechtlicher Hinsicht ein Mitglied der Belegschaft mit allen Rechten und Pflichten, somit hat er Zugang zu allgemeinen Leistungen und Sozialstrukturen des Unternehmens, er kann den Betriebsrat wählen bzw. als solcher gewählt werden.

2.3.2.3 Handelsmakler

Handelsmakler gemäß § 93 I HGB ist, wer gewerbsmäßig für andere Personen, ohne ständig damit betraut zu sein, die Vermittlung von Verträgen über die Anschaffung oder Veräußerung von Gegenständen des Handelsverkehrs übernimmt. Durch den Handelsmaklervertrag verpflichtet sich der Auftraggeber dem Makler eine Vergütung zu bezahlen, wenn es infolge der Maklertätigkeit zu dem angestrebten Vertragsabschluss kommt. Eine Tätigkeitsverpflichtung für den Makler oder des Auftraggebers zur Wahrnehmung

2.3 Aufgaben/Vertragsprodukte

der nachgewiesenen Abschlussmöglichkeit besteht allerdings nicht, sodass der Handelsmakler nur bei Tätigkeit und erfolgreicher Umsetzung der geforderten Leistung einen Anspruch gegenüber dem Auftraggeber auf die vereinbarte Vergütung hat.

Die Vertragsparteien, bestehend aus Handelsmakler und Auftraggeber, können im Namen der Vertragsfreiheit jederzeit auch eine über dem einfachen Handelsmaklervertrag hinausgehende Vereinbarung unterschreiben, so zum Beispiel einen Festauftrag, der auf eine bestimmte Dauer ausgelegt ist, oder einen Alleinauftrag, aufgrund dessen der Auftraggeber auf zusätzliche Makler mit der gleichen Aufgabenstellung verzichtet. Der Handelsmaklervertrag ist in der Regel jederzeit von den Vertragsparteien frei widerruflich. Der Handelsmakler hat die Interessen beider Parteien zu wahren und haftet für einen eventuell durch sein Verschulden entstandenen Schaden (Sorgfaltspflicht § 98 HGB). Nach Abschluss des Geschäftes muss er, gemäß § 94, § 100 HGB, umgehend jeder Partei eine von ihm erstellte Schlussnote zustellen, welche die wesentlichen Vertragsbestandteile enthält (Beurkundung).

Die Anspruchsgrundlage für die Vergütung des Handelsmaklers, der sogenannte Maklerlohn, besteht gemäß § 652 BGB nur aufgrund einer vertraglichen Vereinbarung mit dem Auftraggeber. Ohne den Abschluss einer solchen Vereinbarung wird es keine Anspruchsgrundlage für eine Vergütung geben, auch dann nicht, wenn der Handelsmakler eventuell tätig geworden ist und nunmehr den Auftraggeber „überraschen möchte". Der Anspruch auf Vergütung ist erfolgsabhängig und besteht auch dann, wenn der vermittelte Vertrag zwar abgeschlossen, aber, aus Gründen die der Handelsmakler nicht zu vertreten hat, nicht erfüllt wird.

Der Handelsmakler befasst sich gemäß den §§ 93–104 HGB mit der Vermittlung von Verträgen über die Anschaffung oder Veräußerung von Gegenständen, die im Rahmen des Handelsverkehrs und der Märkte eine wesentliche Rolle spielen (Waren, Bankgeschäfte, Versicherungen, Wertpapiere, Güterbeförderungen). Zu erwähnen sei in diesem Zusammenhang der Versicherungsmakler, der nicht zwischen zwei Geschäftsparteien vermittelt, sondern zwischen einer Geschäftspartei, dem Versicherer, und einem Endkunden. Zum Anspruch seiner Provision muss der Handelsmakler sicherstellen, dass

- der vermittelte oder nachgewiesene Vertrag wirklich und wirksam zustande gekommen ist;
- Kausalität mit der Maklerleistung besteht;
- auf die Willensbildung der anderen Partei Einfluss genommen wird.

Besteht eine wirtschaftliche Identität zwischen Makler und der anderen Vertragspartei, so z. B. durch eine gesellschaftliche Verflechtung, kann es an echter Vermittlung fehlen. Dagegen ist eine Doppeltätigkeit für beide Vertragsparteien im Grundsatz zulässig, solange die Gefahr von Interessenkollisionen gemäß § 654 nicht besteht und der Makler die Unparteilichkeit wahrt; darüber hinaus dürfen die Parteien im Maklervertrag nichts gegenteiliges diesbezüglich vereinbart haben. In diesem Sinne kann der Handelsmakler auch Vertreter der anderen Seite sein, so ist z. B. häufig der Versicherungsmaler ein

Vermittler für den Versicherer, dessen Vertrag er vermittelt, aber ein Vertreter für andere Vertragspartei, den potenziellen Versicherungsnehmer.

Versicherungsmakler
Der Versicherungsmakler stellt insofern einen Sonderfall da, als dass er im Gegensatz zum unabhängigen Vermittler nicht zwischen den Parteien steht, sondern ausschließlich auf der Seite seines Kunden. Den Maklerlohn schuldet er dem Grundsatz nach allein dem Versicherer, dies ist aber nicht unbedingt aufgrund rechtlicher Bestimmungen zwingend, sondern eher gängige Praxis. Es hat sich diesbezüglich ein Gewohnheitsrecht entwickelt, da aufgrund behördlicher Aufsicht der Rechtsgeschäfte der Versicherer schon früh davon ausgegangen wurde, dass es sich bei dieser Maklertätigkeit um eine Vertragsausfertigung ausschließlich für den Versicherer handeln würde, und daher auch der Maklerlohn zu seinen Lasten gehen würde. Es ist allerdings in diesem Zusammenhang nicht als unzulässig anzusehen, wenn Versicherungsmakler die Pflicht zur Zahlung des Maklerlohns bezüglich einer Nettopolice in einer Vermittlungsgebührenvereinbarung dem Versicherungsnehmer auferlegen.

Kursmakler
Kursmakler sind amtlich bestellte und vereidigte Handelsmakler, welche an der amtlichen Feststellung von Börsenkursen mitwirken. Sie nehmen, gemäß §§ 29 ff. BörsG, Aufträge von an der Börse zugelassenen Börsenhändlern entgegen, und wirken an der amtlichen Kursfeststellung mit. In der Regel wird der Kursmakler von der Börsenaufsichtsbehörde auf Vorschlag des Börsenvorstands bestellt, und unterliegt starken Beschränkungen in Bezug auf Eigengeschäfte.

Zivilmakler
Der Zivilmaler befasst sich mit Verträgen, deren Regelungen den Bestimmungen der §§ 652–656 BGB unterliegen und in der Hauptsache Mietverträge, Grundstücksgeschäfte oder Darlehensverträge betreffen. Das Honorar des Zivilmaklers ist die Provision, oder auch Courtage genannt, es kann frei vereinbart werden und wird bei Abschluss eines Verkaufs- oder Mietvertrages fällig, sodass jede Vorleistung eines Maklers auf eigenes Risiko erfolgt. Die zum Anspruch auf Provision führenden Vertragspflichten sind im Vergleich zum Handelsmakler geringer, Zivilmakler können schon dann einen Provisionsanspruch erwerben, wenn infolge ihres Nachweises einer Gelegenheit zu einem Vertragsabschluss ein Vertrag zustande kommt. Es muss dazu ein kausaler Zusammenhang zwischen der Maklertätigkeit und dem Abschluss des Vertrages vorhanden sein. Der Vertragsabschluss muss sich als Verwirklichung einer Gelegenheit darstellen, die bei wertender Betrachtung unter Berücksichtigung der Verkehrsauffassung als identisch mit der vom Makler nachgewiesenen Gelegenheit zum Vertragsschluss anzusehen ist. Ist unter den Parteien nichts weiter vereinbart, welche Vertragspartei den Maklerlohn zu zahlen hat, ist dieser nach § 99 HGB grundsätzlich von jeder Partei zur Hälfte zu entrichten. Somit wären beide Parteien dem Makler für seine Vermittlungstätigkeit

die Provision schuldig. Häufig wird ein Immobilienverkäufer, der seine Immobilie über einen Makler anbietet, eine *Kundenprovision* vereinbaren, mit der er die anfallenden Maklerkosten auf den Kunden vertraglich überträgt.

Freier Mitarbeiter
Ein freier Mitarbeiter (oder auch Contractor) steht in keinem Arbeitsverhältnis zu einem Arbeitgeber, er führt vielmehr Aufträge aufgrund eines Dienst- oder Werkvertrags aus, und trägt das unternehmerische Risiko für seine Unternehmung. Er erzielt seine Auskünfte aus selbstständiger Tätigkeit und arbeitet für mehrere Auftraggeber. Darüber hinaus ist er weder weisungsgebunden bezüglich Art, Dauer, Zeitpunkt, Ort und Durchführung der Arbeitstätigkeit, noch in der Organisation des Unternehmens bzw. Auftraggebers eingegliedert. Zu beachten hierbei ist die Abgrenzung zur Scheinselbstständigkeit, da eine Weisungsabhängigkeit und Tätigkeit für einen einzigen Auftraggeber, sowie die Eingliederung in den Betrieb wie ein Arbeitnehmer, ein sozialversicherungspflichtiges Arbeitsverhältnis erahnen lässt. Der Begriff der Scheinselbstständigkeit wird unter Abschn. 2.5.1 näher erläutert.

2.4 Vertragsgebiet

Die Beschreibung des genauen Vertragsgebiets drückt den Willen der Parteien aus, für ein bestimmtes Vertragsgebiet tätig zu werden. Dem Vertragshändler wird in der Regel ein **Gebietsschutz eingeräumt (Alleinvertriebsrecht)** für das er und ggf. seine Untervertreter zuständig sind. Er ist für das Produktportfolio des Unternehmers ganz allein vertriebsberechtigt und kann sowohl seinen Namen als auch seine Marken nutzen. In bestimmten Fällen kann sich der Unternehmer das Recht vorbehalten, bestimmte Abnehmer im Verkaufsgebiet des Vertragshändlers direkt zu beliefern, z. B. Behörden oder überregional tätige Großabnehmer. Das Vertragsgebiet ist ein wesentlicher Bestandteil des Handelsvertretervertrages und sollte von den Vertragsparteien sorgfältig ausgearbeitet werden. Eine Formklausel, die es dem Unternehmer ohne Einschränkung gestattet, das Marktverantwortungsgebiet einseitig zu verändern wird unwirksam sein, weil sie gegen die Inhaltskontrolle des § 307 BGB verstoßen wird. Ebenso wird eine einseitige Klausel über den Einsatz weiterer Vertragshändler im vorgesehen Vertragsgebiet unwirksam sein, welche die Interessen des Vertragshändlers nicht genügend berücksichtigt.

Diese in der Praxis immer wieder vorkommenden einseitigen Vertragsklauseln zugunsten des Unternehmers resultieren aus einem Gefühl der subjektiven Stärke gegenüber dem Vertragshändler heraus, sowie aus einer gewissen Unkenntnis der Rechtslage. In diesem Zusammenhang sollte allerdings erwähnt werden, dass auch ein starres Vertragsgebiet für den Unternehmer nicht immer absolut sinnvoll sein wird, da er aus Gründen der Marktabdeckung ein berechtigtes Interesse haben kann, das Marktgebiet des Handelsvertreters nach einer gewissen Zeit zu verändern. Insofern sollte eine solche Regelung zwischen den Vertragsparteien in einer transparenten und deutlichen

Darstellung in den Vertrag aufgenommen werden, die etwaige Änderungsgründe und das berechtigte Interesse genau beschreibt, und zudem eine angemessene Ankündigungsfrist von mindestens drei (3) Monaten für eine solche Änderung vorsieht. Ein berechtigtes Interesse kann dann vorliegen, wenn sich der Einsatz bestimmter Produkte über einen Handelsvertreter aufgrund des zu geringen Umsatzes nicht mehr lohnen, oder aber das Vertriebsgebiet, aufgrund recht hoher Umsätze nunmehr zu groß für einen einzigen Handelsvertreter geworden sein könnte. Abschließend sollte der vereinbarte Änderungsvorbehalt auch einen finanziellen Ausgleich für den Vertragshändler beinhalten, um seine Interessen in Bezug auf etwaige Nachteile und Einbußen nach der Gebietsänderung zu berücksichtigen.

Zu erwähnen sei in diesem Zusammenhang der Bezirksvertreter, dem laut Vertrag ein bestimmter räumlicher Bezirk zugewiesen worden ist, und eine Provision auch für alle ohne seine Mitwirkung in seinem Bezirk abgeschlossenen Geschäfte des Unternehmers beanspruchen kann. In Fällen, wo der Bezirksvertreter kein Alleinvertretungsrecht oder Gebietsschutz genießt, kann der Unternehmer ohne Weiteres auch unmittelbar selbst oder durch ihn beauftragte Dritte innerhalb dieses Bezirks tätig werden.

2.5 Rechtsstellung und Pflichten des Handelsvertreters

Der Handelsvertreter ist ein selbstständiger Gewerbetreibender § 84 Abs. 1 HGB und seine Selbstständigkeit definiert sich aus § 84 Abs. 1 S. 2 HGB, demnach „selbstständig ist, wer im Wesentlichen frei seine Tätigkeit gestalten und seine Arbeitszeit bestimmen kann". Wie bereits oben unter *Allgemeines* erwähnt, ist nicht die von den Parteien gewählte Vertragsgestaltung maßgeblich für eine tatsächlich festgestellte Tätigkeit als Handelsvertreter, sondern **die Erfüllung dieser Merkmale nach der vertraglichen Gestaltung und tatsächlichen Handhabung.** Ein wesentlicher Aspekt hierbei wird die tatsächlich vorhandene oder nicht-vorhandene Weisungsgebundenheit des Handelsvertreters sein. Es besteht nämlich die Gefahr der Scheinselbstständigkeit, wenn die Tätigkeit sowie die Arbeitseinteilung konkret nach Weisung des Unternehmers erfolgen und vertraglich geschuldete Leistungen im Rahmen einer Arbeitsorganisation einbringt, die sein Vertragspartner bestimmt. Den Begriff der Scheinselbstständigkeit hat das Sozialversicherungsrecht geprägt und bezeichnet im Wesentlichen eine vorgeschobene „unechte" Selbstständigkeit. Die Fragestellung ist von entscheidender Bedeutung, da ein Scheinselbstständiger sozialversicherungsrechtlich als Arbeitnehmer anzusehen ist, und somit von einer anderen Kostenstruktur auszugehen ist. Von einer Scheinselbstständigkeit ist daher auszugehen, wenn eine erwerbstätige Person als selbstständiger Unternehmer auftritt, obwohl sie von der Art ihrer Tätigkeit her als Arbeitnehmer anzusehen ist. Nicht die Vertragsbezeichnung ist hierbei entscheidend sondern die tatsächliche Tätigkeit und deren Umsetzung im täglichen Arbeitsablauf.

2.5.1 Scheinselbstständigkeit des Handelsvertreters

Das Problem ist häufig anzutreffen und hat damit zu tun, dass in schwierigen Situationen am Arbeits- und Wirtschaftsleben viele Unternehmer eine Möglichkeit Kosten zu senken darin sehen, Sozialversicherungsabgaben zu verringern, indem Personal und Mitarbeiter als nunmehr externe selbstständige Unternehmer beauftragt werden. Der Handelsvertreter muss sich in solch einer Situation selbst versichern und trägt somit jegliche Kosten für die Kranken-, Pflege-, und Rentenversicherung (sowie eventuell zusätzlich für Unfall-, oder Arbeitslosenversicherung) selbst, und ist zudem auch arbeitsrechtlich weitgehend ungeschützt. Die Klärung, ob es sich bei der vorgesehenen bzw. bestehenden Tätigkeit um eine echte Selbstständigkeit oder eine Scheinselbstständigkeit handelt, ist wesentlich um Fehler und Folgekosten bei der Zuordnung zu vermeiden. Folgende entscheidende Kriterien würden für das Vorhandensein einer Scheinselbstständigkeit sprechen:

- Weisungsgebundenheit gegenüber dem beauftragenden Auftraggeber (zeitlich, fachlich, örtlich),
- nicht-vorhandenes Unternehmerrisiko für den Handelsvertreter,
- generelle Anwesenheitspflicht des Handelsvertreters,
- konkrete Umsatz- und/oder Terminvorgaben bei Kunden,
- konkrete Tourenpläne, welche der Handelsvertreter selbst nicht frei einteilen kann,
- Leistungen werden nicht im eigenen Namen und auf eigene Rechnung erbracht,
- keine eigenständige Entscheidung über den Kauf und Verkauf von Waren,
- im Wesentlichen und auf Dauer Tätigkeit für nur einen Auftraggeber,
- Eingliederung des Handelsvertreters in den betrieblichen Ablauf des Auftraggebers,
- Handelsvertreter war vorher Angestellter des Auftraggebers.
- Auftraggeber hat Angestellte, die die gleiche Tätigkeit verrichten
- Vereinbarung und Auszahlung eines festen Entgeltes,
- Anspruch für den Handelsvertreter auf Urlaub mit Entgeltfortzahlung,
- nicht-vorhandene typische Merkmale unternehmerischen Handelns (so z. B. Visitenkarten, eigene Briefköpfe oder vorgenommene Werbemaßnahmen),
- keine regelmäßig beschäftigten Mitarbeiter (außer 450-EUR-Kräfte, welche unberücksichtigt bleiben) oder gar ein Verbot für den Handelsvertreter Personal einzustellen,
- Kontrollen des Auftraggebers in Bezug auf Arbeitszeiten, Arbeitsablauf, Kundenkontakte,
- Weisungsgebundenheit gegenüber dem Auftraggeber in Bezug auf den Arbeitsumfang.

Zusammenfassend wird ersichtlich, dass mehre Kriterien über die Feststellung einer Scheinselbstständigkeit entscheidend sein werden, je mehr davon zutreffen, desto leichter kann von einer arbeitnehmerähnlichen Tätigkeit oder Scheinselbstständigkeit gesprochen werden. Es geht im Wesentlichen um **das Gesamtbild der Situation;** bei einem Handelsvertreter, der Werbemaßnahmen über Annoncen oder Werbeflyer für seine Tätigkeit in Anspruch nimmt und für mehrere Auftraggeber tätig ist, kann von einem „echten" Selbstständigen ausgegangen werden.

Kein entscheidendes Kriterium sind demgegenüber formale Indizien, wie die Anmeldung eines Gewerbes, die Eintragung des Handelsregisters, oder die Vertragsbezeichnung zwischen den Parteien. Der oben erwähnte Unterschied zwischen arbeitnehmerähnlicher Tätigkeit und Scheinselbstständigkeit besteht darin, dass arbeitnehmerähnliche Selbstständige als „echte" Unternehmer angesehen werden, welche der Rentenversicherungspflicht unterliegen und Beiträge zur Rentenversicherung in voller Höhe selbst einzahlen. In der Regel meldet sich der arbeitnehmerähnliche Selbstständige innerhalb von drei (3) Monaten nach seiner Aufnahme beim zuständigen Rentenversicherungsträger, um diese Tätigkeit mitzuteilen bzw. in bestimmten Fällen die Befreiung von der Rentenversicherungspflicht zu beantragen. Die Merkmale einer arbeitnehmerähnlichen Selbstständigkeit wären:

- keine regelmäßig beschäftigten Mitarbeiter (außer 450-EUR-Kräfte, welche unberücksichtigt bleiben),
- im Wesentlichen und auf Dauer Tätigkeit für nur einen Auftraggeber.

In der Zuordnung einer arbeitnehmerähnlichen Selbstständigkeit gilt die Wesentlichkeitsgrenze von fünf Sechsteln (5/6), was bedeutet, dass ein selbstständig Tätiger, welcher seine Gesamteinkünfte zu 5/6 alleine aus der Tätigkeit für einen Auftraggeber erzielt, als arbeitnehmerähnlicher Selbstständiger anzusehen ist. Von einer Dauerhaftigkeit der Tätigkeit wird ausgegangen, wenn die Tätigkeit im Rahmen eines Dauerauftragsverhältnisses bzw. eines regelmäßig wiederkehrenden Auftragsverhältnisses erfolgt. Wie bereits erwähnt, kann sich der arbeitnehmerähnliche selbstständig Tätige in bestimmten Fällen von der Rentenversicherungspflicht befreien lassen, diese wären:

- *erstmalige Existenzgründer* während der ersten drei (3) Jahre ab Aufnahme ihrer selbstständigen Tätigkeit;
- *Selbstständige in der zweiten Existenzgründung* für weitere drei (3) Jahre ab Aufnahme ihrer zweiten selbstständigen Tätigkeit; es muss sich allerdings bei der zweiten Existenzgründung um einen völlig neuen Geschäftszweck handeln;
- *das 58. Lebensjahr* wurde vom Antragsteller vollendet;

Zu erwähnen sei in diesem Zusammenhang die Tatsache, dass sozialversicherungsrechtliche Beurteilungen nicht zwingend die gleichen Folgen für steuerrechtliche Gegebenheiten haben, da Finanzämter in der Regel nicht an diese gebunden sind. So kann es vorkommen, dass der Handelsvertreter gemäß Steuerrecht als selbstständiger Unternehmer angesehen wird, im Sozialversicherungsrecht jedoch als Arbeitnehmer gilt. Dieses

Paradoxon erklärt sich damit, dass das Steuerrecht vor allem auf die Unternehmerinitiative sowie auf das vorhandene unternehmerische Risiko abstellt, während Sozialversicherungsrecht die übrigen Merkmale besonders beleuchtet. Eine nachträglich festgestellte Scheinselbstständigkeit des Handelsvertreters hat die Folge der Zuordnung als „Angestellter", gemäß § 84 Abs. 2 HGB (z. B. weil dieser ständig damit betraut wurde, für ein Unternehmen Geschäfte zu vermitteln oder in dessen Namen abzuschließen). Die Auswirkungen auf die Lohnsteuer können sein, dass in der Folge sowohl der Unternehmer, nunmehr „Arbeitgeber", als auch der vermeintliche Handelsvertreter, nunmehr „Arbeitnehmer", gesamtschuldnerisch für etwaige Nachzahlungen haften und somit zur Zahlung von Außenständen in voller Höher aufgefordert werden können, inklusive Zinsen und Säumniszuschlägen. Im Falle der Zuordnung einer Scheinselbstständigkeit auch im Steuerrecht, hat dies unter anderem zur Folge, dass ggf. die Umsatzsteuer nicht hätte ausgewiesen werden dürfen, sodass etwaige Rechnungsberichtigungen sowohl aufseiten des Arbeitgebers als auch aufseiten des Arbeitnehmers zu prüfen wären. Im Zweifel sollte diesbezüglich die Hilfe eines Steuerberaters eingeholt werden, um über mögliche steuerrechtliche Konsequenzen schon frühzeitig in Kenntnis gesetzt zu werden. Darüber hinaus endet mit Feststellung der Scheinselbstständigkeit für den Handelsvertreter auch seine unternehmerische Tätigkeit für das von ihm betriebene Gewerbe; er muss dies abmelden, ist vom Status her kein selbstständiger Unternehmer mehr, und somit enden auch die gesetzlichen Verpflichtungen zur Mitgliedschaft bei der Berufsgenossenschaft (BG) oder der Industrie- und Handelskammer (IHK).

2.5.2 Pflichten des Handelsvertreters

Der Handelsvertretervertrag begründet zwischen den Vertragsparteien ein besonderes Vertrauensverhältnis und verpflichtet den Vertragshändler zu wesentlichen Pflichten gegenüber dem Unternehmer, sowie sich nach dem Grundsatz von Treu und Glauben zu verhalten. Die grundsätzliche Hauptverpflichtung besteht darin, sich selbstständig um die Vermittlung oder den Abschluss von Geschäften zu bemühen und die Interessen des Unternehmers zu wahren. Darüber hinaus gibt es allerdings weitere wichtige Pflichten, die der Handelsvertreter zu erfüllen hat:

- **Informationspflicht:** Bei der Ausübung seiner Tätigkeit hat der Handelsvertreter dem Unternehmer die ihm zur Verfügung stehenden Informationen vollständig zu übermitteln und seinen Weisungen nachzukommen. Gemäß § 86 HGB hat er die Pflichten eines ordentlichen Kaufmannes zu erfüllen sowie eine Bemühungs- und Benachrichtigungspflicht gegenüber dem Unternehmer. Somit hat er über jegliche Geschäftsvermittlungen oder Abschlüsse zu unterrichten sowie etwaige Vertragsverletzungen unverzüglich mitzuteilen.
- **Geheimhaltungspflicht:** Gemäß § 86 HGB ist der Handelsvertreter verpflichtet, Geheimhaltung Dritten gegenüber einzuhalten. Während und nach der Beendigung

des Handelsvertretervertrags dürfen Geschäfts- und Betriebsgeheimnisse des Unternehmers ohne dessen Einwilligung weder für eigene Zwecke verwertet, noch dritten Parteien zur Kenntnis gebracht werden.
- **Konkurrenzverbot:** Im Rahmen seiner Verpflichtung zur Interessenwahrnehmung hat der Handelsvertreter davon abzusehen, im Geschäftszweig des vertretenen Unternehmens selbst oder für einen Konkurrenzunternehmen tätig zu sein. Dies gilt im Übrigen auch dann, wenn darüber keine vertragliche Regelung getroffen wurde. In diesem Zusammenhang können aber darüber hinausgehende Konkurrenzverbote für vergleichbare Produkte (Substitutionsprodukte) vereinbart werden. Der Verstoß gegen das Wettbewerbsverbot hat für den Handelsvertreter weitreichende Konsequenzen, denn er stellt einen Vertrauensbruch dar, der zur fristlosen Kündigung sowie dem Verlust des Handelsvertreterausgleichsanspruchs führen kann. Darüber hinaus können bei Feststellung des Konkurrenzverstoßes etwaige Schadensersatzansprüche des Unternehmens durchgesetzt werden.
- **Pflicht zur Wettbewerbsenthaltung:** Der Handelsvertreter hat davon abzusehen, während seiner Vertragsbeziehung dem Unternehmen durch die gleichzeitige Vertretung der Konkurrenz zu schaden. Er darf keine Konkurrenzgüter führen, hat ausschließlich für den Unternehmer tätig zu sein, und erhält im Gegenzug dafür einen Gebietsschutz eingeräumt (Exklusivvertrieb). Eine solche Verpflichtung ergibt sich aus der allgemeinen Interessenwahrnehmungspflicht des Handelsvertreters und wird üblicherweise in Verträgen näher ausgestaltet.
- **Nachvertragliches Wettbewerbsverbot:** Das vertraglich vereinbarte Wettbewerbsverbot endet in der Regel mit Beendigung des Handelsvertretervertrages, es kann aber im berechtigten Interesse des Unternehmens sein, eine mittelbar konkurrierende Tätigkeit des Handelsvertreters auch nach Beendigung des Vertrages untersagen zu lassen. Insofern können die Vertragsparteien ein nachvertragliches Wettbewerbsverbot vereinbaren, unter der Voraussetzung dass
  - die Dauer des nachvertraglichen Wettbewerbsverbots nicht länger als zwei Jahre beträgt;
  - das nachvertragliche Wettbewerbsverbot umfasst nur das bisherige Vertragsgebiet bzw. den zugewiesenen Bezirk oder Kundenkreis des Handelsvertreters;
  - der Handelsvertreter eine Karenzentschädigung für diesen Zeitraum erhält.

2.6 Rechtsstellung und Pflichten des Unternehmers

Der Unternehmer hat den Handelsvertreter bei dessen Tätigkeit zu unterstützen und ihm die erforderlichen Informationen zu gewähren, so zum Beispiel die umgehende Mitteilung über die Annahme und Ausführung eines vermittelten Geschäfts sowie dessen Abschluss oder Nichtabschluss. Darüber hinaus muss über mögliche Preis- oder Produktänderungen, Entscheidungen und Änderungen, die Auswirkungen in Bezug auf die Lieferbedingungen, Allgemeine Geschäftsbedingungen oder den Bestand des Vertrages betreffen, mitgeteilt werden. In der Regel hat der Unternehmer dem Handelsvertreter jegliche Unterstützung in Form von Unterlagen, Preislisten, Broschüren, Zeichnungen, Musterkollektionen oder Werbematerial, welche für die erfolgreiche Ausübung seiner Tätigkeit notwendig sind, zur Verfügung zu stellen. Die Überlassung dieser tätigkeitsunterstützenden Informationen **muss unentgeltlich sein.**

Eine wesentliche Verpflichtung des Unternehmers besteht in der Zahlung von Provisionen für alle während des Vertragsverhältnisses abgeschlossenen Geschäfte, wenn die Tätigkeit des Handelsvertreters für den Geschäftsabschluss kausal war. In diesem Zusammenhang sei zu erwähnen, dass die Provisionszahlungspflicht erst mit Ausführung des Geschäfts durch den Vertrag zwischen Unternehmer und dem Kunden entsteht. Es besteht aber vorab ein Anspruch des Handelsvertreters auf einen angemessenen Vorschuss. Der Unternehmer hat die Provisionen abzurechnen und den Handelsvertreter mittels eines Buchauszugs zu informieren. Dem Handelsvertreter stehen in der Regel auch dann Provisionen zu, wenn er im Einzelfall nicht unmittelbar tätig geworden ist, sondern die Verbindung zwischen dem Unternehmer und dem Kunden aufgrund eines früheren Geschäftsabschlusses hergestellt wurde. Dies wird im Folgenden unter Abschn. 2.7 (Provision) näher erläutert.

Des Weiteren hat der Unternehmer, gemäß § 87d HGB, die Aufwendungen des Handelsvertreters für seinen Geschäftsbetrieb zu erstatten, soweit dies branchenüblich ist. Dies können erhöhte Reise- oder Repräsentationskosten für besondere Kunden sein, oder außergewöhnliche Aufwendungen für zusätzliche Bürokosten und Messebeteiligungen. Branchenüblichkeit wird davon abhängen, ob eine Mehrzahl ähnlicher Konkurrenten solche Sonderaufwendungen separat vergüten. Weiterhin besteht die Pflicht des Unternehmers zur Rücksichtnahme gegenüber dem Handelsvertreter, d. h., dass er nicht willkürlich und ohne vernünftige Gründe ein vom Handelsvertreter vermitteltes Geschäft ablehnen darf oder willkürlich die falschen Waren liefern und dadurch die bisherigen Verdienstmöglichkeiten des Handelsvertreters nachhaltig zu beeinflussen versucht.

2.6.1 Anwendbares Recht für den Handelsvertreter im Ausland

Bei einer Tätigkeit innerhalb der EU kann ohne Weiteres die Anwendung deutschen Rechts vereinbart werden, sodass in solchen Fällen der Handelsvertreter dem in Deutschland tätigen Kollegen gleichgestellt werden wird. Dementsprechend gelten dieselben Regelungen wie bisher beschrieben, und auch der Ausgleichsanspruch wird gemäß § 89b HGB analog anzuwenden sein. Der Unternehmer mag aber bestrebt sein gerade letzteren einzuschränken, sodass er die Anwendung des jeweiligen Landesrechts anstreben könnte, in dem der Handelsvertreter tätig sein soll. Da solche Unterschiede zwischen den einzelstaatlichen Rechtsvorschriften auf dem Gebiet der Handelsvertretungen die Wettbewerbsbedingungen beeinflussen und die Berufsausübung innerhalb der EU nachhaltig beinträchtigen, wurde die EU-Richtlinie 86/653/EWG zur Koordinierung der Rechtsvorschriften der Mitgliedstaaten erlassen, um die Durchführung von

Handelsvertreterverträgen zwischen verschiedenen Ländern der Gemeinschaft zu verbessern. Die Richtlinie wurde 1994 ausgeweitet, sodass die Bestimmungen des Handelsvertreterrechts innerhalb der EU nunmehr weitgehend angeglichen sind und kein wesentlicher Unterschied mehr zwischen den einzelnen EU-Ländern besteht. Fraglich ist hingegen, ob diese Regelung auch für eine Tätigkeit außerhalb der EU Geltung findet.

Bei einer Tätigkeit außerhalb der EU kann der Unternehmer vertragliche Vereinbarungen mit seinem Handelsvertreter unabhängig von Bestimmungen des EU-Rechts treffen, zwingende Vorschriften wie der Ausgleichsanspruch können dann in solchen Fällen ausgeschlossen werden, und die Normen der Sonderregelung des § 92c HGB finden Anwendung. Demnach wird der Ausschluss des Ausgleichs für einen im außereuropäischen Ausland tätigen Handelsvertreter wirksam sein, wenn das anwendbare Recht des Ziellandes gewählt wurde und das dortige Recht keinen Ausgleichsanspruch kennt. Auf der anderen Seite wird der Unternehmer darauf achten müssen, dass auch die Wahl des anwendbaren Rechts des Ziellandes keine Sicherheit für den Ausschluss geben wird, wenn das dortige Recht durchaus einen solchen Ausgleich kennt; in einem solchen Fall wäre zumindest die Klage bezüglich eines möglichen Anspruchs zulässig. Etwas kompliziert sind Fälle, wo der Handelsvertreter in mehreren Ländern tätig sein wird, der Ausgleichsanspruch aber generell ausgeschlossen werden soll. So kann es zum Beispiel sein, dass der Handelsvertreter sowohl für EU-Länder wie Polen und Rumänien zuständig ist, aber auch für Nicht-EU-Länder wie Moldawien und die Ukraine. Ein solcher Fall wird nach allgemeiner Rechtsprechung sehr pragmatisch gelöst werden, der Ausschluss innerhalb der EU wird für unwirksam gehalten werden, während selbiger für die Nicht-EU-Staaten als wirksam anzusehen ist, vorausgesetzt er enthält keine sittenwidrige Regelungen. Zu erwähnen wäre in diesem Zusammenhang, dass zusätzlich die Regelungen des jeweiligen außereuropäischen Landes zu beachten sind, so muss die Tätigkeit des Handelsvertreters in einigen Ländern bei den Behörden registriert werden; diese Thematik wird unter Abschn. 2.10 näher erläutert.

2.6.2 Gerichtsstandregelungen für den Handelsvertreter im Ausland

Grundsätzlich ist der Gerichtsstand unter Kaufleuten vertraglich vereinbar und sollte auch stets zur Abwägung etwaiger Nachteile sorgfältig bedacht werden. In Fällen, wo keine vertragliche Vereinbarung getroffen wurde, wird der Ort der Leistungshandlung für die Leistungen aus dem Handelsvertretervertrag maßgeblich sein; in der Regel, wird dies das vereinbarte Vertragsgebiet des Handelsvertreters sein. Demnach kann der Handelsvertreter innerhalb der EU seine Ansprüche in dem Land gerichtlich einfordern, in dem er seine Tätigkeit für den Unternehmer ausgeübt hat, unabhängig davon, in welchem Land sich der Unternehmer befindet. So kann der deutsche Handelsvertreter, der für ein italienisches Unternehmen in Deutschland tätig war, seine Ansprüche aus dem Vertrag ohne Weiteres in Deutschland einklagen.

2.7 Provision

Das übliche Entgelt des Handelsvertreters ist eine nach dem Umfang vergütungspflichtiger Geschäfte bemessene Zahlung als Gegenleistung für die erbrachten Dienste, d. h., eine Provision. Es handelt sich hierbei also um eine **tätigkeitsbezogene Erfolgsvergütung,** welche aus einem rechtswirksamen Vertragsabschluss resultiert. Grundsätzlich steht dem Handelsvertreter gem. § 87 HGB ein Provisionsanspruch für alle von ihm vermittelten oder abgeschlossenen Geschäfte zu, sowie für alle Geschäfte, die ohne seine unmittelbare Mitwirkung mit Kunden zustande gekommen sind, solange sie kausal aufgrund eines früheren Geschäftsabschlusses der gleichen Art zurückzuführen sind. Voraussetzung für den Provisionsanspruch ist, dass der Geschäftsabschluss ohne Rücksicht auf den Zeitpunkt der Ausführung der Geschäfte durch den Unternehmer während des bestehenden Vertreteretrages erfolgt. Somit führen Nachbestellungen, welche aufgrund einer vom Handelsvertreter hergestellten Geschäftsverbindung von dem von ihm geworbenen Kunden aufgegeben werden, folgerichtig zu Provisionsansprüchen.

Das Grundprinzip dieser provisionsrechtlichen Regelung besteht darin, den Handelsvertreter so lange an einer einmal hergestellten Geschäftsverbindung teilhaben zu lassen, wie diese besteht, da sein Vermittlungserfolg erst dann in vollem Umfange als vergütet gilt, bis er für alle seine Geschäfte mit einer Provision vergütet worden ist. Bei Nachbestellungen allerdings wird dieses Grundprinzip nur auf die Zeit des bestehenden Vertretervertrages zugebilligt, sodass Nachbestellungen, die nach Beendigung des Vertretervertrages von Kunden aufgegeben werden, nicht mehr in den Provisionsanspruch des Handelsvertreters fallen. Dies kann damit erklärt werden, dass sich der Gesetzgeber bei etwaigen Ansprüchen auf Provisionsfortzahlungen aus beendeten Vertragsverhältnissen mit der Gefahr der unentwirrbaren Verhältnisse konfrontiert sah. Um aber dennoch gerechtfertigte Ansprüche trotz Beendigung des Vertretervertragsverhältnisses regeln zu können, hat der Gesetzgeber das Konzept des Ausgleichsanspruchs entwickelt. Gemäß § 89b HGB ist der Ausgleichsanspruch als Gegenleistung für Vorteile anzusehen, welche der Unternehmer durch die Tätigkeit des Handelsvertreters erlangt hat und nunmehr einseitig nutzen kann.

In Fällen, wo dem Handelsvertreter ein bestimmter Bezirk bzw. ein bestimmter Kundenkreis zugewiesen wurde, besteht ein Provisionsanspruch auch für die Geschäfte, welche ohne seine Mitwirkung mit Personen seines Bezirkes bzw. seines Kundenkreises während des Vertragsverhältnisses abgeschlossen wurden. Darüber hinaus bestehen für den Handelsvertreter auch Ansprüche aus Zusatz- oder Sonderprovisionen, so z. B. die Inkassoprovision für die ggf. von ihm auftragsgemäß eingezogenen Beträge oder vereinbarte Provisionen für besondere Markt- oder Kundenpflege.

Provisionspflichtig im Sinne des § 87 HGB sind nur abgeschlossene Geschäfte oder erbrachte Dienstleistungen, welche **während der Vertragszeit** zwischen Handelsvertreter und Unternehmen abgeschlossen wurden und einen rechtsgültigen, rechtswirksamen Vertragsabschluss darstellen. Ein Vorvertrag genügt demnach nicht, um eine

Anspruchsgrundlage zu begründen, und die Anfechtung nach § 1421 BGB bzw. der Eintritt einer auflösenden Bedingung führt dazu, dass die Fälligkeit einer Provisionszahlung verwirkt wird. Im Falle einer Unwirksamkeit des Vertrages, welche der Unternehmer zu vertreten hat, stünde dem Handelsvertreter zwar keine Provision zu, aber ggf. ein Schadenersatz aufgrund des vom Unternehmer verursachten Verschuldens bei den Vertragsverhandlungen, gemäß § 311, II BGB. Zusätzlich zu Provisionsansprüchen aus § 87 HGB besteht für den Handelsvertreter auch die Möglichkeit Ansprüche aus § 354 HGB zu begründen, so z. B. bei außergewöhnlicher Belastung durch Mängelrügeabwehr. Aus § 354 Abs. 1 HGB hat ein Kaufmann, der in tatsächlicher Ausübung seines Handelsgewerbes für einen anderen ein Geschäft besorgt bzw. Dienste leistet, einen Vergütungsanspruch in ortsüblicher Höhe.

Die Fälligkeit der Provision tritt gemäß § 87a HGB bei Ausführung des Geschäfts ein, d. h. nicht bei Vertragsabschluss, sondern bei Erfüllung durch den Unternehmer. Erbringt der Kunde seine vereinbarte Gegenleistung nicht, entfällt der Provisionsanspruch gemäß § 87a Abs. 2 HGB wieder; erfüllt der Unternehmer allerdings den abgeschlossenen Vertrag nicht, so bleibt es beim Provisionsanspruch des Handelsvertreters. Dies wird nun nicht der Fall sein, wenn die Nichtausführung des Vertrages auf Umständen beruht, die vom Unternehmer nicht zu vertreten sind. Über die Provision ist monatlich abzurechnen.

2.7.1 Überhangprovision

Dem Handelsvertreter kann zudem nach dem HGB eine Überhangprovision zustehen, welche anfallen kann, wenn das Geschäft zwar noch während des bestehenden Handelsvertreterverhältnisses abgeschlossen wurde, die Ausführung dessen aber erst nach Beendigung der Geschäftsbeziehung zum Unternehmer ausgeführt wird. Mit dem Abschluss des Vermittlungsgeschäftes während des Bestehens des Handelsvertretervertrages erhält der Handelsvertreter eine Anwartschaft auf die Provision, die er in der Regel nicht mehr verlieren wird, nur weil die Ausführung des Geschäftes nicht mehr vor Beendigung des Handelsvertretervertrages erfolgt. Die Vertragsparteien können im Sinne der Vertragsfreiheit grundsätzlich vereinbaren, die Überhangprovision vertraglich auszuschließen.

2.7.2 Provisionshöhe und Berechnung

In den meisten Fällen werden die Vertragsparteien den Provisionssatz einvernehmlich vertraglich vereinbaren. Sollte dies jedoch unterbleiben, steht den Handelsvertreter gemäß § 87b Abs. 1 HGB die Provision zu, die im betreffenden Geschäftszweig im Regelfall einem Handelsvertreter für die Vermittlung oder den Abschluss von Geschäften der gleichen Art gezahlt wird. In der Praxis führt diese Üblichkeit allerdings in den häufigsten Fällen zu keinen einvernehmlichen Lösungen und daher sollten die Grundsätze des § 87b Abs. 2 HGB zur Berechnung der Provision herangezogen werden. Demnach ist die Provision von dem Entgelt zu berechnen, das der Kunde bei der Vermittlung des Geschäfts dem Unternehmer zu zahlen hat (ohne Hinzuziehung der Umsatzsteuer), wobei etwaige Skonti (Nachlässe bei Barzahlung) nicht abzuziehen sind. Darüber hinausgehende Nachlässe allerdings, wie z. B. Treue- oder Mengenrabatte mindern die Berechnungsbasis für die Provisionszahlung. Selbstverständlich können diesbezüglich einvernehmlich abweichende Vereinbarungen zwischen Unternehmer und Handelsvertreter vereinbart werden. Weiterhin sind Nebenkosten für Fracht, Verpackung, Versicherungsprämien, Zoll oder Steuern vom Rechnungsbetrag ebenfalls abzuziehen und wirken sich somit provisionsmindernd aus.

2.7.3 Buchauszug

Der Handelsvertreter hat gemäß § 87c HGB das Recht, seine Provisionsansprüche gegenüber dem Unternehmer nachzuprüfen, und kann somit die Erteilung eines Buchauszugs verlangen. Verweigert der Unternehmer einen Buchauszug, hat der Handelsvertreter zu entscheiden, ob er Klage auf Erteilung des Buchauszugs oder auf Bucheinsicht erhebt. Sollten nach Bucheinsicht noch Zweifel an der Richtigkeit der erteilten Informationen bestehen, so kann der Handelsvertreter die Abgabe einer eidesstattlichen Versicherung des Unternehmers, gemäß § 259 Abs. 2 BGB, verlangen. Das Kontrollrecht der Auskunft auf Bucheinsicht soll dem Handelsvertreter zur Mitteilung über alle Umstände verhelfen, die für den Provisionsanspruch und seine Berechnung relevant sind. Er kann somit Auskunft über den Abschluss von provisionspflichtigen Geschäften, die Modalitäten und dessen Ausführung verlangen.

Der Buchauszug ist ein **nicht-ausschließbares Recht des Handelsrechts,** es wird aber keine bestimmte Darstellungsweise festgelegt, sodass die Form vom Unternehmer gewählt werden kann, die für ihn am günstigsten ist. Es kommt daher durchaus vor, dass der Unternehmer dem Handelsvertreter mit jeder Provisionsabrechnung auch sämtliche Angaben bezüglich aller provisionspflichtigen Geschäfte, deren Höhe, Berechnung und Fälligkeit macht, welche den Anforderungen an einen Buchauszug gemäß HGB genügen. In solchen Fällen hat der Unternehmer seine Auskunftspflicht erfüllt und der Handelsvertreter hat keinen darüber hinausgehenden Anspruch auf Auskunft. In diesem Zusammenhang muss die Tatsache erwähnt werden, dass der Buchauszug alle Geschäfte, die provisionspflichtig sind, auszuweisen hat, also auch die, über welche eventuell keine Klarheit herrscht, ob sie dazu gehören oder nicht. Nur wenn zweifelsfrei feststeht, dass ein Vermittlungsgeschäft nicht provisionspflichtig ist, kann es bei der Erteilung des Buchauszugs unberücksichtigt bleiben.

Wie erwähnt, hat der Handelsvertreter die Möglichkeit der Einsicht in die Vertriebsbücher des Unternehmers, sollte sich dieser der Erteilung des Buchauszugs verweigern oder begründete Zweifel an der Vollständigkeit oder gar Richtigkeit der Abrechnung bzw. der vorgelegten Informationen bestehen. In solch einem Fall muss er Klage auf Bucheinsicht erheben und seinen Anspruch gerichtlich durchsetzen, was allerdings Zeit und Geld kosten kann (aufgrund von Gerichts- und Anwaltskosten, welche vorab zu zahlen sind). Erheblich kostengünstiger wäre die Klage auf Erteilung des Buchauszugs.

2.8 Vertragsdauer

Die Vertragsdauer ist den Bestimmungen des Vertragsrechts angelehnt und kann in beiderseitigem Einverständnis frei bestimmt werden. Es kann somit, je nach Vertragsgestaltung, eine Zusammenarbeit von einem, bzw. mehreren Jahren vereinbart werden, oder gar ohne Befristungsabrede. In letztem Fall gilt der Vertrag auf unbestimmte Zeit. Alternativ kann eine automatische Optionsverlängerung vereinbart werden, welche bei Nichteinhaltung einer bestimmten Kündigungsfrist weiterhin gilt. In Fällen ohne Befristungsabrede bzw. Datumsangabe endet die Zusammenarbeit zwischen Handelsvertreter und Unternehmen durch ordentliche Kündigung.

Ebenso kann der Handelsvertretervertrag grundsätzlich auf verschiedenen Wegen beendet werden, so z. B. durch ordentliche Kündigung, aufgrund Ablaufs der Befristung, durch eine Insolvenz des Auftraggebers oder durch fristlose Kündigung. Der Handelsvertretervertrag kann auch jederzeit im beiderseitigen Einverständnis zwischen Handelsvertreter und Unternehmer aufgehoben werden, der Handelsvertreterausgleichsanspruch bleibt hiervon unberührt. Auch in Fällen, in denen der Handelsvertreter von sich aus die Beendigung initiiert, bleibt sein Handelsvertreterausgleichsanspruch bestehen.

Ist der Handelsvertretervertrag auf unbestimmte Zeit abgeschlossen, so endet er gemäß § 620 BGB mit Ablauf der Zeit, für die er eingegangen wurde.

2.8.1 Beendigung des Handelsvertretervertrages durch ordentliche Kündigung

Ein Handelsvertretervertrag ohne bedingte Kündigungsfrist, welcher auf unbestimmte Zeit abgeschlossen wurde, kann von beiden Seiten innerhalb der gesetzlichen Kündigungsfristen des § 89 Abs. 1 HGB gekündigt werden. Die ordentliche Kündigung kann sowohl vom Unternehmer als auch vom Handelsvertreter erklärt werden. Demnach beträgt die Kündigungsfrist

- im 1. Vertragsjahr: einen Monat
- im 2. Vertragsjahr: zwei Monate
- im 3.–5. Vertragsjahr: drei Monate
- nach 5 Vertragsjahren: sechs Monate

Sollten die Vertragsparteien diesbezüglich nichts anderes vereinbart haben, gilt die Kündigung des Handelsvertretervertrages jeweils zum Ende des Monats als zulässig, jeweils gemäß der oben genannten Kündigungsfristen. Eine einvernehmliche Verlängerung der

Kündigungsfrist ist zwischen den Vertragsparteien möglich, wenn diese sowohl für den Handelsvertreter als auch den Unternehmer jeweils gleich lang ist. Eine einvernehmliche Verkürzung der Kündigungsfrist ist allerdings unzulässig.

2.8.2 Beendigung des Handelsvertretervertrages durch außerordentliche Kündigung

Der Handelsvertretervertrag kann von beiden Vertragsparteien, gemäß § 89a Abs. 1 HGB, jederzeit außerordentlich aus wichtigem Grund gekündigt werden, wenn schwere Vertragsverletzungen das weitere Festhalten am Vertrag unzumutbar machen würden. Grundsätzlich wird es auf den Einzelfall sowie den individuellen Umständen ankommen, im Handelsvertreterrecht spielen allerdings einige Merkmale eine sehr entscheidende Rolle, die zu einer Kündigung führen können:

- die Verletzung des Wettbewerbsverbots;
- grob eigennützige Missachtung der Interessen des Unternehmers;
- Gewährung unzulässiger Preisnachlässe, Entgegennahme zusätzlicher Provisionen von Kunden;
- Abwerbung eines Untervertreters;
- Erhebliche, mit Bedacht geäußerte Beleidigungen;
- Arbeitsunfähigkeit aufgrund von Krankheit oder Unfall;
- heimliche Nichtmeldung von Geschäftsabschlüssen und Sachverhalten;
- Eröffnung einer Insolvenz;
- der Vertrieb der Produkte wurde eingestellt;
- Einseitige Verkleinerung des Vertriebsgebiets seitens des Unternehmers;
- Einseitige Kürzung oder Nichtauszahlung der Provision durch den Unternehmer.

Obwohl der Handelsvertreter für gewöhnlich seinen Anspruch auf Handelsvertreterausgleich bei einer außerordentlichen Kündigung nicht verliert, wird ihm die Verletzung des Wettbewerbsverbots oder die grob eigennützige Missachtung der Interessen des Unternehmers als Vorsatz ausgelegt werden, und dies wahrscheinlich zu recht, denn gemäß § 89b Abs. 3, Nr. 2, hat dieser den Anspruch verwirkt, wenn ihm ein Verschulden angelastet werden kann. Wird ihm rechtskräftig aufgrund eines solchen Vergehens gekündigt, verliert er in der Regel auch seinen Ausgleichsanspruch. Wichtig hierbei ist, dass innerhalb einer angemessenen Frist nach Kenntnis des wichtigen Grundes die Kündigung ausgesprochen wird, da bei längerem Zögern unterstellt werden kann, dass das Vertragsverhältnis wohl doch nicht unzumutbar ist. Die gemäß Arbeitsrecht vorhandene Kündigungsfrist von 2 Wochen gilt im Handelsvertreterrecht nicht, hier spricht die Rechtsprechung eher von 6–7 Wochen nach Kenntnis des wichtigen Grunds. Diese Frist dient in der Regel zur Aufklärung der Sachlage und sollte auch hierzu genutzt werden;

nach dieser Frist, ist eine fristlose Kündigung kaum möglich und es bleibt nur noch die ordentliche, fristgerechte Kündigung des Handelsvertretervertrages.

Die Rechtsprechung gibt darüber hinaus vor, dass bei einer fristlosen Kündigung des Handelsvertreters eine vorausgehende Abmahnung ausgesprochen gewesen sein muss, um dem Betroffenen die Möglichkeit zu geben, seine vertraglichen Pflichten zu erfüllen. Dies gilt jedoch nicht, wenn das Vertrauensverhältnis durch tief greifende Vertrauensverstöße so vollends zerstört ist, dass das Vertrauen auch durch eine Abmahnung nicht wieder hergestellt werden kann.

2.8.2.1 Beendigung durch außerordentliche Kündigung des Unternehmers

Die häufigsten Gründe von Unternehmen für die Aussprache einer außerordentlichen Kündigung des Handelsvertreters sind sehr wahrscheinlich der Verstoß gegen das Konkurrenzverbot sowie Auftragsmanipulationen und Unterschriftenfälschungen, welche sehr sensible Themen in der Vertragsbeziehung beider Seiten darstellen, und somit auch das Unternehmen in ein unangenehmes Licht rücken können. Solche Verstöße stellen in der Regel einen tief greifenden Vertrauensverlust dar, weswegen auch die fristlose Kündigung ohne vorherige Abmahnung rechtswirksam sein wird.

Andere Gründe für eine außerordentliche Kündigung können die grobe Vernachlässigung des Vertriebsbezirks sein, die grobe Missachtung von Weisungen des Unternehmers oder die üble Nachrede gegen Unternehmer und seinen Mitarbeitern. Darüber hinaus kann auch der Versuch einer Straftat zum Nachteil des Unternehmers oder die Gewährung unzulässiger Preisnachlässe einen wichtigen Kündigungsgrund darstellen.

2.8.2.2 Beendigung durch außerordentliche Kündigung des Handelsvertreters

Das Handelsvertreterrecht erkennt auch bei der außerordentlichen eigenen Kündigung des Handelsvertreters einen Ausgleichsanspruch zu, in Fällen wo dieser einen begründeten Anlass zur Kündigung hatte oder das Vertragsverhältnis aus Gesundheitsgründen beenden musste. Ein begründeter Anlass wird angenommen, wenn es dem Handelsvertreter durch das Verhalten des Unternehmers unzumutbar geworden ist, weiterhin seine Interessen zu vertreten, so z. B., wenn Geschäftsabschlüsse dem Handelsvertreter wiederholt nicht gemeldet oder gar heimlich und arglistig selbst getätigt werden. Ferner begründen einseitig vorgenommene Kürzungen der Provision durch den Unternehmer oder die vollständige Weigerung der Provisionsauszahlung eine außerordentliche Kündigung. Darüber hinaus können wiederholt unberechtigte Provisionseinbehalte, das vorsätzlich schlecht ausgeführte Geschäft, oder die zuvor unberechtigte außerordentliche Kündigung durch den Unternehmer als begründet angesehen werden. Die altersbedingte Kündigung des Handelsvertretervertrages berührt den Ausgleichsanspruch nicht, wenn der Handelsvertreter das gesetzliche Rentenalter erreicht hat. Soweit die außerordentliche Kündigung des Handelsvertretervertrages wegen eines schuldhaften Verhaltens der anderen Vertragspartei erfolgt, hat der Kündigende gem. § 89a Abs. 2 HGB zudem einen

Anspruch auf Schadensersatz, allerdings regelmäßig nur bis zum Ende der ordentlichen Kündigungsfrist, soweit nicht auf das Recht zur ordentlichen Kündigung verzichtet wurde.

2.8.3 Beendigung des Handelsvertretervertrages aufgrund Ablaufs der Befristung

In Fällen, in denen der Handelsvertretervertrag nur auf eine vorher festgelegte Zeit abgeschlossen wurde, endet er mit dem Ablauf der vertraglichen Befristung, ohne dass es einer Kündigungserklärung bedarf. Im Übrigen wäre eine ordentliche Kündigung zu einem früheren Termin nicht zulässig. Eine solche vertragliche Befristung wird meistens mit Ablauf eines bestimmten Zeitraums oder Datums abgeschlossen (z. B. eine Befristung auf 3 Jahre oder Beendigung zum 30.06.2019), kann aber auch vom Eintritt eines bestimmten Ereignisses abhängig gemacht werden, so z. B. das Erreichen eines bestimmten Lebensalters oder des gesetzlichen Rentenalters des Handelsvertreters.

Mit dem Tod des Handelsvertreters endet im Regelfall der Handelsvertretervertrag, dies ist aber nicht der Fall mit dem Tod des Unternehmers. Der Handelsvertreter kann darauf vertrauen, dass der neue Geschäftsführer des Unternehmens die Vertragsbeziehung weiter einhält. Sollte er aber eine Vertragsbeziehung nicht weiter wünschen, so kann der Tod des bisherigen Unternehmers einen wichtigen Grund darstellen, der ihn zur Kündigung berechtigt. Beim Tod des Handelsvertreters haben dessen Erben ggf. einen Anspruch auf Handelsvertreterausgleich gegen den Unternehmer.

Darüber hinaus sind sogenannte Kettenverträge, bei denen eine Befristung der nächsten folgt, unzulässig. Nach gängiger Rechtsprechung stellen sich solche Verträge als ein einziger Vertrag mit unbefristeter Laufzeit dar, sodass für die Kündigung die gesetzlichen Kündigungsfristen gelten, d. h., in Abhängigkeit von der Gesamtdauer.

2.8.4 Beendigung des Handelsvertretervertrages durch Insolvenz

Der Handelsvertretervertrag endet ohne Kündigung, wenn über das Vermögen des Unternehmens das Insolvenzverfahren, gemäß §§ 115, 116 InsO, eröffnet wurde. Im Gegensatz dazu endet das Vertragsverhältnis zwischen Handelsvertreter und Unternehmen nicht automatisch, wenn das Insolvenzverfahren über das Vermögen des Handelsvertreters eröffnet wird. Allerdings kann in solch einem Fall, je nach Vertragsgestaltung, das Insolvenzverfahren eine Kündigung aus Wichtigen Grund rechtfertigen. Es stellt sich nun die Frage, ob der Handelsvertreter dennoch einen Anspruch auf Handelsvertreterausgleich hat, oder ob die Insolvenzeröffnung diesen verwirkt. Die Antwort gibt § 89b Abs. 3, Nr. 2 HGB, demnach dieser Anspruch nur dann verwirkt wird, wenn ein Verschulden seitens des Handelsvertreters existiert. In den meisten Situationen wird dies nicht der Fall sein, sodass der Anspruch auf Handelsvertreterausgleich auch nach Insolvenzeröffnung besteht.

2.8.5 Verjährung

Ansprüche aus dem Vertragsverhältnis des Handelsvertreters unterliegen der Regelverjährung des § 195 BGB und verjähren **innerhalb von drei (3) Jahren.** Die Verjährung beginnt mit dem Schluss des Jahres, in dem der Anspruch entstanden ist und der Gläubiger von den Umständen, die den Anspruch begründen, Kenntnis erlangt hat. In Fällen hingegen, wo es dem Gläubiger nicht möglich war, Kenntnis von diesen Umständen zu erlangen und ihm keine Fahrlässigkeit diesbezüglich vorzuwerfen ist, verjähren die Ansprüche innerhalb von zehn (10) Jahren ab ihrer Entstehung.

Das deutsche Handelsvertreterrecht lässt es grundsätzlich zu, die Verjährungsfrist bis auf sechs (6) Monate zu verkürzen, dies darf jedoch nicht zu einer Beeinträchtigung der schutzwürdigen Belange einer Partei führen. Sollten sich die Vertragsparteien auf eine Verkürzung der Verjährungsfrist einigen, ist unbedingt darauf zu achten, dass hierdurch beim Ausgleichsanspruch die Frist zur Geltendmachung von einem Jahr nicht verkürzt wird, da die Regelung des Ausgleichs nicht zum Nachteil des Handelsvertreters anderweitig verändert werden darf. Eine solch kurz bemessene Vereinbarung der Verjährung kann daher dann zum Problem werden, wenn die Ansprüche bereits zu einem Zeitpunkt verjähren würden, zu dem der anspruchsberechtigte Handelsvertreter von ihnen noch eine Kenntnis hatte. Die Folge daraus wäre die Unwirksamkeit der Regelung. Generell wird von einer einvernehmlichen Vereinbarung auf Verkürzung der Verjährungsfrist von weniger als einem (1) Jahr abgeraten.

2.9 Ausgleichsanspruch

Die Anspruchsgrundlage des Handelsvertreters auf einen Ausgleichsanspruch gegen den Vertragspartner nach Beendigung des Vertrages ergibt sich aus § 89b HBG. Dieser Anspruch kann vertraglich **nicht ausgeschlossen werden,** da der Unternehmer in der Regel auch nach Beendigung auf die Leistung des Handelsvertreters zurückgreifen kann. Wichtig zu erwähnen ist die Tatsache, dass der Ausgleichsanspruch nur hauptberuflich tätigen Handelsvertretern zusteht, ein nebenberuflich tätiger Handelsvertreter ist nicht ausgleichsberechtigt. Um anspruchsberechtigt zu sein, muss der Handelsvertreter die ihm obliegende Vermittlungs- und Abschlusstätigkeit allerdings nicht unmittelbar persönlich ausgeführt haben, es reicht aus, wenn diese Tätigkeit mittelbar von ihm ausgeübt wurde und er beim Absatz der Ware lediglich mitgewirkt hat, so zum Beispiel unter Zuhilfenahme von Untervertretern, ohne zu den Kunden des vertretenen Unternehmens in direkte Beziehungen zu treten. Es muss sich aber um eine tatsächlich ausgeübte Vermittlungs- und Abschlusstätigkeit handeln, eine reine Tätigkeit als Propagandist fällt hier ausdrücklich nicht drunter. Nicht nur die Vermittlung- und Abschlusstätigkeit von Waren berechtigt zu einem Ausgleichsanspruch, auch Versicherungsvertreter sind ausgleichsberechtigt, wenn sie gemäß § 89b Abs. 5 HBG als selbstständige Gewerbetreibende ständig damit betraut sind, für einen anderen Unternehmer Versicherungsverträge zu vermitteln oder in dessen Namen abzuschließen. Versicherungsmakler oder Makleragenten dagegen sind nicht ausgleichsberechtigt, da das Maklerrecht einen solchen Ausgleichsanspruch nicht vorsieht.

2.9.1 Voraussetzungen des Ausgleichsanspruchs

Der Ausgleichsanspruch ist ein zentrales Merkmal des Handelsrechts in Deutschland, um den vom Handelsvertreter aufgebauten Kundenstamm nach Beendigung des Vertragsverhältnisses angemessen zu berücksichtigen. Gemäß § 89b Abs. 1 HGB sieht das Handelsvertreterrecht drei Voraussetzungen vor, die erfüllt sein müssen, damit dieser ausgleichsberechtigt ist:

- Das Handelsvertreterverhältnis muss beendet sein;
- dem Unternehmer müssen auch nach Beendigung des Vertragsverhältnisses erhebliche Vorteile zufließen;
- die Zahlung des Ausgleichs muss der Billigkeit entsprechen, wobei alle Umstände, insbesondere die dem Handelsvertreter entstehenden Provisionsverluste, zu berücksichtigen sind.

Die Rechtsnorm des Ausgleichsanspruchs ist eher kompliziert, und beschäftigt die Gerichte immer wieder, da es sich gerade bei Vertragsbeendigung ergibt, und sich die Parteien in ihren Standpunkten womöglich bereits entfernt haben. Die Bestimmungen des § 89b Abs. 1 HGB regeln die gesetzlichen Voraussetzungen für den Handelsvertreterausgleich, somit steht dem Handelsvertreter ein Ausgleich zu, wenn

> der Unternehmer aus der Geschäftsverbindung mit neuen Kunden, die der Handelsvertreter geworben hat, auch nach Beendigung des Vertragsverhältnisses erhebliche Vorteile hat und die Zahlung eines Ausgleichs unter Berücksichtigung aller Umstände, insbesondere der dem Handelsvertreter aus Geschäften mit diesen Kunden entgehenden Provisionen, der Billigkeit entspricht.

Entscheidend für eine Ausgleichszahlung wird also die Frage sein, welche zu erwartenden Unternehmensvorteile sich für den Unternehmer nach Beendigung des Handelsvertretervertrages ergeben werden, unter Berücksichtigung von Billigkeitsüberlegungen. Der Kundenstamm der nach Beendigung der Geschäftsbeziehung vom Unternehmen übernommen wird, kann für den Handelsvertreterausgleich nur dann relevant sein, wenn daraus erhebliche Vorteile für ihn resultieren. Was ist in diesem Zusammenhang unter „erhebliche Vorteile" zu verstehen?

2.9.1.1 Erhebliche Vorteile des Unternehmers

Erhebliche Vorteile im Sinne des § 89b Abs. 1 Nr. 1 HGB sind demnach Geschäftsverbindungen, welche aus neuen, vom Handelsvertreter geworbenen Kunden resultieren. Der Wortlaut lässt nicht nur bilanzmäßige laufende Geschäftsgewinne zu, sondern auch die durch den Vertreter geschaffene Erhöhung des Firmenwertes für den Unternehmer, wenn dieser z. B. ein höheres Entgelt bei der Betriebsveräußerung erzielen kann. Dies kann dann der Fall sein, wo sich der Firmenwert sehr stark nach der Anzahl von Stammkunden richtet. Voraussetzung ist aber in jedem Fall, dass die Wertsteigerung des Unternehmens unmittelbar mit der Schaffung bzw. erheblichen Ausweitung eines Kundenstammes zusammenhängen muss. Erzielt der Unternehmer bei der Veräußerung des Unternehmens nur deshalb einen höheren Preis, weil er den Gewinn, den er aus den vom Handelsvertreter vermittelten Geschäften erzielen konnte, in neuen Maschinen und anderen Investitionen anlegte, so kann der Handelsvertreter aus dieser Wertsteigerung keinen Ausgleichsanspruch herleiten. Was aber ist nun der Maßstab für einen *erheblichen* Vorteil?

Ob ein Vorteil des Handelsvertreters für das Unternehmen *erheblich* ist, bestimmt sich nicht nach dem Gesamtumsatz oder den insgesamt erzielten Gewinn für das Unternehmen, sondern ausschließlich nach der Leistung des Vertreters, d. h., ausschlaggebend ist allein der Umsatz bzw. Gewinn aus der Tätigkeit des ausgeschiedenen Vertreters. Ein erheblicher Unternehmensvorteil kann auch dann bejaht werden, wenn sich das auftraggebende Unternehmen noch im Aufbau befindet oder sich derzeit in einer Krise befindet, und somit selbst ohne Gewinn arbeitet. Entscheidend hierbei ist die Ertragslage, welche ohne die erfolgreiche Tätigkeit des Handelsvertreters noch negativer ausgesehen hätte. Die Leistungen und Erfolge aus der Tätigkeit des Vertreters müssen in diesem Zusammenhang nicht überdurchschnittlich sein, um einen Anspruch zu begründen, erhebliche Vorteile können sich durchaus auch aus durchschnittlichen Vertreterleistungen ergeben. Im Gegensatz dazu können geringfügige Vorteile, die sich aus der Tätigkeit des ausscheidenden Vertreters resultieren, nicht berücksichtigt werden, ungeachtet des Gesamtgewinns des Unternehmens.

2.9.1.2 Grundsatz der Billigkeit

Zusätzlich zu der Frage der zu erwartenden Unternehmensvorteile nach Beendigung des Handelsvertretervertrages, wird auch die **Berücksichtigung von Billigkeitsüberlegungen** entscheidend für den Anspruch einer Ausgleichszahlung sein. Daraus folgt, dass der Billigkeitsgrundsatz ein wesentlicher ist und auf jeden Fall geprüft werden muss, auch wenn die Vorteile des Unternehmers aus der Tätigkeit des Handelsvertreters bereits vorliegen oder klar festgestellt wurden. Er ist demnach eine selbstständige Anspruchsvoraussetzung und zentrales Kriterium für die gesetzliche Ausprägung des Ausgleichsanspruchs. Die Bedeutung des Billigkeitsgrundsatzes besteht darin zu verhindern, dass dem Handelsvertreter ein unangemessen niedriger oder ein unangemessen hoher Ausgleich zufließt. Die Bewertung von Billigkeitsumständen ist häufig schwierig und es bestehen häufig Meinungsverschiedenheiten zwischen den Vertragsparteien, weil unklar ist, welche Umstände überhaupt berücksichtigungsfähig sind. Ausgehend von einem Vergütungscharakter für Leistungen des Handelsvertreters aus der Zeit seiner vertraglichen Tätigkeit für den Unternehmer, können für die Billigkeitsprüfung im Prinzip nur solche Umstände von ursächlicher Bedeutung sein, die sich unmittelbar aus dem Vertragsverhältnis ergeben und mit den Vorteilen des Unternehmers sowie den Verlusten des Handelsvertreters in Beziehung stehen. Daraus folgt, dass vertragsfremde und nur die private Sphäre betreffende Umstände, (beispielsweise das Alter, die Persönlichkeit der Beteiligten, die Vermögens- und Versorgungslage oder der Gesundheitszustand) diese Voraussetzungen in der Regel nicht erfüllen können. Es muss aber festgestellt werden, dass es in Einzelfällen nicht ausgeschlossen werden kann, dass das Gericht die allgemeine wirtschaftliche Lage oder die sozialen Verhältnisse der Vertragsparteien berücksichtigt und bewertet. Dies kann dann der Fall sein, wenn der Unternehmer etwa darlegen kann, dass die Zahlung eines größeren Ausgleichsbetrages die Weiterführung seines Betriebes gefährden würde.

Es muss aber klar festgestellt werden, dass etwaige Anspruchsansätze über die Arbeitsintensität keine Rolle in diesem Zusammenhang spielen werden. So ist die vom vergütungsberechtigten Handelsvertreter erbrachte Leistung durch besonders intensive Arbeit kein Maßstab, um die Zahlung aufgrund von Billigkeit durchzusetzen, insbesondere dadurch nicht, als dass sich Verkaufsbegabung, Kontaktfähigkeit und Arbeitsweise erheblich vom jeweiligen Personentyp unterscheiden. Insofern kommt es einzig auf den tatsächlichen Erfolg an. Andererseits wird allerdings eine etwaige Versorgungszusage des Handelsvertreters durch den Unternehmer im Rahmen des Billigkeitsgrundsatzes zu berücksichtigen sein und zu einer Ausgleichsminderung führen.

2.9.1.3 Provisionsverluste

Der Gesetzgeber erlaubt es Handelsvertretern, ihre Provisionsverluste auszugleichen, für solche Verdienstmöglichkeiten, die in einem überschaubarem Zeitraum von 2 bis 5 Jahren theoretisch noch zugeflossen wären, wenn das Vertragsverhältnis nicht beendet worden wäre. Damit wird eine weitere fiktive Tätigkeit des Handelsvertreters trotz Vertragsbeendigung unterstellt, für welche er sich noch für mögliche Vermittlungs- oder Folgeprovisionen aus neu geworbenen Kunden entschädigen lassen kann. Folgeprovisionen entstehen, wenn der Unternehmer ohne Einschaltung des Handelsvertreters mit einem von diesem neu geworbenen Kunden ein Folgegeschäft abschließt. Auf andere Provisionen, welche nicht unmittelbar auf das Zustandekommen eines Vermittlungsgeschäfts ausgerichtet sind, wie z. B. die Inkasso-, Lagerhaltungs-, oder Regalserviceprovision, hat der Handelsvertreter keinen Anspruch. Für die Beurteilung des Verlustzeitraums wird die regelmäßige Entwicklung der Geschäftsbeziehungen in den letzten Jahren des Handelsvertreterverhältnisses herangezogen werden.

2.9.1.4 Vereinbarungen zur Sprunghaftung

Häufig vorkommende Vereinbarungen zur Sprunghaftung bei vermittelten Abonnementverträgen haben in der Vergangenheit zu Problemen geführt, da sie oft vorsahen, dass der Handelsvertreter einen Provisionsanspruch nur erhalten würde, wenn der Kunde die Ware (hier: das Abonnement) während einer festgelegten Sprunghaftungsfrist voll bezahlt hatte. Die Vereinbarungen schlossen in der Regel auch etwaige Teilprovisionsansprüche des Handelsvertreters aus, in Fällen wo der Kunde den Vertrag zumindest zum Teil erfüllte. Nach einem Urteil vom März 2015 entschied der BGH, dass eine solche Regelung in ihrer Wirksamkeit nichtig sei, da sie Provisionsansprüche vollständig ausschließen würde und somit gegen § 87a Abs. 1 S. 3 HGB i. V. m. § 139 BGB verstieße. Eine derartige Sprunghaftungsregelung entspricht nicht dem Grundsatz von Treu und Glauben, da der Provisionsanspruch sofort fällig wird, sobald der Kunde den Vertrag, auch wenn nur teilweise, erfüllt hat.

2.9.2 Ausgleichsanspruch bei besonderen Umständen

Die Frage stellt sich, ob unter Billigkeitsgesichtspunkten auch Umstände berücksichtigt werden können, die sich aus marktveränderten Umständen ergeben, so z. B. Wandlungen im Käuferverhalten oder dem Verhalten des Handelsvertreters ergeben und eine Kündigung aus wichtigem Grunde berechtigen. Solche Gesichtspunkte wären objektiv gegeben und daher vom Willen der Parteien, nicht oder in geringem Maße beinflussbar. Der BGH hat eine Billigkeitsprüfung eines Ausgleichsanspruch in Bezug auf marktveränderte Umstände abgelehnt, sodass Wandlungen im Käuferverhalten, Exportschwierigkeiten aufgrund extremer Währungsschwankungen, Spieltrieb der Kunden, aber auch veränderte Modetrends keine Berücksichtigung finden können. Ein schuldhaftes Verhalten des Handelsvertreters allerdings, das zu einer berechtigten Kündigung aus wichtigem Grund berechtigen würde, hat der BGH in der Vergangenheit unter den vorhandenen Billigkeitsgrundsätzen ausgleichsmindernd berücksichtigt. Auch hier wird wieder deutlich, dass es von der jeweiligen Situation abhängen wird; der wichtige Kündigungsgrund, der den Unternehmer zur fristlosen Kündigung berechtigt, wird in Fällen eines vorsätzlich schuldhaften Verhaltens seitens des Handelsvertreters zu einer Ausgleichsminderung berechtigen.

2.9.2.1 Vertragswidriges Verhalten des Vertreters aufgrund einer Konkurrenztätigkeit

In der Praxis kommt es immer wieder zu Vorwürfen seitens des Unternehmers, dass der Vertragshändler vertragswidrig gegen das Konkurrenztätigkeitsverbot verstoßen habe und mit der Kündigung aus wichtigem Grund zu rechnen hat. Wird die Vertragswidrigkeit bestätigt bzw. in einem Urteil festgestellt, so entfällt der Ausgleichsanspruch, wie bereits oben erwähnt. Was passiert aber in Fällen, in denen der Unternehmer keine Kündigung ausspricht? Der BGH hat in Fällen, in denen der Handelsvertreter vertragswidrig neben seiner eigentlichen Tätigkeit auch für ein Konkurrenzunternehmen tätig geworden ist, auch hier eine Anspruchsminderung des Ausgleichs im Rahmen der Billigkeitserwägung bejaht. Im Grunde folgen solche Urteile dem Willen des Gesetzgebers, der im schuldhaft herbeigeführten vertragswidrigen Verhalten des Handelsvertreters einen Ausschluss des Ausgleichsanspruchs vorsieht, auch wenn vom Unternehmer keine Kündigung ausgesprochen wurde. Es handelt sich dabei um einen Umstand, der nach dem Aufbau des Gesetzes mit der Rechtsnatur des Ausgleichsanspruchs im Zusammenhang stehe und daher bei der Entscheidung über den Ausgleichsanspruch im Rahmen der Billigkeitserwägungen zu berücksichtigen ist.

2.9.2.2 Mangelhafte Vermittlungserfolge des Handelsvertreters

Es kommt mitunter durchaus vor, dass es Handelsvermittlern objektiv nicht gelingt, die in sie gesetzte Erwartungshaltung bezüglich Umsatzentwicklung zu erfüllen, sodass während der vertraglichen Tätigkeit der Umsatz nicht gehalten werden kann und sogar absinkt. Diese Tatsache kann sich unter Billigkeitsgesichtspunkten ausgleichsmindernd auswirken, sofern feststeht, dass diese negative Umsatzentwicklung auf Umstände beruht, die vom Handelsvertreter zu verantworten sind. Gründe dafür können sein, dass sich der Handelsvertreter über eine bestimmte Zeit vor der Vertragsbeendigung womöglich nicht mehr so intensiv für den Unternehmer eingesetzt hat, oder er seine alten Kunden schuldhaft vernachlässigt hatte und diese deshalb zur Konkurrenz abgewandert sind. Aber auch hier wird es auf den Einzelfall ankommen, denn der Verlust des Unternehmers von Kunden, die dem Vertreter zur Betreuung zugewiesen wurden, kann dem Handelsvertreter nach Beendigung des Vertretervertrages nicht grundsätzlich zur Last gelegt werden. Ein Vertretervertrag, der einzig auf die Unternehmensvorteile aus Geschäftsverbindungen mit vom Handelsvertreter geworbenen Neukunden abzielt, kann keine Minderung des Ausgleichsanspruchs bei einer Vernachlässigung der Altkunden herleiten, da er auf die Geschäftsbeziehung mit Altkunden nicht abgerichtet war und somit diese Vernachlässigung außer Betracht bleiben muss. Anders verhält es sich allerdings, wenn auch die Betreuung der existierenden Kunden Bestandteil des Handelsvertretervertrages war, und der Handelsvertreter unter Verletzung seiner Vertragspflichten die alten Kunden schuldhaft vernachlässigt hätte; unter diesen Umständen kann ist es unter Gesichtspunkten der Billigkeit nur recht sein, das Verhalten des Handelsvertreters zu berücksichtigen und somit seinen Ausgleichsanspruch zu mindern.

2.9.3 Dauer der Vertretertätigkeit

Die Frage, ob eine verhältnismäßig kurze Vertragsdauer unter dem Grundsatz der Billigkeit den Unternehmer berechtigt, den Ausgleichsanspruch des Handelsvertreters zu mindern, ist immer wieder Grund für Diskussionen, da der Handelsvertreter zu argumentieren versuchen wird, dass ihm die kurze Vertragsdauer nicht zum Nachteil ausgelegt werden sollte, da das Ergebnis seiner Arbeit bei einer längeren Vertragsdauer sich sehr wahrscheinlich voll ausgeprägt und bemerkbar gemacht hätte. Der Unternehmer auf der anderen Seite wird erfahrungsgemäß versuchen, das Ganze zu negieren und eine Minderung des Ausgleichsanspruchs durchzusetzen. Die Rechtsprechung des BGH sieht in diesem Zusammenhang keinen Anlass, den Ausgleich zu mindern und billigt dem Handelsvertreter das gesetzliche Höchstmaß des Ausgleichsanspruchs zu. Dies ist unter dem Hintergrund zu sehen, dass dem Handelsvertreter durch die Kündigung nach verhältnismäßig kurzer Vertragsdauer die Möglichkeit genommen wird, den Provisionsdurchschnitt zu verbessern.

In diesem Zusammenhang ergibt sich eine ähnliche Fragestellung auch bei einer verhältnismäßig langen Vertragsdauer, und auch hier wird der Handelsvertreter argumentieren, dass er doch seine ganze Arbeitskraft über viele Jahre dem Unternehmer gewidmet habe, und somit seine Arbeit durch die in dieser Zeit gezahlten Provisionen allein nicht voll abgegolten sei, sodass eine nochmalige Berücksichtigung der Vertragsdauer gerechtfertigt wäre. Der BGH hat auch hier mit demselben Grundsatz wie oben festgestellt, dass sich die lange Dauer eines Handelsvertretervertrages nicht zugunsten des Vertreters auswirken könne, denn wenn der Handelsvertreter in mehreren Jahrzehnten insgesamt hohe Einnahmen aus den von ihm vermittelten Geschäftsverbindungen bezogen habe, dann seien die Unternehmervorteile in der langen Vertragszeit entsprechend hoch gewesen und damit abgegolten. Aus der Gegenüberstellung dieser BGH-Urteile kann im Grunde gesagt werden, dass die Dauer des Vertragsverhältnisses im Rahmen des Billigkeitsgrundsatzes von untergeordneter Bedeutung ist.

2.9.4 Ausgleichsanspruch für Untervertreter

Grundsätzlich erhalten die für den selbstständigen Handelsvertreter gemachten Ausführungen auch für Untervertreter Geltung, sofern diese als selbstständige und hauptberufliche Vertreter im Sinne des § 84 Abs. 1 HGB anzusehen sind. Der Untervertreter ist folglich genauso ausgleichsberechtigt, sobald sein Untervertretervertrag endet, allerdings gilt es diesbezüglich zu prüfen, gegen welche Partei im Einzelfall der Ausgleichsanspruch besteht. Generell wird zwischen „*unechten*" und „*echten*" Untervertretern unterschieden:

- als unechter Untervertretervertrag wird die Vertragsbeziehung zwischen Untervertreter und Unternehmer bezeichnet, bei der letzterer einem anderen Vertreter des Unternehmens organisatorisch unterstellt ist. So kann in solchen Situationen der übergeordnete Beauftragte ein erfahrener selbstständiger Handelsvertreter oder gar ein Angestellter des Unternehmens sein. Dem übergeordneten Vertreter in der Außendienstorganisation wird in derartigen Fällen die Betreuung der Untervertreter als Generalagent, Generalvertreter oder Bezirksvertreter übertragen sowie die Zuständigkeit für die Organisation und den weiteren Aufbau der Untervertreterstruktur.
- ein echter Untervertretervertrag liegt vor, wenn der Vertrag zwischen dem Handelsvertreter als Hauptvertreter und dem Untervertreter abgeschlossen wird, wobei der Hauptvertreter ein selbst vertretener Unternehmer im Sinne des § 84 Abs. 3 ist. Der Hauptvertreter unterzeichnet somit die Vertragsbeziehung mit dem Untervertreter im

eigenen Namen und nicht in Vollmacht des von ihm seinerseits vertretenen Unternehmens.

Bei der Beendigung eines unechten Untervertretervertrages entsteht somit ein Ausgleichsanspruch gegen den vertretenen Unternehmer, während bei Beendigung eines echten Untervertretervertrages ein Ausgleichsanspruch nur gegenüber dem Hauptvertreter als Vertragspartner des Unternehmervertreters in Betracht kommen kann. Gewisse ausgleichsrechtliche Besonderheiten können sich aber bei unechten Untervertretern dann ergeben, wenn dem Untervertreter übergeordnete Vertreter am Vermittlungserfolg des Untervertreters durch Superprovisionen beteiligt sind, sodass sich für den Hauptvertreter bei Beendigung seines eigenen Vertragsverhältnisses auch Ausgleichsansprüche aus den Provisionen der Untervertreter ergeben könnten. Mit Superprovisionen soll demnach die mitwirkende Vermittlungstätigkeit des Hauptvertreters honoriert werden, die sich in den Erfolgen der ihm unterstellten Untervertreter auswirkt. Bemessungsgrundlage hierfür ist der Vermittlungserfolg der Untervertreter und setzt voraus, dass der Hauptvertreter mittelbar oder unmittelbar am Vermittlungserfolg des Untervertreters beteiligt war. In Fällen, wo eine Beteiligung des Hauptvertreters nicht ersichtlich ist, bzw. die jeweiligen Abläufe sich so verselbstständigt haben, dass von einer Mitwirkung des Hauptvertreters nicht mehr gesprochen werden kann, stellt sich die Frage, ob demnach dem Hauptvertreter Superprovisionen oder Ausgleichsansprüche zustehen wurden.

Obwohl in Fällen, in denen der Hauptvertreter den Vermittlungserfolg des Untervertreters nicht mit verursacht hat, eine Superprovision als unverhältnismäßig in Bezug zu seiner Tätigkeit betrachtet werden kann, ist sie dennoch in der vertraglich vereinbarten Höhe auszuzahlen, immer davon ausgehend, dass es eine solche Provisionsvereinbarung gibt. Ein auf die Superprovision gestützter Ausgleichsanspruch allerdings würde dem Grundsatz der Billigkeit widersprechen und hätte unter den oben erwähnten Billigkeitsgesichtspunkten keinen Erfolg, berücksichtigt zu werden.

2.10 Handelsvertreter mit Auslandsberührung

Aufgrund der EG-Harmonisierungsrichtlinie vom Dezember 1986 haben sich weitgehend **übereinstimmende gesetzliche Regelungen des Handelsvertreterrechts innerhalb der EU** herausgebildet, sodass dem innerhalb der EU-Gemeinschaft tätigen Handelsvertreter, ebenso wie nach deutschem Recht, ein Anspruch auf Entschädigung für den Fall der Beendigung des Handelsvertretervertrages zusteht. Die Richtlinie lässt allerdings regionale und nationale Besonderheiten in Bezug auf die Entschädigung zu, mit sehr unterschiedlichen Rechtfolgen; so sieht französische oder britische (England und Wales) Gesetzgebung vor, dass der Handelsvertreterausgleich in Form eines Schadensersatzes ohne eine Begrenzung der Höhe zu leisten sei, während deutsche oder österreichische Gesetzgebung den Ausgleichsanspruch vorsieht, der gemäß § 89b Abs. 2 HGB, der Höhe nach begrenzt ist. Eine Niederlassung innerhalb der EU wird somit die jeweilige ausländische Bestimmung zur Geltung bringen, sodass genauestens abzuwägen ist, welche Form des Ausgleichs die bessere Lösung darstellt. Die Abdingbarkeit des Ausgleichsanspruchs ist innerhalb der Gemeinschaft ausgeschlossen. Es stellt sich in diesem Zusammenhang die Frage, ob der Handelsvertreterausgleich auch für den Vertreter Gültigkeit findet, der außerhalb der EU tätig ist, z. B. in der Schweiz, der Russischen Föderation, den USA, der Türkei oder den Vereinigten Arabischen Emiraten. Die jeweilige Situation soll in einem kurzen Überblick dieser Länder näher erläutert werden.

2.10.1 Schweiz

Das Handelsvertreterrecht ist im Obligationsrecht des Art. 418 ff. geregelt und weist ähnliche Charakteristiken wie das deutsche HGB auf. Der Handelsvertreter kann jede natürliche oder juristische Person sein, er vermittelt Waren und Dienstleistungen an Dritte, und hat Anspruch auf die vereinbarte Vermittlungs- und Abschlussprovision für alle Geschäfte, die während der Vertragsbeziehung vermittelt oder abgeschlossen wurden. Ein Provisionsanspruch steht ihm zu, wenn ihm ausschließlich ein bestimmtes Vertragsgebiet bzw. Kundenkreis zugewiesen ist, und es zu Geschäftsabschlüssen innerhalb dieses Gebietes oder den zugewiesenen Endkunden kommt. Voraussetzung ist die exklusive Beauftragung des Unternehmers zur Betreuung des definierten Vertragsgebiets oder der zugewiesenen Kunden. Darüber hinaus hat der Handelsvertreter einen Anspruch auf Ausgleich (Kundschaftsentschädigung), wenn er durch seine Tätigkeit den Kundenkreis des Unternehmers wesentlich erweitert und aus dem akquirierten Kundenkreis, auch nach Auflösung des Agenturverhältnisses, erhebliche Vorteile entstehen. Wie nach deutschem Recht darf der Handelsvertreter das Vertragsverhältnis nicht vorher aus Gründen, die er zu vertreten hat, beendet haben. Die Höhe der Entschädigung ist auf den durchschnittlichen Nettojahresverdienst begrenzt.

2.10.2 Russische Föderation

Die Vertriebsform des Handelsvertreters ist in der Russischen Föderation noch nicht so weit verbreitet wie in den westlichen europäischen Ländern, da der allgemeine Teil des Zivilgesetzbuches diese Vertriebsform noch nicht so lange aufführt und den Begriff des Handelsvertreters nur unzureichend regelt. Dementsprechend hat das Handelsvertreterrecht in der Russischen Föderation noch nicht dieselbe Bedeutung erlangt. Handelsvertreter ist, gemäß Art. 184 ZGB (ГРАЖДАНСКИЙ КОДЕКС РОССИЙСКОЙ ФЕДЕРАЦИИ), wer ständig damit betraut ist, für einen anderen Unternehmer Geschäfte abzuschließen und dabei berechtigt ist, eine Provision für seine Arbeit zu verlangen. Das Gesetz erlaubt es ihm gleichzeitig sowohl für den Käufer als auch für den Verkäufer tätig zu sein, und auch von beiden Seiten Bezahlung für seine Arbeit zu verlangen (Art. 184 Abs. 2 ZGB). Wie nach deutschem Recht unterliegt der Handelsvertreter der

Schweige- und Geheimhaltungspflicht, dem Konkurrenzverbot und hat seine Tätigkeiten mit der Sorgfalt eines ordentlichen Kaufmanns zu verrichten. Im Gegensatz dazu bedarf der Handelsvertretervertrag, anders als in Deutschland, der Schriftform und muss alle Rechte und Pflichten der Parteien enthalten. Darüber hinaus muss der Handelsvertreter den Status eines unabhängigen Einzelunternehmers haben, und sich dementsprechend durch den örtlichen Steuerdienst registrieren lassen. Dem deutschen Hersteller bzw. Lieferanten wird eine solche Registrierung allerdings wenig rechtliche Sicherheit bringen, da der Einzelunternehmer per Gesetz lediglich eine unternehmerische Tätigkeit durch eine natürliche Person darstellt. Daher empfiehlt es sich, präzise vertragliche Regelungen bezüglich Vergütung, Exklusivität, Vertraulichkeit oder Zugang zu Kundendaten zu treffen. Interessant für den deutschen Unternehmer wird aber das Fehlen des Ausgleichsanspruchs für den in Russland tätigen Handelsvertreter sein, da dadurch eine Vereinbarung nach russischem Recht durchaus in Erwägung gezogen werden kann. Sollte keine gesonderte Vereinbarung hierüber getroffen worden sein, wird dem vor Ort arbeitenden Handelsvertreter kein Ausgleichsanspruch zustehen. Für die Vertragsbeendigung wird mangels gesetzlicher Regelung auf die Auftragsvorschriften zurückgegriffen werden müssen, sodass Verträge gemäß Art. 977 Abs. 3 ZGB mit einer Frist von mindestens 30 Tagen gekündigt werden können, vorausgesetzt es sind keine längere Frist vorgesehen. Ein Ausschluss des gesetzlichen Kündigungsrechts wird als nichtig zu betrachten sein.

2.10.3 USA

Gerade in den USA ist der ortskundige Handelsvertreter (sales representative/sales agent) aufgrund einschlägiger bundes- und einzelstaatlicher Regelungen und der damit verbundenen Risiken beim Absatz der eigenen Produkte und Waren unerlässlich. Handelsvertreter ist, wer ständig damit betraut ist, für einen anderen Unternehmer Geschäfte zu vermitteln oder abzuschließen; zu beachten hierbei ist die Tatsache, dass ein Handelsvertretervertrag bereits bei Ausübung der Tätigkeit bzw. bereits bei der der mündlichen Einigung der Zusammenarbeit eingegangen wird, ohne dass bereits ein schriftlicher Vertrag unterzeichnet wurde. Kommt es bei einer mündlich vereinbarten Handelsvertretertätigkeit zu Streitigkeiten, bevor es zu einer schriftlich fixierten Vereinbarung gekommen ist, werden US-Gerichte tendenziell dazu neigen, zugunsten des Handelsvertreters zu entscheiden, wenn das ausländische Unternehmen keinen schriftlichen Vertrag vorlegen kann. Daher ist eine schriftliche Vereinbarung so schnell und so präzise wie möglich vorzunehmen. Das US-Recht kennt dem Grunde nach keinen Ausgleichsanspruch für den Handelsvertreter nach Vertragsbeendigung, jedoch wird häufig besonders bei langjähriger Tätigkeit des Handelsvertreters für ein und dasselbe Unternehmen ein sogenannter „Good Will" als schutzwürdige Position geschaffen, der die Zuerkennung eines Schadensersatzes erlaubt. Zu beachten ist weiterhin, dass die US-Gesetzgebung keine gesetzliche Regelung bezüglich Kündigungsfristen bei Vertragsbeendigung wie das deutsche

HGB kennt, sodass die Kündigungsfristen im US-Handelsvertretervertrag zwischen den Parteien individuell festzulegen sind. Darüber hinaus können Vereinbarungen bezüglich eines nachvertraglichen Wettbewerbsverbots Probleme bereiten, da solche Klauseln nicht unangemessen sein dürfen und die dem Handelsvertreter nicht die Möglichkeit vorenthalten dürfen, seinen Lebensunterhalt weiter zu verdienen. Demnach kann der deutsche Unternehmer dem US-Handelsvertreter ein nachvertragliches Wettbewerbsverbot auferlegen, es darf aber aufgrund der Größe des Landes nicht unverhältnismäßig viele Bundesstaaten oder gar das gesamte Gebiet der USA betreffen. Solche Klauseln werden in Bezug auf ihre Angemessenheit von US-Gerichten entweder insgesamt als nichtig erklärt werden, oder ihre Reichweite wird durch Gerichtsurteil so beschränkt, dass eine Rektifizierung der Benachteiligung vorgenommen wird.

2.10.4 Türkei

Der Einsatz eines Handelsvertreters (Acente) ist eine häufig genutzte Möglichkeit, um sich als Unternehmer mit ersten unternehmerischen Aktivitäten in der Türkei zu engagieren. Vom Grundsatz her gleicht das dortige Handelsvertreterrecht der Gestaltung des deutschen Rechts, es kennt alle wesentlichen Regelungen des HGB und inkludiert den Ausgleichsanspruch des Handelsvertreters bei der Einräumung von Exklusivrechten. Aufgrund der letzten Neuerungen im türkischen Handelsgesetzbuch sind besondere Regelungen in Kraft getreten, die auch für ausländische Unternehmen maßgeblich sind. So ist der türkische Handelsvertreter bevollmächtigt Erklärungen, Mahnungen und Rügen für den Unternehmer entgegenzunehmen, und kann selbst verklagt werden. Dies lässt sich bei einer Tätigkeit für einen ausländischen Unternehmer vertraglich nicht ausschließen, sodass das Unternehmen im letzteren Fall nicht immer wissen kann, dass es in der Türkei in Person seines Handelsvertreters verklagt wurde. Dieser Umstand verdeutlicht die Wichtigkeit der Vertrauensebene sowie der internen Kommunikation der Vertragsparteien. Der Handelsvertreterausgleich ist ebenfalls im neuen Handelsgesetzbuch geregelt und wird dem Handelsvertreter zugestanden, sofern ihm Exklusivrechte eingeräumt wurden. Generell sollte der Einsatz eines Handelsvertreters mit konkreten und abschließenden Vereinbarungen in Bezug auf Produkte, geografische Eingrenzungen, den Umfang der Vertriebsunterstützung durch den Unternehmer, gewerbliche Schutzrechte, Mindestumsätze, Seigerungsraten oder Kündigungsklauseln einherkommen, um Streitigkeiten und damit verbundene Prozesskosten zu vermeiden.

2.10.5 Vereinigte Arabische Emirate

Die Tätigkeit der Handelsvertreter ist für alle Emirate im Bundeshandelsvertretergesetz der Emirate gemäß VAE-HGV Nr. 18/1981 geregelt und wird durch ministerielle Verordnungen ergänzt. Demnach sind auch Franchiseverträge als Handelsvertreterverträge anzusehen. Wie in den meisten arabischen Ländern muss der Handelsvertretervertrag beim Register des Ministeriums für Wirtschaft registriert werden und mit der Importlizenz des Handelsvertreters versehen werden. Weiterhin muss der Vertrag unbedingt schriftlich abgefasst und notariell beglaubigt werden, dadurch wird dem Handelsvertreter ein relativ starker Schutz gegenüber dem Unternehmer gewährt. Gemäß Art 7. VAE-HVG besteht eine Verpflichtung zur Provisionszahlung, deren Höhe frei verhandelbar ist, für alle im Bezirk des Vertreters abgeschlossenen Geschäfte, auch für Verkäufe die im Vertragsgebiet durch den Unternehmer selbst oder Dritte vorgenommen wurden. Diese Regelung, die unabhängig von der Mitwirkung des Handelsvertreters Geltung hat, ist nicht abdingbar. Als zwingende Regelung ist zu beachten, dass der Unternehmer nur exklusive Handelsvertreterverträge für ein bestimmtes Gebiet oder eine Region vergeben darf, sodass der Vertreter dort die Alleinvertretungsmacht innehat und Gebietsschutz genießt. Bei einer vorzeitigen Vertragsbeendigung ohne einen gerechtfertigten Grund hat die benachteiligte Partei einen Schadensersatzanspruch auf entgangenen Gewinn oder Ausgleich aufgrund vorgenommener Investitionen und Aufwendungen. Wesentliche Unterschiede zum deutschen HGB bestehen in der Wahl des Gerichtsstands sowie der Rechtswahl. So ist weder die Wahl des Gerichtsstands noch die eines Schiedsgerichts möglich, entsprechende vertragliche Regelungen werden für unwirksam erklärt werden. Art. 6 VAE-HVG bestimmt die ausschließliche örtliche Zuständigkeit der lokalen Gerichte für Handelsvertreterangelegenheiten. Ebenso ist die freie Rechtswahl der Parteien eingeschränkt, da die Anerkennung eines ausländischen Rechts nur wirksam sein wird, wenn die Bestimmungen nicht gegen die Scharia, die öffentliche Ordnung oder den Grundsätzen von Treu und Glauben (wie sie in den VAE gelten) verstoßen. Dementsprechend werden sehr häufig recht eindeutige aber anderslautende Vereinbarungen der Vertragsparteien dennoch ausschließlich nach dem Recht der VAE entschieden. Auf der anderen Seite sieht das Gesetz keine zwingende Karenzentschädigung für nachvertragliches Wettbewerbsverbot oder einen Ausgleichsanspruch für den akquirierten Kundenstamm nach Beendigung des Vertragsverhältnisses vor. Ebenso fehlen gesetzliche Vorschriften bezüglich Fälligkeit der Provision oder Abrechnungsmodalitäten, sodass genaue vertragliche Regelungen ratsam sind. Grundsätzlich kann gesagt werden, dass in diesem attraktiven Markt mit seinen vielen Chancen auch schwierige rechtliche Rahmenbedingungen mit vielen Risiken enthalten sind, sodass die Zuhilfenahme von Experten sehr ratsam erscheint.

2.11 Sonstiges

Ein sehr wichtiger Aspekt, den der Handelsvertreter sehr gewissenhaft zu beachten hat, ist der Kaufvertrag, insbesondere wenn es einen internationalen Bezug in seiner Tätigkeit gibt. Daher ist es wichtig, die Grundzüge von Kaufverträgen zu kennen:

2.11.1 Wichtige Eckpunkte eines Vertrages

Ein Kaufvertrag ist die individuelle Vereinbarung von Rechten und Pflichten zwischen den beteiligten Parteien, die Waren oder Dienstleistungen gemeinsam kaufen oder verkaufen. Während Kaufverträge zwischen Vertragsparteien im gleichen Land bei Unklarheiten aufgrund der Verkehrssitten bzw. dem Handelsbrauch interpretiert werden können, müssen im Auslandsgeschäft die Geschäftspraktiken und gesetzlichen Vorschriften sowohl des eigenen Landes als auch des Auslandspartners berücksichtigt werden. Im Allgemeinen ist es sinnvoll, die Vertragsbedingungen im Rahmen internationaler Verträge klar zu regeln, anstatt fehlende Vertragsbedingungen im Wege der Auslegung nach Landesrecht oder UN-Kaufrecht zu ermitteln.

In diesem Sinne ist es wichtig, die Bedeutung von Begriffen in der Vertragsformulierung internationaler Verträge nicht zu unterschätzen, um sicherzugehen, dass die wirklich „wahre" Bedeutung auch erfasst wird. Für einen deutschen Geschäftspartner mag es ungewöhnlich erscheinen, dass englische Verträge meist sehr umfangreich und allumfassend gestaltet sind; er ist es gewohnt, dass Verträge in der Regel präzise und kurz gehalten werden. Es ist daher wichtig, dass die verschiedenen Ansätze und Unterschiede beider Geschäftsparteien bekannt sein müssen, um gemeinsam ausgewogene und für beide Seiten verständliche und akzeptable Formulierungen zu finden.

2.11.2 Zustandekommen des Vertrages

Das Zustandekommen eines Vertrages setzt in jeder Rechtsordnung eine Einigung zwischen den Parteien voraus, in der Regel kommt es zu einer Einigung durch Angebot und Annahme der Vertragsparteien. Ein Angebot muss in Bezug auf die wesentlichen Vertragsinhalte bestimmbar sein und es muss ein Rechtsbindungswille erkennbar sein; die Annahme muss von dem Angebotsempfänger erklärt werden, mit dem Willen vertraglich gebunden zu sein. Ein international anerkannter Grundsatz ist die Tatsache, dass Schweigen nicht als Erklärungsinhalt gedeutet werden darf. Es gibt allerdings Ausnahmen, wonach dem Schweigen ein Erklärungsgehalt zukommen kann; so sieht das französische Recht vor, dass ein schriftliches Angebot, eine Versicherungspolice zu ändern oder zu verlängern, angenommen wird, wenn dieses Angebot nicht binnen zehn Tagen nach Zugang zurückgewiesen wird. In ähnlicher Weise misst auch § 362 HGB dem Schweigen eines Kommissionärs Erklärungsgehalt zu, wenn er den Auftrag seines Geschäftskunden nicht erwidert.

In diesem Zusammenhang ist das kaufmännische Bestätigungsschreiben zu nennen, eine Besonderheit, die es im deutschen oder österreichischen Recht gibt. Unter der Voraussetzung, dass die Parteien bereits Verhandlungen geführt haben und dass in dem kaufmännischen Bestätigungsschreiben die Eckpunkte der Vereinbarung einmal zusammengefasst und spezifiziert wurden, gelten diese nach Abgabe des kaufmännischen Bestätigungsschreibens als vereinbart, sofern nicht vorher widersprochen wurde.

2.11.3 Notwendige Vertragsbedingungen

Bei der Gestaltung internationaler Kaufverträge ist es zweckmäßig, mit dem ausländischen Geschäftspartner jede wesentliche Bedingung des Vertragsentwurfs durchzugehen und sich zu vergewissern, wie er die Vertragsbedingungen versteht. Gerichte werden in den meisten Rechtsordnungen einen Kaufvertrag nur anerkennen, wenn folgende vier Grundbedingungen enthalten sind:

- Beschreibung der Waren nach Art, Qualität und Menge
- Lieferzeit
- Preisangabe und Währung (US-Dollar statt nur Dollar)
- Zahlungsbedingungen

Weitere wichtige Vertragsbedingungen sind:

- Vertragsbeginn
- Kosten/Gebühren für Zölle und Steuern
- Kosten/Gebühren für Versicherungen, Handling und Transport
- Verpackung
- Liefertermin und Lieferort
- Eigentumsübergang der Ware sowie Eigentumsvorbehalt
- Import-/Exportdokumente
- Rechte zur Prüfung der Ware
- Gewährleistung
- Incoterms 2010
- Rechtsmittel/Schiedsgerichtsverfahren
- Vertragsstrafen
- Höhere Gewalt/Force Majeure
- Gerichtsstand, Anzuwendendes Recht
- Salvatorische Klausel

Im Rahmen des internationalen Kaufvertrags ist es weiterhin wichtig, die Exportanforderungen sowie Risiken zu kennen und diese in den Vertragsverhandlungen zu berücksichtigen. Gesetzliche Vorschriften beider Länder sind zu beachten, die Eignung der Produkte für den ausländischen Markt und ggf. die Anpassung an den Gesetzen des

Importlandes in Bezug auf den Verbraucherschutz, den Qualitätsvorschriften oder den Bestimmungen des Umweltschutzes. Weiterhin ist bei den Vertragsverhandlungen zu klären, welche Partei für die Beschaffung der Ausfuhrgenehmigung und deren Kosten zu sorgen hat, welche Partei unter Umständen Exportrestriktionen zu beachten hat (Etikettierung, Verpackung, Schädlingsbekämpfungsmaßnahmen, Kennzeichnung), und wer eventuell anfallende Exportzölle, Gebühren oder Steuern zu zahlen hat. Sehr häufig wird all dies vernachlässigt und es kommt zu Streitigkeiten zwischen den Parteien, da keine festen Regeln für solche Vorkommnisse existieren.

2.12 Mustervertrag

Muster eines Waren-Handelsvertretervertrages:

Muster-Handelsvertretervertrag

zwischen dem Unternehmen ...

– nachfolgend Unternehmen genannt –

und

Herrn/Firma ... (Name des Handelsvertreters, Adresse)
– nachfolgend Handelsvertreter genannt –

§ 1 Rechtliche Stellung des Handelsvertreters

- Der Handelsvertreter übernimmt die Vertretung des Unternehmens im vereinbarten Vertragsgebiet. Das Recht des Unternehmens, in diesem Gebiet selbst oder durch Dritte tätig zu werden, bleibt unberührt. Die genaue Begrenzung des Vertragsgebiets ergibt sich aus dem als Anlage diesem Vertrag beigefügten Kartenausschnitt. Änderungen des Vertretungsgebiets bedürfen zu ihrer Wirksamkeit der Zustimmung der Vertragsparteien.

- Die Vertretung erstreckt sich auf sämtliche Produkte des Unternehmens, die gegenwärtig zu ihrem Produktions- und Verkaufsprogramm gehören.

- Das Unternehmen ist verpflichtet, in einer Anlage zu diesem Vertrag alle Kunden, mit denen bereits bei Vertragsbeginn dauernde Geschäftsbeziehungen unterhalten werden, aufzulisten.

- Der gesamte zum Zeitpunkt des Inkrafttretens dieses Vertrages vorhandene Kundenstamm im Vertragsgebiet wird vom Handelsvertreter zur weiteren Betreuung übernommen.

§ 2 Pflichten des Handelsvertreters

- Der Handelsvertreter hat im übertragenen Vertragsgebiet die Aufgabe, im Namen und für Rechnung des Unternehmens Verkaufsgeschäfte zu vermitteln oder abzuschließen. Dabei hat er die Interessen des Unternehmens mit der Sorgfalt eines ordentlichen Kaufmanns wahrzunehmen und sich nach besten Kräften für eine Umsatzausweitung und Umsatzsteigerung einzusetzen. Er hat die Geschäftsbeziehungen mit den potentiellen Kundendes Unternehmens zu pflegen und diese systematisch zu bearbeiten. Der Handelsvertreter ist nicht berechtigt, Inkassodienstleistungen anzubieten oder wahrzunehmen.

- Der Handelsvertreter hat dem Unternehmen von jeder Geschäftsvermittlung/von jedem Geschäftsabschluss unverzüglich Nachricht zu geben und das Unternehmen über bestehende Geschäftsanbahnungen durch Übersendung von Kopien der Korrespondenz bzw. durch Aktenvermerke zu unterrichten. Der Handelsvertreter hat darüber hinaus dem Unternehmen einmal im Monat die erforderlichen Nachrichten zu geben.

- Der Handelsvertreter ist verpflichtet, eine Kundendatei einzurichten und zu führen, und diese stets auf dem aktuellsten Stand zu halten.

- Der Handelsvertreter ist verpflichtet, die Bonität der vorhandenen oder möglichen Kunden im Rahmen seiner Möglichkeiten zu beobachten und die Bemühungen des Unternehmens zur Feststellung der Zahlungsfähigkeit zu unterstützen. Zweifel an der Bonität eines vorhandenen oder möglichen Kunden sind dem Unternehmen unverzüglich anzuzeigen.

- Der Handelsvertreter verpflichtet sich, Betriebs- und Geschäftsgeheimnisse des Unternehmens zu wahren und die Unterlagen, die sich auf diese und das Handelsvertreterverhältnis beziehen, so aufzubewahren, dass sie Dritten zu keiner Zeit zugänglich sind. Er hat über alle während der Vertragsdauer erworbenen Kenntnisse, über Geschäftsvorgänge und interne, insbesondere vertrauliche Angelegenheiten auch nach Vertragsende Stillschweigen zu bewahren.

- Die Vertretung wird dem Handelsvertreter persönlich übertragen. Er ist nicht berechtigt, die Handelsvertretung ohne ausdrückliche Zustimmung des Unternehmens auf einen Dritten zu übertragen oder die Handelsvertretung durch einen Dritten stillschweigend zu dulden; er kann aber zur Ausübung seiner Handelsvertretertätigkeit Hilfspersonen heranziehen.

- Der Handelsvertreter ist berechtigt, mit Untervertretern oder angestellten Reisenden Verträge abzuschließen, deren er sich zur Erfüllung seiner Vertragspflichten als Erfüllungsgehilfen bedienen will.

§ 3 Pflichten des Unternehmens

- Das Unternehmen hat den Handelsvertreter bei der Ausübung seiner Tätigkeit nach besten Kräften zu unterstützen und ihm stets die erforderlichen Informationen und Auskünfte zu geben. Bei der Ausübung seines Weisungsrechts hat das Unternehmen der selbstständigen Stellung des Handelsvertreters Rechnung zu tragen. Zu den erforderlichen Informationen und Auskünften gehört alles, was für die Tätigkeit und die Vergütungsansprüche des Handelsvertreters von wesentlicher Bedeutung ist (z. B. Änderungen der Produkte, der Preise, der Geschäftsbedingungen, besondere Werbemaßnahmen). Das Unternehmen ist insbesondere verpflichtet, den Handelsvertreter rechtzeitig von Betriebsumstellung, Arbeitsüberhäufung, Rohstoffschwierigkeiten oder ähnliches in Kenntnis zu setzen, damit sich der Handelsvertreter im Hinblick auf seine Vermittlungs- bzw. Abschlusstätigkeit den jeweiligen Gegebenheiten anpassen kann.

- Das Unternehmen hat dem Handelsvertreter die zur Ausübung seiner Tätigkeit erforderlichen Unterlagen (Muster, Zeichnungen, Preislisten, Werbedrucksachen, oder Geschäftsbedingungen) unentgeltlich zur Verfügung zu stellen, jeweils zu ergänzen und auf dem neusten Stand zu halten. Diese Unterlagen bleiben Eigentum des Unternehmens, soweit sie nicht bestimmungsgemäß verbraucht sind.

- Das Unternehmen hat den Handelsvertreter die erforderlichen Informationen und Nachrichten zu geben. Das Unternehmen hat dem Handelsvertreter insbesondere die Annahme oder Ablehnung eines vermittelten Geschäfts sowie die ganze oder teilweise Nichtausführung eines abgeschlossenen Geschäfts und die Gründe unverzüglich anzuzeigen, auf denen die Nichtausführung beruht. Das Unternehmen hat ihn unverzüglich zu unterrichten, wenn es Geschäfte voraussichtlich nur in erheblich geringerem Umfange abschließen kann oder will, als der Handelsvertreter unter gewöhnlichen Umständen erwarten konnte.

- Dem Handelsvertreter sind unverzüglich Kopien der mit gebietszugehörigen Kunden oder Interessenten geführten Schriftwechsel zu übersenden; über Verhandlungen und geplante Geschäfte mit gebietszugehörige Kunden oder Interessenten, die im Einverständnis des Handelsvertreters oder ohne dessen Mitwirkung geführt werden, ist der Handelsvertreter unverzüglich zu unterrichten.

- Zu den erforderlichen Informationen im Sinne des Abs. 1 gehört auch, den Handelsvertreter über geplante Kooperationen bzw. Fusionen mit anderen Firmen oder eine beabsichtigte Veräußerung oder Stilllegung des Unternehmens so rechtzeitig in Kenntnis zu setzen, dass er in seinen unternehmerischen Dispositionen - insbesondere im Hinblick auf die Ausübung seines Kündigungsrechts - nicht beeinträchtigt wird.

§ 4 Provisionspflichtige Geschäfte

- Dem Handelsvertreter steht ein Provisionsanspruch für alle von ihm vermittelten oder abgeschlossenen Geschäfte für alle Vertriebsgeschäfte im Sinne des § 87 Abs. 2 HGB und für alle Geschäfte zu, die ohne seine unmittelbare Mitwirkung mit Dritten zustande kommen, die er als Kunden für Geschäfte der gleichen Art geworben hat. Voraussetzung für den Provisionsanspruch ist, dass der Geschäftsabschluss ohne Rücksicht auf den Zeitpunkt der Ausführung der Geschäfte durch den Unternehmer während des bestehenden Vertretervertrages erfolgt.

- Für Geschäftsabschlüsse, die nach der Beendigung dieses Vertrages zustande kommen, steht dem Handelsvertreter nur dann ein Provisionsanspruch zu, wenn er das Geschäft vermittelt oder es eingeleitet oder so vorbereitet hat, dass der Geschäftsabschluss überwiegend auf seine Tätigkeit zurückzuführen ist, und das Geschäft innerhalb einer angemessenen Frist nach Beendigung des Vertragsverhältnisses abgeschlossen ist oder wenn das Angebot des Kunden zum Abschluss des jeweiligen Geschäfts vor Beendigung des Handelsvertretervertrages dem Unternehmen zugegangen ist. Der Handelsvertreter erwirbt auch keinen Provisionsanspruch für solche Geschäfte, für die ein Vorgänger nach § 87 Abs. 3 HGB Provisionen beanspruchen kann.

- Ist ein Geschäftsabschluss mit einem neuen Kunden nicht auf die ausschließliche Tätigkeit des Handelsvertreters zurückzuführen, sondern von weiteren Handelsvertretern mitverursacht worden, so ist der Provisionsanspruch anteilig auf diese aufzuteilen. Diese Aufteilung richtet sich insbesondere nach dem Umfang der Leistung, die der jeweilige Beteiligte für den Geschäftsabschluss beigetragen hat. Ob eine Teilung vorzunehmen ist und in welchem Verhältnis die Provision zu teilen ist, entscheidet das Unternehmen nach Anhörung der beteiligten Vertreter nach eigenem Ermessen unter billiger Berücksichtigung der widerstreitenden Interessen und unter Ausschluss des Rechtsweges, sofern die Beteiligten sich nicht über die Teilung der Provision einigen.

- Der Provisionsanspruch des Handelsvertreters entsteht als unbedingter Anspruch, sobald und soweit der Unternehmer das provisionspflichtige Geschäft ausgeführt hat. Bei Vorleistungspflicht des Kunden entsteht der Provisionsanspruch bereits dann, wenn und soweit der Kunde seiner Vorleistungspflicht genügt.

§ 5 Höhe der Provision

- Die Provision, die dem Handelsvertreter für alle in § 4 genannten provisionspflichtigen Geschäfte zusteht, beträgt 12 %. Auf diese Provision wird die gesetzliche MwSt. aufgeschlagen und geschuldet, soweit der Handelsvertreter mehrwertsteuerpflichtig ist.

- Grundlage der Provisionsberechnung ist der Netto-Rechnungsbetrag ohne Mehrwertsteuer, abzüglich aller vom Unternehmer gewährten oder vom Kunden in Anspruch genommenen Preisnachlässe. Barzahlungsnachlässe sind nicht in Abzug zu bringen. Dasselbe gilt für Nebenkosten (z. B. für Fracht, Porto, Zoll, Steuern usw.), es sei denn, dass die Nebenkosten dem Kunden gesondert in Rechnung gestellt werden.

§ 6 Wegfall des Provisionsanspruchs

- Der Provisionsanspruch entfällt im Falle der vollständigen oder teilweisen Nichtausführung eines abgeschlossenen Geschäfts nur dann, wenn und soweit dies auf Umständen beruht, die vom Unternehmer nicht zu vertreten sind.

- Der Provisionsanspruch entfällt auch, wenn feststeht, dass der Kunde nicht leistet; er mindert sich, wenn der Kunde nur teilweise leistet. Bereits empfangene Beträge hat der Handelsvertreter dem Unternehmen zurückzuzahlen.

- Eine Verpflichtung des Unternehmens zur gerichtlichen Geltendmachung und Vollstreckung des Erfüllungsanspruches gegenüber dem Kunden besteht nur, wenn diese Maßnahme Aussicht auf Erfolg bietet. In anderen Fällen ist das Unternehmen zur gerichtlichen Geltendmachung und zur Vollstreckung des Erfüllungsanspruches nur verpflichtet, wenn der Handelsvertreter dies verlangt und wenn er sich an den Verfahrenskosten angemessen beteiligt.

§ 7 Provisionsabrechnung

- Das Unternehmen hat über die dem Handelsvertreter zustehenden Provisionen für jeden Kalendermonat, und zwar spätestens bis zum 10. des folgenden Monats abzurechnen. In der Provisionsabrechnung sind diejenigen Provisionsansprüche (Nettoprovision) zu erfassen, die bis zum Ende des Vormonats in Folge der Ausführung des Geschäfts durch das Unternehmen als unbedingte Ansprüche entstanden sind.

- Bei der Provisionsabrechnung sind erbrachte Vorschusszahlungen zu berücksichtigen; in der Provisionsabrechnung ist die auf die Provisionen entfallene MwSt. gesondert auszuweisen.

- Der Provisionsanspruch wird zum Ende eines jeden Abrechnungsmonats fällig.

§ 8 Krankheit des Handelsvertreters

- Der Handelsvertreter hat das Unternehmen unverzüglich zu unterrichten, wenn er aus krankheitsbedingten Gründen oder sonstigen Gründen länger als 1 Woche an der Ausübung seiner Tätigkeit gehindert ist.

- Im Falle einer längeren als einwöchigen Krankheitsdauer ist der Unternehmer berechtigt, selbst oder durch Beauftragte im Vertriebsgebiet des Handelsvertreters tätig zu werden, es sei denn, der Handelsvertreter stellt durch eine geeignete Ersatzkraft die Betreuung seiner Kunden sicher. Die Tätigkeit des Unternehmens oder Dritter im Vertragsgebiet darf nicht zu einer Minderung der dem Handelsvertreter zustehenden Provisionen führen, sofern die Krankheitsdauer 4 Wochen nicht überschreitet.

- Soweit der Handelsvertreter keine geeignete Ersatzkraft stellt, hat er während der Tätigkeitsunterbrechung für die nachgewiesenen Kosten (Gehalt, Reisespesen etc.) einer vom Unternehmen gestellten Ersatzkraft bis zur Höhe von 45 % der während dieser Zeit entstehenden Ansprüche auf Provision aufzukommen. Diese Regelung gilt jedoch nur für den Zeitraum von der 4. Woche bis zum Ablauf von 6 Monaten seit Beginn der Krankheit. Nach Ablauf von 6 Monaten ist eine Regelung zu treffen, die der dann gegebenen Situation Rechnung trägt.

- Der Handelsvertreter ist verpflichtet, seinen Urlaub nach Möglichkeit in die geschäftsarme Zeit zu legen und den Urlaubstermin mindestens 6 Wochen vor Urlaubsantritt mit dem Unternehmen abzustimmen. Entsprechendes gilt bezüglich anderer vorübergehender Tätigkeitsunterbrechung.

§ 9 Wettbewerbsabreden

- Der Handelsvertreter ist beim Inkrafttreten dieses Vertrages für die in der Anlage genannten Unternehmen tätig, bzw. übt die dort genannten anderweitigen Erwerbstätigkeiten aus. Über jede Änderung und Ergänzung des Produkt-/Lieferprogramms anderer Unternehmen oder des Umfangs der anderweitigen Erwerbstätigkeiten wird der Handelsvertreter das Unternehmen unverzüglich unterrichten. Sollten durch eine Ergänzung und/oder Änderungdes Produkt-/Lieferprogramms diese Vertretungen zu Konkurrenten für das Unternehmen werden, ist der Handelsvertreter verpflichtet, sich unverzüglich von dem Konkurrenzunternehmen zu trennen.

- Der Handelsvertreter ist während der Dauer des Vertragsverhältnisses verpflichtet, jeden Wettbewerb gegenüber dem Unternehmen zu unterlassen. Er ist nur mit ausdrücklicher schriftlicher Zustimmung des Unternehmens berechtigt, Vertretungen für andere Unternehmungen zu übernehmen, sich direkt oder indirekt an einem anderen Unternehmen zu beteiligen oder ein anderes Unternehmen selbst zu unterstützen, sofern dieses andere Unternehmen Erzeugnisse herstellt und/oder vertreibt und/oder sonstige Leistungen anbietet, die denen des Unternehmens gleich oder gleichartig sind.

§ 10 Vertragsdauer, Kündigung

- Das Vertragsverhältnis beginnt am ... und wird auf unbestimmte Zeit abgeschlossen.

- Der Vertrag kann von jedem Vertragspartner im ersten Vertragsjahr mit einer Frist von einem Monat, im zweiten Vertragsjahr mit einer solchen von zwei Monaten, im dritten bis fünften Vertragsjahr mit einer Frist von drei Monaten, danach mit einer Frist von sechs Monaten jeweils zum Ende eines Kalendermonats gekündigt werden.

- Das beiderseitige Recht zur Kündigung aus wichtigem Grund bleibt unberührt.

- Die Kündigung muss schriftlich erfolgen.

- Bei Auflösung des Vertragsverhältnisses hat der Handelsvertreter Unterlagen, die Kundendatei und sonstiges Material, das das Unternehmen ihm zu Beginn der während des Vertragsverhältnisses überlassen hat, innerhalb von 14 Tagen zurückzugeben, soweit es nicht bestimmungsgemäß verbraucht ist, sowie alle sonstigen zur Aufrechterhaltung und Durchführung des Betriebes erforderlichen Informationen, zu geben.

§ 11 Sonstige Bestimmungen

- Alle Ansprüche aus diesem Vertrag verjähren in 12 Monaten nach Kenntniserlangung des Berechtigten von den anspruchsbegründenden Umständen.

- Ausschließlicher örtlicher Gerichtsstand für Streitigkeiten aus diesem Vertrag ist der Sitz des Unternehmens.

- Nebenabreden zu diesem Vertrag bestehen nicht. Vertragsergänzungen bedürfen für ihre Wirksamkeit der Schriftform und der Unterzeichnung durch beide Vertragspartner. Auf dieses Formerfordernis kann nur durch schriftliche Vereinbarung verzichtet werden.

- Sollte durch diesen Vertragstext ein regelungsbedürftiger Punkt nicht erfasst sein, so gelten ergänzend die gesetzlichen Bestimmungen der §§ 84 ff. HGB bzw. die von der Rechtsprechung entwickelten Grundsätze.

- Die Nichtigkeit einer Vorschrift dieses Vertrages führt nicht zur Nichtigkeit des gesamten Vertrages. Die nichtige Vorschrift ist durch eine Vereinbarung zu ersetzen, die dem Vertragszweck und den Willen der Vertragspartner am nächsten kommt.

- Dieser Vertrag hat die im Anhang aufgeführten Anlagen, die wesentliche Bestandteile dieses Vertrages sind.

- Dieser Vertrag wird zweifach ausgefertigt. Jeder Vertragsteil hat eine vom anderen Vertragspartner unterzeichnete Ausfertigung erhalten.

_____ , den _____   _____ , den _____

(Ort) (Datum) (Unterschrift Unternehmen)   (Ort) (Datum) (Unterschrift Unternehmen)

Weiterführende Literatur

Bitter, G., und Schumacher F., (2015), *Handelsrecht,* Verlag Franz Vahlen, München.

Emde, R., (2014), *Vertriebsrecht,* Deutscher Fachverlag GmbH, De Gruyter Praxishandbuch, Berlin/ Boston.

Horn, N., (1995), *Handelsgesetzbuch (ohne Seerecht), Kommentar,* Band 1, Erstes Buch, Walter De Gruyter Berlin.

Klöppner, V., (2013), *Kommunikation zwischen Hersteller und Vertragshändler: Eine kontingenztheoretische Untersuchung zur Erhöhung des Leistungsgrades vertraglicher Vertriebssysteme (Marketing und Innovationsmanagement),* Gabler Fachverlage GmbH, Wiesbaden.

Küstner, W., und Thume, K-H., (2014), *Handbuch des gesamten Vertriebsrechts, Band 2: Der Ausgleichsanspruch des Handelsvertreters,* Deutscher Fachverlag GmbH, Fachmedien Recht und Wirtschaft, Frankfurt/ M.

Küstner, W., und Thume, K-H., (2015), *Handbuch des gesamten Vertriebsrechts, Band 3: Besondere Vertriebsformen,* Deutscher Fachverlag GmbH, Fachmedien Recht und Wirtschaft, Frankfurt/ M.

Segger, S., (2004), *Der Vermittlungsvertrag des Versicherungsvertreters,* Gabler Fachverlage GmbH, Wiesbaden.

Zwernemann, D., Detzer, K., und Schmitt, H., (1997), *Ausländisches Recht der Handelsvertreter und Vertragshändler,* Verlag Recht und Wirtschaft GmbH, Heidelberg.

Der Vertragshändlervertrag 3

> **Zusammenfassung**
>
> Der Vertragshändler ist eine weit verbreitete Form der Absatzorganisation und übernimmt für den Hersteller im In- und Ausland den Vertrieb sowie den Verkauf des vereinbarten Produktportfolios innerhalb verschiedener Handelsstufen. Da der Vertragshändler meist vom Unternehmer wirtschaftlich abhängig ist, werden auf den Vertragshändlervertrag die Vorschriften für den Handelsvertretervertrag analog angewendet.

3.1 Einführung

Im Gegensatz zum Handelsvertreter gibt es für den Vertragshändler (oder auch Eigenhändler, im Englischen: Distributor) **keine ausdrückliche gesetzliche Regelung.** Aufgrund der Verpflichtung zur Absatzförderung handelt es sich im Grundsatz um einen typengemischten Vertrag mit der Rechtsnatur eines Geschäftsbesorgungsvertrags nach § 675 BGB. Der Vertragshändlervertrag enthält Elemente aus Kauf-, und Handelsvertreterverträgen und berührt auch Bestimmungen des Markenlizenzrechts. Weiterhin umfasst er Dienstpflichten, ähnlich denen eines Handelsvertreters, sowie kartellrechtliche Bestimmungen, da einzelne Vertriebsbindungen gegen das Wettbewerbsrecht verstoßen können. Vergleichbar einem Handelsvertreter, ist der Vertragshändler in das Vertriebssystem des Herstellers eingebunden, und besitzt üblicherweise das Alleinvertriebsrecht für ein bestimmtes Vertragsgebiet. In diesem Sinne ist er in der Hauptsache mit der Wahrung der Interessen des Herstellers sowie der Absatzförderung des vereinbarten Produktportfolios betraut. Er hat auf das Konkurrenzverbot sowie auf Berichts,- oder Unterrichtungsverpflichtungen zu achten, und kann ggf. mit Mindestabnahmeverpflichtungen oder Lagerhaltungskosten konfrontiert werden. Im Gegenzug kann er vom

Hersteller erwarten, dass dieser auf besonderer Weise seiner Gleichbehandlungs- und Treueverpflichtung gerecht wird und auf die berechtigten Belange des Vertragshändlers Rücksicht nimmt. Der internationale Absatz von Waren stellt neben der Möglichkeit neuer Absatzmärkte auch wirtschaftliche und strategische Risiken dar, die bei ungünstiger Strukturierung zu zusätzlichen Kosten und Belastungen für den Unternehmer führen können. Für den Erfolg des Auslandsengagements ist daher die Vertragsgestaltung sowie die richtige Rechtsformwahl von sehr wesentlicher Bedeutung, da Vertragshändlern im EU-Ausland der gleiche Schutz wie dem in Deutschland tätigen Vertragshändler gebührt, und dementsprechend auch Regelungen bezüglich des Ausgleichsanspruchs analog Anwendung finden. Wie EU-Recht anzuwenden ist und ob der Ausgleichsanspruch auch für den Vertragshändler im Nicht-EU Ausland anwendbar ist, wird im Folgenden unter Abschn. 3.10.3 näher erläutert.

3.2 Allgemeines

Der Vertragshändler ist ein selbstständiger Unternehmer, der zur Förderung des Absatzes sowie der Erschließung von Auslandsmärkten in die Vertriebsorganisation eines Herstellers oder Generalimporteurs so eingegliedert ist, dass er aufgrund eines Vertrages übernimmt, im eigenen Namen und auf eigene Rechnung Waren innerhalb eines vereinbarten Vertragsgebietes zu vertreiben.

▶ Gemäß Definition ist die Vertragshändlertätigkeit eine auf Dauer ausgerichtete Tätigkeit, welche im eigenen Namen und auf eigener Rechnung abgeschlossen wird, unter Eingliederung des Vertragshändlers in die Vertriebsorganisation.

Geprägt wird die Vertragshändlertätigkeit also von der Dauerhaftigkeit der Vertragsbeziehung, dem Vertrieb von Gütern und Dienstleistungen im eigenen Namen und auf eigene Rechnung, sowie der Verpflichtung des Vertragshändlers zur Absatzförderung. Als selbstständiger Kaufmann und Unternehmer kauft der Vertragshändler Ware zum Zwecke der Weiterveräußerung auf (häufig wird es sich hierbei um Markenwaren handeln), und ist so in das Vertriebssystem des Herstellers eingefügt, dass er als Teil dessen zugeordnet werden kann. Zur Ausübung seiner Tätigkeit muss für die eigenen unternehmerischen Kosten aufkommen und trägt somit das Absatz- und Kreditrisiko. Weiterhin trägt er den Verlust für eingekaufte aber nicht verkaufte Waren und ist dem Risiko ausgesetzt, einen viel niedrigeren Preis als den ursprünglich von ihm angesetzten zu erzielen. Darüber hinaus hat er gegenüber dem Hersteller Mindestabnahmeverpflichtungen einzuhalten, sofern diese vereinbart wurden. Der Ertrag des Vertragshändlers ist die Verdienstspanne zwischen Einkaufspreis und Verkaufspreis der vertriebenen Ware. Im Folgenden werden die Begriffe des Herstellers und Vertriebshändlers verwendet, es können darüber hinaus aber verschiedene andere Handelsstufen existieren, so z. B. Produzent, Lieferant oder Importeur auf der einen Seite oder Großhändler, Zwischenhändler, Fachhändler oder

Einzelhändler auf der anderen, wobei auch zwei Vertragshändler untereinander in einer vertraglichen Absatzbeziehung stehen können.

Beim Vertragshändlervertrag handelt es sich um einen Rahmenvertrag, welcher die grundlegenden Rechte und Pflichten der Vertragsparteien bezüglich der künftigen warenbezogenen Zusammenarbeit regelt. Die jeweilig folgenden Kaufverträge zwischen den Parteien werden, gemäß Rahmenvertrag, erst anlässlich der einzelnen Warenlieferungen geschlossen. Aufgrund der Verpflichtung zur Absatzförderung kommt er einem Geschäftsbesorgungsvertrag gleich, und begründet ein Dauerschuldverhältnis zwischen den Parteien. Eine ganz wesentliche Fragestellung im Zusammenhang mit Vertragshändlerverträgen stellt sich aus der Tatsache, dass die Dienstpflichten zwischen Handelsvertretern und Vertragshändlern recht ähnlich sind. Daraus könnte eine analoge Anwendung des Handelsvertreterrechts auf den Handelsvertretervertrag resultieren, insbesondere dort, wo der Normzweck unerheblich ist, ob der Betreffende im eigenen Namen und Rechnung handelt. Dies ist dem Grunde nach zu bejahen, denn in Fällen, wo der Vertragshändler in ähnlicher Weise tätig geworden ist, wird er auch analog davon profitieren können. Ein typisches Beispiel hierfür ist der Ausgleichsanspruch für die Markterschließung durch den Vertragshändler, welcher unter Abschn. 3.10.2 näher erläutert wird. Aufgrund der Bindung und Interessenverknüpfung der Parteien sind die Bestimmungen gegen Wettbewerbsbeschränkungen sowie europäisches Kartellrecht zu beachten, so z. B. bei Beschränkungen der Wettbewerbsfreiheit aufgrund einer Alleinvertriebsberechtigung zugunsten eines einzigen Vertragshändlers oder dem Verbot, seine Waren außerhalb seines Vertragsgebiets anzubieten und zu liefern. Im Allgemeinen werden Vertragshändlerverträge formularmäßig abgeschlossen, da es üblich ist mit allen Händlern möglichst angeglichene Vertragsmodalitäten zu vereinbaren. Es können aber jederzeit zusätzliche Vereinbarungen mit aufgenommen werden, so z. B. bezüglich der Nutzung von Firmen- und Markenzeichen der Produkte oder die Exklusivität eines bestimmten Vertragsgebiets. Typische Vertragshändlerverträge sind Autohändlerverträge, Kleidungswarenhäuser, Premium-Reseller im Elektronikbereich oder Tankstellenverträge.

3.3 Vertragsprodukte

Der Vertragshändler ist auf vertraglicher Basis **in das Absatz- und Vertriebssystem** des Herstellers oder Lieferanten integriert. Seine Hauptaufgabe besteht im Wesentlichen darin, die *Vertragsprodukte* innerhalb des ihm übertragenen Kundenkreises, Vertragsgebietes oder Landes im eigenen Namen sowie auf eigene Rechnung zu vermitteln. Die genaue Definition der Vertragsprodukte ist von zentraler Bedeutung und die Vertragsparteien sollten sich bereits bei Vertragsabschluss diesbezüglich einigen, um unnötige Konflikte in der Zukunft zu vermeiden. So empfiehlt es sich ausdrücklich die Produkte, die vom Vertragshändler vertrieben werden sollen, separat im Vertragsanhang aufzuführen und sie ggf. von anderen Produkten zu differenzieren. Darüber hinaus sollten Regelungen über Produktanpassungen und zukünftige Neuentwicklungen vereinbart werden, um Klarheit darüber zu schaffen, ob Nachfolgeprodukte bzw. nachträglich in das Verkaufsprogramm aufgenommene Waren durch den Vertragshändlervertrag erfasst sind oder nicht. Dies gilt ebenso für den Online-Handel, der heutzutage nahezu alle Branchen und Bereiche erfasst. In Fällen, in denen die Parteien keine separate Einigung diesbezüglich getroffen haben, wird nach allgemeinen Auslegungsgrundsätzen davon auszugehen sein, dass sich das Vertragsportfolio auch auf alle neu eingeführten Nachfolgeprodukte des Herstellers erstrecken soll. Daher sollte es im Interesse beider Vertragsparteien liegen, klar zu bestimmen ob das eingeräumte Vertriebsrecht nur die zum Zeitpunkt des Vertragsabschlusses angebotenen Produkte des Herstellers beinhaltet oder vielmehr alle Produkte erfasst, welche während der Vertragslaufzeit in das Vertriebsprogramm noch aufgenommen werden. Es steht den Vertragsparteien natürlich jederzeit frei, ergänzende Vereinbarungen diesbezüglich zu einem späteren Zeitpunkt vorzunehmen und neue Produkte mit einzubeziehen. Solche Ergänzungsvereinbarungen sollten allerdings stets unter dem Aspekt der berechtigten Belange des Vertragshändlers gesehen werden, denn eine Verpflichtung, auch den Vertrieb von neuen Produkten des Herstellers zu übernehmen, kann zu Interessenkollisionen des Vertragshändlers kommen, wenn er für mehrere Unternehmen tätig ist, er ähnliche Produkte bereits für ein anderes Unternehmen im Sortiment hat, und einem Wettbewerbsverbot unterliegt. Eine solche Konfliktlage würde den Handelsvertreter nach gültiger Rechtsprechung zu einer vorzeitigen Beendigung des Vertragshändlervertrages berechtigen, sowie zu einem Anspruch auf Ausgleich, analog den Bestimmungen des § 89b HGB.

3.3.1 Änderung der Vertragsprodukte

Regelungen, die es dem Hersteller erlauben, den Vertrag bezüglich des Produktportfolios aufgrund von geänderten Umständen anzupassen, sind durchaus häufig zu finden und sind unproblematisch, solange keine unangemessene Benachteiligung des Vertragshändlers ersichtlich ist. Insbesondere bei standardisierten und formularmäßig abgeschlossenen Vertragshändlerverträgen, besteht eine große Gefahr, dass Änderungsvorbehalte diese besondere Interessenlage des Vertragshändlers nicht berücksichtigen. Natürlich steht es dem Hersteller zu, seine Disposition auf geänderte Marktsituationen anpassen zu können und flexibel über seine Vertriebspolitik zu entscheiden, allerdings müssen sich diese Anpassungen in einem angemessenen Rahmen bewegen, da ein Dauerschuldverhältnis mit einem oder mehreren externen Vertriebspartnern besteht, und die Entscheidung des Herstellers somit großen Einfluss auf den/die Vertragshändler haben kann. Änderungsvorbehalte können sich auf unterschiedlichen Leistungskomponenten des Produktionsablaufs beziehen, so können Modell- oder Konstruktionsänderungen betroffen sein, aber auch Änderungen bezüglich Mengen, der Qualität, der Materialbeschaffenheit oder dem Lokalisierungsgrad der Produkte angezeigt werden. Entscheidend wird also sein, ob die Änderungen innerhalb einer angemessenen Frist angekündigt wurden, ob die Gründe zu dieser Entscheidung konkret und transparent genannt wurden und diese auch gravierend sind, und ob eine angemessene Entschädigung im Fall eines Rechtsverlustes vorgesehen ist, oder nicht. In diesem Sinne sind insbesondere die §§ 307, 308 Abs. 4 BGB zu beachten.

In diesem Zusammenhang stellen sich auch Fragen des Änderungsvorbehalts des Herstellers mit der Konsequenz der Teilkündigung einzelner Vertragsprodukte, oder gar der vollständigen Einstellung des Vertriebs von Vertragsprodukten. Grundsätzlich hat der BGH in Fällen einer Teilkündigung einzelner Produkte oder Produktgruppen gegen den Hersteller entschieden, und solche Änderungsvorbehalte des Vertragshändlervertrages als unzulässig erklärt. Teilkündigungen sind bei einem auf Dauer angelegten Vertrag nicht möglich, da sie mit dem wesentlichen Grundgedanken der wechselseitigen Ausgewogenheit der Vertragsbeziehung unvereinbar sind; sie sind vielmehr als einseitiger Änderungsvorbehalt zu betrachten. Die Einstellung des Vertriebs von Vertragsprodukten seitens des Herstellers ist hingegen absolut zulässig, solange nicht willkürlich-, sondern aus sachlich gerechtfertigten Gründen gehandelt wird. So kann eine neue Beurteilung der Marktlage oder eine Krisensituation aufgrund interner oder externer Entwicklungen dazu führen, dass der Vertrieb bestimmter Vertragsprodukte eingestellt werden muss. Der Hersteller ist nicht verpflichtet, objektiv unrentable Produkte oder Produktgruppen weiter zu führen, nur um Rücksicht auf die Interessen seiner Vertragshändler zu nehmen. Diese unternehmerische Entscheidung obliegt ihm allein. Nur in Fällen, wo diese Entscheidung völlig willkürlich und aus wirtschaftlich nicht nachvollziehbaren Gründen getroffen wird, wird es um die Angemessenheit der Entscheidung gehen können und um die Frage, ob dem Vertragshändler ein Anspruch auf Ausgleich bzw. Schadensersatz zusteht.

3.3.2 Mindestabnahmeklauseln

Grundsätzlich sind Vereinbarungen hinsichtlich einer Mindestabnahmemenge zwischen Hersteller und Vertragshändler möglich, denn sie dienen dem Hersteller/Lieferanten zur Durchsetzung der Absatzförderungspflicht des Vertragshändlers. Eine solche Klausel verpflichtet den Vertragshändler, innerhalb eines bestimmten Zeitraums eine bestimmte Mindestmenge an Vertragsprodukten abzunehmen. Insbesondere in exklusiv vergebenen Vertragshändlerverträgen stellt diese Verpflichtung ein vertragliches Gegengewicht zur Einräumung des Alleinvertriebsrechts dar. Eine willkürliche Benachteiligung des Vertragshändlers wird auch in diesem Zusammenhang nicht wirksam sein, so darf die geforderte **Mindestabnahmemenge nicht unangemessen oder gar unrealistisch hoch sein,** und muss sich an den üblichen Absatzmöglichkeiten eines durchschnittlichen Vertragshändlers orientieren. Sorgfalt ist darüber hinaus bei der Formulierung der Rechtsfolgen aufzuwenden, die im Fall eines Nichterreichens der vereinbarten Mindestabnahmemenge eingreifen sollen. Eine Klausel, wonach ein solcher Fall die sofortige Kündigung begründet, wäre unwirksam, da sie keine langfristige und realistische Aufholmöglichkeit vorsieht. Zudem muss das Verfehlen der vereinbarten Mindestabnahmemenge direkt vom Vertragshändler verschuldet worden sein und es dürfen keine Zweifel darüber bestehen.

Es ist durchaus möglich, Verpflichtungen bezüglich einer Mindestabnahme auch flexibler zu gestalten um auf Marktschwankungen reagieren zu können und somit die Mindestabnahmemenge jährlich neu anzupassen. Eine solche Flexibilität bringt aber auch die Problematik mit sich, dass bei verhärteten Fronten an anderer Stelle keine Einigung an dieser Stelle zu erwarten sein wird, daher empfiehlt sich auch bei flexiblen Vereinbarungen eine Art „Base-Line Abnahmemenge" die im Falle einer nicht möglichen neuen Einigung auf jeden Fall als Minimum zu gelten hat. In Fällen, wo der Vertragshändler seine vereinbarte Mindestabnahmemenge nicht erreicht und dies einzig auf ihn zurückzuführen ist, können Schadensersatzansprüche gemäß § 280 BGB aufgrund der Nichterfüllung des Vertrages durchgesetzt werden. Sollte es sich gar um einen alleinvertriebsberechtigten Händler handeln, kann die Vereinbarung auch die Verkleinerung des Vertragsgebiets oder die Hinzunahme weiterer Vertragshändler in das betreffende Vertragsgebiet vorsehen.

3.4 Vertragsgebiet

Die Parteien werden in der vertraglichen Vereinbarung festhalten, für welches Vertragsgebiet der Vertragshändler zuständig sein soll. Sehr häufig wird dabei ein Alleinvertriebsrecht eingeräumt werden, welches zusätzlich mit einem Gebietsschutz einhergehen kann. Somit wird der Hersteller die vertragliche Verpflichtung übernehmen, keine weiteren Vertragshändler im Vertragsgebiet einzusetzen und seine Ware weder selbst zu vertreiben, noch durch Dritte vertreiben zu lassen. Ein Verstoß des Herstellers gegen das eingeräumte Alleinvertriebsrecht des Vertragshändlers wird zum Schadenersatz sowie dem Anspruch auf entgangenen Gewinn zugunsten des Vertragshändlers berechtigen.

Wie beim Handelsvertreter ist das Vertragsgebiet ein wesentlicher Bestandteil des Vertragshändlervertrages und sollte von den Vertragsparteien sorgfältig ausgearbeitet werden. Die Zulässigkeit einer einseitigen Änderungsbefugnis des Herstellers für das Vertragsgebiet ist Gegenstand häufiger Diskursdiskussionen zwischen den Parteien und wird von der Tatsache abhängen, ob ein Alleinvertriebsrecht zugebilligt wurde oder nicht. Ist dem Vertragshändler ein bestimmtes Gebiet zugewiesen, in dem auch andere Händler für den Hersteller Waren vertreiben, so kann dieser in der Regel ohne besondere Änderungsgründe aus Gründen der Marktabdeckung einen weiteren Vertragshändler einsetzen. Ist dem Vertragshändler hingegen das Alleinvertriebsrecht zur Betreuung des Vertriebsgebiets übertragen worden, so ist die Änderungsbefugnis nur dann vereinbar, wenn erhebliche Gründe maßgeblich sind und dem Vertragshändler eine angemessene Übergangszeit sowie ein angemessener Ausgleich eingeräumt werden. Insofern sollte eine Regelung zwischen den Vertragsparteien hinsichtlich einer Änderungsbefugnis in einer transparenten und deutlichen Darstellung in den Vertrag aufgenommen werden, die den etwaigen Änderungsgrund sowie das berechtigte Interesse genau beschreibt, und zudem eine angemessene Ankündigungsfrist von mindestens drei (3) Monaten vorsieht. Der bloße Hinweis des Änderungsrechts zur Sicherung des Marktanteils wird nicht ausreichen, vielmehr sollte ein sachlich gerechtfertigter Grund für eine Änderung des Vertragsgebiets vorliegen. Sollte aus der Formulierung bezüglich des Änderungsvorbehalts ersichtlich werden, dass eine Bevorzugung zugunsten den Interessen des Herstellers vereinbart werden soll, sollte die vereinbarte Änderungsbefugnis auch einen finanziellen Ausgleich für den Vertragshändler beinhalten, um seine Interessen in Bezug auf etwaige Nachteile und Einbußen nach der Gebietsänderung bzw. der Hinzunahme weiterer Vertragshändler hinreichend zu berücksichtigen.

3.5 Rechte und Pflichten des Vertragshändlers

Da die Rechte und Pflichten von Vertragshändlern gesetzlich nicht normiert sind, ergeben sich ihre Rechte und Pflichten aus ihren vertraglichen Vereinbarungen und Absichten mit dem Hersteller. Ihre Rechte sind wesentlich für eine erfolgreiche Zusammenarbeit und beinhalten die rechtzeitige Belieferung der Vertragsprodukte in der gewünschten Menge und Qualität, die angemessene Bewertung ihrer Interessen durch den Hersteller, das Recht über Änderungen und Lieferschwierigkeiten informiert zu werden, die Gleichbehandlung gegenüber artgleichen Händlern, sowie das Recht die vereinbarte Provision in der vereinbarten Form zu erhalten. Darüber hinaus kann es Rechte geben, die sich aus individuellen Vereinbarungen ergeben, so z. B. Gewährleistungsrechte, Rücknahmerechte für Vertragsware, das Recht vom Hersteller einen Werbungskostenbeitrags zu erhalten oder der Ausgleichsanspruch bei Kundenstammüberlassung. Aufgrund der Eingliederung des Vertragshändlers in die Vertriebsorganisation der Herstellers und der in diesem Zusammenhang stehenden Abhängigkeit der Parteien, ergeben sich auch wesentliche Pflichten, die der Vertragshändler zu erfüllen hat und im Folgenden näher erläutert werden sollen.

3.5.1 Absatzförderung

Die wesentliche Aufgabe des Vertragshändlers ist das Bemühen um die **nachhaltige Absatzförderung** der Vertragsprodukte des Herstellers. Er darf sich nicht darauf beschränken, ihm sich bietende Gelegenheiten zum Verkauf der Ware zu nutzen, sondern hat sich ständig und aktiv um neue Geschäfte und einen möglichst hohen Absatz der Produkte zu kümmern. Diese Pflicht umfasst daher die Marktbeobachtung, die Warenpräsentation, die Durchführung von Verkaufs- und Produktschulungen, die Lagerhaltung, die Umsetzung von Werbemaßnahmen, die Teilnahme an Messen, sowie die Übernahme von Servicedienstleistungen und der Kundenpflege. Der Vertragshändlervertrag kann darüber hinaus gewisse Standards bezüglich der Gestaltung der Geschäftsräume, das Sortiment des Vertragshändlers, der Nutzung der Kennzeichenrechte des Herstellers oder der Außendarstellung insgesamt enthalten.

Bei andauernder Vernachlässigung der Absatzförderungspflicht hat der Hersteller das Recht, die Abmahnung auszusprechen, und bei Nichtbesserung, die außerordentliche Kündigung des Vertragshändlervertrages durchzusetzen. Darüber hinaus kann dem Grunde nach auch Schadensersatz verlangt werden, es gilt aber zu bedenken, dass der Vertragshändler nicht den Erfolg, sondern nur ein Bemühen um den Absatz schuldet; aus diesem Grund wäre die Aufnahme einer Mindestabnahmeregelung im Vertragshändlervertrag die womöglich bessere Lösung.

3.5.2 Treuepflicht

Der Vertragshändler unterliegt der allgemeinen Treuepflicht der vertrauensvollen Zusammenarbeit sowie der gegenseitigen Rücksichtnahme, die Interessen der anderen Seite zu wahren. Da der Vertragshändler in die Vertriebsorganisation des Herstellers eingegliedert ist, wird seine Treuepflicht im Vertriebsbereich umso größer sein, je intensiver er in diese eingebunden ist. Es ist ratsam, dass die Vertragsparteien die einzelnen Pflichten im Vertragshändlervertrag aufnehmen, um möglichst konkret ihre Absichten zu spezifizieren und sich über zustimmungswürdige Entscheidungen im Vorfeld einigen. So unterliegt der Vertragshändler dem allgemeinen Grundsatz der Geheimhaltungsverpflichtung und ist zur Wahrung von Geschäfts- und Betriebsgeheimnissen des Herstellers verpflichtet, es ist aber nicht weiter spezifiziert, was darunter fällt und welche Verpflichtungen konkret sich dahinter verbergen. Eine ausdrückliche Erläuterung und Auflistung der einzelnen Dokumente sowie die Benennung des berechtigten Personenkreises sind daher ratsam. Betriebsgeheimnisse sind Informationen bezüglich Vorgängen und Umständen, die nur einem begrenzten Personenkreis zugänglich gemacht werden sollen, und darüber hinaus nicht an die Öffentlichkeit gelangen dürfen. Dies können Kundenlisten sowie deren Adressen, Design-, Patent-, Marken-, oder Lizenzrechte sein, weiterhin Herstellungsverfahren und Konstruktionszeichnungen, Preisberechnungen zu Handelsmargen oder anstehende Merger-Aktivitäten. Die Geheimhaltungsvereinbarung wird in der Regel auch nach Beendigung des Vertragshändlervertrages ihre Gültigkeit behalten und erlischt erst mit der öffentlichen Bekanntmachung der Betriebsgeheimnisse aus einer anderen Quelle als die des Vertragshändlers. Der Verstoß gegen die Geheimhaltung kann aufgrund des beschädigten Vertrauensverhältnisses zur außerordentlichen Kündigung des Vertragshändlervertrages führen und ggf. zu Schadensersatzansprüchen, wenn geheime Informationen und Geschäftsunterlagen mit Vorsatz weitergeleitet wurden.

3.5.3 Berichtspflicht

Die Berichtspflicht des Vertragshändlers ist eine weitere wesentliche Verpflichtung gegenüber dem Hersteller und beinhaltet, dass letzterer über die Tätigkeiten im Marktverantwortungsbereich des Vertragshändlers informiert wird, und über den Stand der Vertriebsgeschäfte auf Verlangen Auskunft erhält. Darüber hinausgehende Berichtspflichten werden in der Regel gesondert zwischen den Parteien festgelegt werden, so

z. B. Berichte über die aktuelle und zukünftige Marktlage, Kundenwünsche und Akzeptanz der Vertragsprodukte, besondere Aktionen der Konkurrenz oder den Markteintritt eines neuen Mitbewerbers. Weiterhin wird der Hersteller seine eigene interne Planung vorantreiben wollen und daher auch Auskunft über die erwarteten zukünftigen Umsätze haben wollen, sowie den Lagerbestand und ggf. sogar die Übermittlung der Daten seines elektronischen Kassensystems. Nicht unüblich sind noch weitere Kontrollrechte des Herstellers, wie Einsicht in die Geschäftsbücher und Bilanzen, die Vorlagepflicht des Jahresabschlusses oder die Besichtigung der Geschäftsräume des Vertragshändlers. Es empfiehlt sich, im Vertragshändlervertrag nicht nur den Inhalt der erforderlichen Berichte und Auskünfte zu regeln, sondern auch deren Form und Häufigkeit. So können Regelungen der Berichterstattung in regelmäßigen Abständen in Betracht kommen (monatlich, im Quartal, jährlich), oder eher in größeren Abständen.

Zu beachten wird in diesem Zusammenhang im Übrigen die Tatsache sein, dass die Einsicht in die Geschäftsbücher und Bilanzen des Vertragshändlers einen gewissen Eingriff in kommerziell sensible Informationen darstellt, und daher nur mit einem objektiv berechtigten Interesse einher kommen darf. Das Einsichtsrecht des Herstellers kann insbesondere in den Fällen kartellrechtlich problematisch werden, in denen der Vertragshändler auch für direkte Wettbewerber tätig ist, und somit Kenntnis über Konkurrenzprodukte und deren Konditionen erlangt. Daher ist hier die genaue Abwägung der Parteien vor Unterzeichnung des Vertragshändlervertrages wichtig, inwieweit ein solch umfassendes Einsichtsrecht eventuell nicht ausgeübt oder eingeschränkt werden sollte, um den Eindruck der Informationsausschöpfung nicht aufkommen zu lassen. Diese Überlegung kommt in der Praxis in der Tat häufig vor und kann mit einer Gegenvereinbarung kompensiert werden, so z. B. mit dem Verzicht des Vertragshändlers auf eine ihm eventuell zustehende Ausgleichszahlung bei Vertragsende. In diesem Sinne würden sich die Vertragsparteien zugunsten einer besseren Kooperation aufeinander zubewegen, statt auf die maximale Durchsetzung ihrer Rechte zu setzen.

3.5.4 Mindestabnahme

Wie bereits oben erwähnt, sind Vereinbarungen hinsichtlich einer Mindestabnahme zwischen den Vertragsparteien häufig und üblich, denn sie dienen dem Hersteller zur Durchsetzung der Absatzförderungspflicht des Vertragshändlers. Der Vertragshändler wird hierdurch verpflichtet, innerhalb eines bestimmten Zeitraums eine genau bezeichnete Mindestmenge an Vertragsprodukten abzunehmen, um deren Absatz zu fördern. Grundsätzlich lässt sich die Festsetzung von Mindestabsatzmengen in formularmäßigen Vertragshändlerverträgen AGB-rechtlich wirksam vereinbaren. Im Anwendungsbereich der Gruppenfreistellungsverordnung für vertikale Vereinbarungen (Vertikal-GVO) werden Mindestabnahmepflichten wettbewerbsrechtlich unwirksam sein, wenn sie den Vertragshändler verpflichten, **mehr als 80 % seiner gesamten Einkünfte** vom Hersteller oder einem ihm benannten Dritten zu beziehen. Gemäß Art. 5 (1) a V-GVO sind Wettbewerbsverbote aufgrund von Mindestabnahmepflichten nur gruppenfreigestellt, wenn sie auf 5 Jahre befristet werden, daher sollte vertraglich gewährleistet sein, dass nach Ablauf dieses Zeitraums die Mindestabnahmepflicht nicht mehr als 80 % des vom Vertragshändler im vorangegangenem Vertragsjahr erreichten Einkaufsvolumens beträgt. Der Vertragshändlervertrag sollte eine Regelung beinhalten, welche die Neufestsetzung der Mindestabnahmemengen nach 5 Jahren verbindlich festlegt, um einer eventuellen Weigerung des Vertragshändlers nach Ablauf der 5-Jahres-Frist im Sinne der V-GVO entgegenzuwirken. Es ist durchaus sinnvoll Verpflichtungen bezüglich einer Mindestabnahme auch flexibler zu gestalten und eine jährliche Anpassung zu vereinbaren, um auf Marktschwankungen effektiver reagieren zu können, allerdings können sich aufgrund dieser Flexibilität, die unter Abschn. 3.3.2 bereits beschrieben Probleme neu ergeben.

3.5.5 Lagerhaltung

Der Vertragshändler kann verpflichtet werden, ein Auslieferungs- oder Ersatzteillager einzurichten und selbstständig zu unterhalten. Soweit vertraglich nicht anders vorgesehen, werden sowohl die Kosten als auch das Risiko vom Vertragshändler zu tragen sein. Ein Auslieferungslager dient in der Regel der schnelleren Auslieferung der vom Kunden bestellten Vertragsprodukte, und steht somit im direkten Zusammenhang zu seiner Absatzförderungspflicht. Es empfiehlt sich genaue Abreden zu treffen, was und in welcher Form im Einzelnen dort aufzubewahren ist und wie die Rücknahme der noch im Lager befindlichen Ware nach Beendigung der Vertragsbeziehung geregelt werden soll. Dementsprechend kann auch die Verpflichtung des Vertragshändlers ein Ersatzteillager zu halten sinnvoll sein, wenn er Garantie- und Kundendienstleistungen in den eigenen Geschäftsräumen anbietet, um Reparaturen möglichst schnell und effektiv vornehmen zu können. Üblicherweise sollten die Ersatzteile im Vertragshändlervertrag einzeln aufgelistet und deren Umfang festgelegt werden, denn der Vertragshändler kauft diese Teile zusätzlich und sie gehen in sein Eigentum über. Da dies auch Einfluss auf seine Liquidität hat, ist eine genaue Regelung über die Rücknahme von Ersatzteilen sowie deren Umfang nach Beendigung der Vertragsbeziehung unabdingbar, um spätere gerichtliche Auseinandersetzungen zu vermeiden.

3.5.6 Wettbewerbsverbot

Der Vertragshändler hat gemäß dem Grundsatz von Treu und Glauben davon abzusehen, in **unlauterem Wettbewerb** zum Hersteller zu treten. In diesem Sinne hat er es zu unterlassen, ohne Zustimmung des Herstellers Konkurrenzprodukte herzustellen, anzufertigen oder zu vertreiben. Ferner soll er nicht ohne Zustimmung im Wettbewerb mit dem Hersteller treten, und sich an einem konkurrierenden Unternehmen in irgendeiner Form beteiligen. Das Wettbewerbsverbot erstreckt sich nicht nur auf das zwischen den Parteien vereinbarte Vertragsgebiet, sondern umfasst das gesamte Absatzgebiet des Herstellers sowie alle in diesem Zusammenhang stehenden Produkte und Kunden.

Darüber hinaus kann der Vertragshändler auch zu Dritten in unlauterem Wettbewerb stehen, wenn er sich beispielsweise aufgrund von irreführenden Angaben und Aussagen einen unlauteren Vorteil zu verschaffen versucht. So können irreführende Angaben bezüglich Preisgestaltung oder Werbeaussagen gegen das Lauterkeitsrecht verstoßen, da sie andere im Wettbewerb stehende Vertragshändler oder Marktbegleiter benachteiligen und den Wettbewerb insgesamt verzerren. Das Gesetz gegen den unlauteren Wettbewerb (UWG) regelt in diesem Sinne das Marktverhalten der Marktteilnehmer und wird maßgeblich vom europäischen Gemeinschaftsrecht beeinflusst. Der Hersteller hat ein berechtigtes Interesse daran, dass sich der Vertragshändler nicht wettbewerbswidrig verhält, da ihm Wettbewerbsverstöße im Sinne des UWG zugerechnet werden können. So hat die Rechtsprechung in der Vergangenheit durchaus Vertragshändler als Beauftragte im Sinne des § 8 Abs. 2 UWG angesehen, und Herstellern Verstöße des Wettbewerbs zugerechnet, wenn die Vertragshändler in der Vertriebsorganisation des Herstellers tief eingebunden waren und der Hersteller seinen Willen und Einfluss durchsetzen konnte. Ferner muss der Hersteller über den Wettbewerbsverstoß Kenntnis erlangt bzw. zugestimmt haben und der Verstoß muss zu höherem Umsatz bzw. Produktabsatz geführt haben, oder dem Hersteller anderweitig zugutegekommen sein. Gemäß § 831 BGB kann dem Hersteller die Zurechnung des Wettbewerbsverstoßes ggf. auch durch die unzureichende Überwachung des Vertragshändlers zugeführt werden. Es empfiehlt sich in diesem Zusammenhang, in Vertragshändlerverträgen überein zu kommen, dass Wettbewerbsvorschriften von allen Parteien zu beachten und einzuhalten sind, um so deutlich zum Ausdruck zu bringen, dass unlauteren Handlungen nicht zugestimmt wird.

3.6 Rechte und Pflichten des Herstellers

Für den Hersteller ergeben sich aus dem Vertragshändlervertrag wesentliche Leistungspflichten, die im Rahmen der Durchführung zu beachten sind und im Folgenden näher erläutert werden sollen. So sind Treue- und Informationspflichten gewissenhaft zu beachten, genauso wie die Pflicht zur Belieferung, der Qualitätssicherung und der Gleichbehandlung der Vertragshändler. Es besteht auf der anderen Seite keine generelle Verpflichtung Produktschulungen oder Kurse anzubieten, der Hersteller wird aber ein hohes Interesse daran haben, dem Vertragshändler solche Schulungen zwecks Absatzsteigerung und funktionstüchtigem Kundendienst anzubieten. Solche Regelungen können auf freiwilliger Basis angeboten werden, oder als verbindliche Verpflichtung innerhalb des Vertragshändlervertrages. In Fällen, in denen eine Regelung verpflichtend vereinbart wurde, sollte darauf geachtet werden, dass der Vertragshändler nicht in seinen Vertriebsaktivitäten unangemessen beeinträchtig wird oder die Schulungskosten unangemessen hoch sind. Es sollte vorab geklärt und vereinbart werden, in welchem Zeitraum welche

Schulungen zu welchen Kosten zu absolvieren sind. Die wesentlichen Pflichten werden im Weiteren kurz vorgestellt und erläutert werden.

3.6.1 Belieferung des Vertragshändlers

Die Hauptpflicht des Herstellers gegenüber dem Vertragshändler besteht darin, die gewünschten Vertragsprodukte in der gewünschten Menge pünktlich und mängelfrei zu liefern. Da der Vertragshändlervertrag nur einen Rahmenvertrag für spätere Bestellungen darstellt, wird die Belieferungsverpflichtung nicht immer ausdrücklich in der Vereinbarung enthalten sein, sodass sich die Frage stellt, ob es dennoch eine generelle Belieferungspflicht in solchen Fällen gibt. Grundsätzlich hat der Hersteller im Rahmen seiner kaufmännischen Entschließungsfreiheit das Recht, Vertragsprodukte aufgrund von Problemen in der Produktion bzw. Produktionsumstellungen nicht im gewünschten Umfang oder den angeforderten Spezifikationen zu beliefern. Dies geht mit der Tatsache einher, dass der Hersteller gemäß seiner Dispositionsfreiheit das Recht haben sollte, seine Vertriebsprodukte zu modifizieren oder einzustellen. Er darf dies allerdings nicht willkürlich und unter Außerachtlassung seiner Treuepflichten tun, und somit materielle Einbußen für den Vertragshändler verursachen. Kann der Hersteller aus Gründen, die er selbst verschuldet hat, nicht wie vertraglich vereinbart liefern, z. B. aufgrund missverständlicher Kommunikation oder Fehlkalkulationen, so ist er dem Vertragshändler zu Schadensersatz verpflichtet. So wird auch eine generelle Klausel im Vorfeld, die dem Hersteller erlaubt eine bereits angenommene Bestellung im Nachhinein wieder abzulehnen, eine unangemessene Benachteiligung des Vertragshändlers darstellen und dementsprechend zu Schadensersatz berechtigen.

Wie eingangs erwähnt, ist darüber hinaus die **rechtzeitige Belieferung des Vertragshändlers** eine der wesentlichen Pflichten des Herstellers, und diese Verpflichtung kann nicht einfach durch Standardklauseln ausgeschlossen werden. Eine Lieferverzögerung in größerem Ausmaß, die auch noch über einen längeren Zeitraum anhalten würde, wäre insbesondere für den Alleinbezugsverpflichteten prekär, da dieser aufgrund seiner Abhängigkeit von den Produkten des Herstellers abgeschnitten wäre und somit seinen Bedarf nicht anderweitig decken könnte. Grundsätzlich haben aber Lieferschwierigkeiten des Herstellers auf jeden Fall Einfluss auf den Vertriebserfolg des Vertragshändlers und die Frage stellt sich somit, wie zu verfahren ist, wenn der Hersteller Bestellungen seiner Vertragshändler nur teilweise erfüllen kann. Aufgrund der bestehenden Gleichbehandlungs- und Treueverpflichtung des Händlers wird er jedem Vertragshändlerpartner eine anteilsmäßige Belieferung anbieten müssen, aufgrund sachlicher Kriterien, die dem gleichen Sachverhalt und der gleichen Eigenart der Produkte entsprechen. So wird der Hersteller den Zeitpunkt berücksichtigen, an dem die Bestellungen bei ihm eingegangen sind, und in einer anteiligen Höhe, gemäß ihrem ursprünglichen Lieferumfang, aufstellen. Darüber hinaus wird er die Vertragshändler bevorzugt beliefern, für die aufgrund gesonderter Alleinbezugsvereinbarungen besondere Treuepflichten bestehen. Die anteilsmäßige Belieferungshöhe kann auch aufgrund vergangener Bestellungen innerhalb eines bestimmten Zeitraums vorgenommen werden oder aufgrund anderer Parameter, die aber transparent und angemessen sein müssen.

3.6.2 Treuepflicht

Die Treuepflicht lässt sich sowohl in analoger Anwendung aus dem § 86a Abs. 2 HGB entnehmen, als auch aus der Verpflichtung des § 242 BGB, die Leistung so zu bewirken wie Treu und Glauben mit Rücksicht auf die Verkehrssitte es erfordern. So hat der Hersteller diese gebotene Rücksicht zugunsten des Vertragshändlers zu wahren, um ein etwaiges Ungleichgewicht aufgrund der Kontroll- und Weisungsrechte und somit der Einschränkung der unternehmerischen Entscheidungsfreiheit auszugleichen. Der Grad der gebotenen Rücksichtnahme auf die Interessen des Vertragshändlers wird von der Ausgestaltung des Vertragshändlervertrages abhängen und natürlich davon, ob es sich um einen alleinvertriebsberechtigten Vertragshändler handelt, oder um einen ohne das alleinige Betätigungsfeld.

3.6.3 Informationspflicht

Die Informationspflicht ist ein wesentlicher Bestandteil der allgemeinen Pflichten des Herstellers und beinhaltet alle Informationen und Nachrichten, die erforderlich sind, um relevante unternehmerische Entscheidungen treffen zu können. Grundsätzlich kann davon ausgegangen werden, dass eine stärkere Einbindung des Vertragshändlers in die Absatzorganisation des Händlers auch eine frühzeitige und umfassendere Benachrichtigungspflicht relevanter Vorgänge oder Änderungen begründen kann. Darunter fallen Informationen bezüglich erwarteter Lieferschwierigkeiten und Preisänderungen, genauso wie Modellwechsel, Produktionsumstellung oder Vertriebseinstellung bestimmter Vertragsprodukte. Auch mögliche Lizenz-, Know-how- und Patentstreitigkeiten mit Dritten oder das Auslaufen bzw. die Versagung der Neuerteilung von Lizenzen gehören dazu. Bei alleinvertretungsberechtigten Vertragshändlern ist der Hersteller weiterhin verpflichtet, auf ihm bekannt gewordene potenzielle Kunden im Vertragsgebiet hinzuweisen. Generell empfiehlt sich in diesem Zusammenhang, die jeweiligen Informationspflichten des Herstellers im Anhang des Vertrags einzeln aufzulisten und mit einer kurzen Beschreibung zu versehen. Ferner sollte auch der Zeitpunkt der Informationsweitergabe bestimmter Sachverhalte Erwähnung finden, da der Vertragshändler stets daran interessiert ist, Lieferengpässe zu vermeiden und Modellwechsel frühzeitig in Erfahrung zu bringen, der Hersteller aber seinerseits vermeiden möchte, dass bei einem angekündigten Modellwechsel die alten Produktmodelle nicht mehr intensiv vertrieben werden. Der BGH hat eine grundsätzliche frühzeitige Informationspflicht des Herstellers in Bezug auf einen geplanten Modellwechsel abgelehnt, da dies seine unternehmerische Freiheit zu sehr einschränken würde. Die schuldhafte Verletzung des Herstellers bezüglich der Informationspflicht kann den Vertragshändler allerdings zu Schadensersatz berechtigen, wenn er seine Lieferverpflichtungen nicht erfüllen kann und er beweisen kann, dass er diese Verpflichtung nicht eingegangen wäre, wenn er rechtzeitig über den Lieferengpass informiert worden wäre. Insofern ist eine genaue Abwägung des richtigen Zeitpunkts der Informationspflicht notwendig.

3.6.4 Gleichbehandlung

In der Rechtsprechung hat sich der Grundsatz durchgesetzt, dass ein vom Hersteller abhängiger Vertragshändler nicht unbillig in der Ausübung seiner Tätigkeit behindert werden darf, und gegenüber gleichartigen Dritten nicht unterschiedlich behandelt werden sollte. Von Abhängigkeit wird dann gesprochen, wenn der Geschäftsbetrieb des Vertragshändlers so stark auf den Hersteller ausgerichtet ist, dass ein Wechsel zu einem anderen Hersteller nur unter der Inkaufnahme von erheblichen Wettbewerbsnachteilen möglich wäre. So wird eine Beeinträchtigung des Herstellers auf die Gewinnaussichten des Vertragshändlers dann als willkürlich betrachtet werden, wenn die Bevorzugung eines Händlers gegenüber allen anderen ohne sachliche Rechtfertigung vorgenommen wird. Die unrechtmäßige willkürliche Beeinträchtigung setzt aber voraus, dass die betreffenden Vertragshändler im Wettbewerber zueinander stehen. Ist dies nicht der Fall, wird eine Ungleichbehandlung die Geschäftsinteressen der Vertragshändler nicht berühren.

3.6.5 Regelung der Gewährleistungsrechte des Vertragshändlers

In den meisten Fällen wird der Hersteller die Gewährleistung gegenüber dem Endkunden übernehmen. Dieser wird entweder auf einen Vertrag zwischen Hersteller und Vertragshändler zugunsten des Endkunden geschlossen, oder auf einem unmittelbar zwischen Hersteller und dem Endabnehmer vereinbarten Garantievertrag, bei dem der Vertragshändler in der Regel als Vertreter oder Bote für den Hersteller fungiert. Demnach begründen Sachmängel, die während der Geltungsdauer der Gewährleistung auftreten, Ansprüche gemäß § 443 Abs. 1 BGB. Ein Ausschluss der Sachmängelhaftung ist nicht zulässig, auch in Fällen, in denen der Vertragshändler die Gewährleistung gegenüber dem Endkunden übernimmt. Grundsätzlich wird bei einem Sachmangel der Hersteller und nicht der Vertragshändler in der Gewährleistungshaftung stehen, auch wenn letzterer das Vertragsprodukt veräußert hat. Der Vertragshändler haftet grundsätzlich nicht für Produkte, die er vertreibt und er hat auch keine allgemeine Prüfungspflicht sich zu vergewissern, ob die Produkte eventuell fehlerhaft sind oder nicht. Er wird aber in die Deliktshaftung kommen, für Produktsachmängel deren Fehlerhaftigkeit er kannte oder hätte wissen können, und die er dennoch veräußert hat. Je gravierender und gesundheitsgefährdender die Auswirkungen des Sachschadens sind, desto umfangreicher werden auch die Überprüfungspflichten für den Vertragshändler. So bestünde eine solche Überprüfungspflicht in Fällen, in denen Schadensfälle bereits bekannt geworden sind und genügend Grund zu Annahme bestanden hat, dass die Fehlerhaftigkeit auch Nachfolgeprodukte betreffen könnte. Obwohl, wie oben erwähnt, keine allgemeine Prüfungspflicht der Produkte für den Vertragshändler besteht, gibt es doch Ausnahmen die im § 4 ProdHaftG enthalten sind, und im Folgenden kurz erläutert werden sollen:

3.6.5.1 Vertragshändler tritt als Hersteller auf
Gemäß § 4 Abs. 1 ProdHaftG kann der Vertragshändler zum Quasi-Hersteller werden, wenn er bei seinen Kunden bewusst den Eindruck zu erwecken versucht, er sei der Hersteller des Vertragsproduktes. Dies kann aufgrund der Verpackung, Aufkleber, Marken oder anderen Kennzeichen der Fall sein und wird häufig in Versandhäusern Anwendung finden, die Produkte über Dritte herstellen lassen und diese dann als eigene anbieten. Der Vertragshändler, der Aufkleber oder andere Kennzeichen auf dem angebotenen Produkt anbringen möchte, sollte eventuell die Haftung nach dem Produkthaftungsgesetz auszuschließen.

3.6.5.2 Vertragshändler tritt als Importeur auf
Im Sinne des § 4 Abs. 2 ProdHaftG haftet der Vertragshändler zusätzlich zum Hersteller, wenn er Produkte aus einem Nicht-EU-Land einführt, da dieser nun anstatt des ausländischen Herstellers als eigentlicher Hersteller anzusehen ist. Dies liegt daran, dass der Gesetzgeber Verbraucher davor schützen möchte, Klageprozesse aufgrund von Sachmängeln in einem Land außerhalb der EU führen zu müssen, und somit eine sehr hohe Hürde zu nehmen. Außerdem hat der Geschädigte nicht mehr nach dem jeweiligen Hersteller oder Zulieferer im Ausland suchen müssen. Aufgrund der Tatsache, dass der inländische Importeur nunmehr im Sinne der Produkthaftung als Hersteller in die Haftung genommen werden kann, ist es für den Vertragshändler sehr wichtig, die Überprüfungspflicht der importierten Produkte sehr ernst zu nehmen.

3.6.5.3 Hersteller bzw. Vorlieferant ist unbekannt
Eine Produkthaftung des Vertragshändlers findet schließlich auch dann, wenn es nicht möglich ist, den Hersteller ausfindig zu machen oder dieser schlicht unbekannt ist. Nach § 4 Abs. 3 ProdHaftG, gilt jeder Unternehmer als Hersteller, wenn er dem geschädigten Verbraucher den tatsächlichen Hersteller oder Lieferanten nicht nennen kann oder keine Auskunft darüber hat. Diese Regelung setzt gewisse Hürden für den Vertragshändler fest, und macht ihn dafür verantwortlich Informationen über den eigentlichen Hersteller zu kennen und immer zu wissen, wer der ursprüngliche Lieferant ist. Auch hier geht es darum, den Endverbraucher zu schützen und ihm nicht aufzuerlegen, selbst solche Informationen ausfindig machen zu müssen.

3.7 Selektiver Vertrieb

Aufgrund der Möglichkeit der Einflussnahme des Herstellers kommt es häufig in Bezug auf höherwertige Verbrauchsgüter und Markenartikel zu einer Selektion der Vertragshändler, welche das Produktportfolio des Händlers präsentieren und exklusiv anbieten dürfen. In der Praxis bieten sich hierzu diverse Möglichkeiten wie vertikale Vertriebsverbindungen, oder selektive Vertriebssysteme an. Das sind in sich geschlossene Händlernetze, bei denen der Hersteller in der Regel Auswahlkriterien hinsichtlich Eignung des Personals, der Verkaufsräume, oder des Kundendienstes definiert, um aufgrund dieser Merkmale eine bessere Qualifizierung vornehmen zu können. Der rechtlichen Gestaltung sind allerdings durch deutsches- und europäisches Wettbewerbsrecht Grenzen gesetzt. So kann die Selektion bestimmter Vertragshändler eine Wettbewerbsbeschränkung im Sinne des § 1 GWB sowie Art. 101 AEUV darstellen, weil die zugelassenen Vertragshändler bezüglich ihrer Weiterverkaufsmöglichkeiten auf einen bestimmten Kreis von Kunden beschränkt werden und dadurch der Wettbewerb eingeschränkt wird. Insofern ist darauf zu achten, dass Regelungen zu selektiven Vertriebssystemen rechtssicher sind und die wettbewerbsrechtlichen Aspekte wahren. Selektive Vertriebssysteme sind so zu gestalten, dass sie entweder völlig unabhängig vom Marktanteil des Herstellers sind, oder der Marktanteil des Herstellers **die Schwelle von 30 % nicht übersteigt.** Darüber hinaus werden, unabhängig vom Marktanteil des Herstellers, offene und geschlossene selektive Vertriebssysteme unterschieden.

3.7.1 Offene selektive Vertriebssysteme

Offene selektive Vertriebssysteme enthalten im Belieferungsvertrag in der Regel keine bestimmten Regelungen, welche den Vertragshändler in seinen Weiterverkaufsmöglichkeiten einschränken. Es können durchaus Regelungen im Vertrag zur Einhaltung bestimmter Standards in Bezug auf Schulungen, Kundenservice, Produktberatung, oder Lagerhaltung vorkommen, ohne dass kartellrechtliche Bedenken bestehen. Im Falle allerdings, dass dem Vertragshändler zusätzlich zu diesen Regelungen auch der Bezug von Waren der Konkurrenz durch ein zusätzliches Wettbewerbsverbot wesentlich erschwert wird, kommen kartellrechtliche Bedenken wieder ins Spiel. Es wird hieraus deutlich, dass das unbedarfte Nutzen von zusätzlichen Klauseln die rechtlichen Konsequenzen der Vertragsparteien wesentlich verändern können.

3.7.2 Geschlossene selektive Vertriebssysteme

Im Gegensatz zu den offenen selektiven Vertriebssystemen ist hier in der Tat eine Regelung vorhanden, welche den Vertragshändler verpflichtet, die vorgesehenen Vertragswaren bzw. das Produktportfolio nur an bestimmte vom Hersteller und seinem System zugelassene Händler oder Kunden zu veräußern. In ähnlicher Weise kann der Hersteller auch bestimmen, nur von ihm selbst zugelassene Vertragshändler beliefern zu wollen, und somit den Absatz seiner Waren ebenfalls einschränken. Solche Beschränkungen stellen grundsätzlich eine Beschränkung des Absatzmittels auf bestimmte Kundenkreise dar und unterliegen somit dem Wettbewerbsverbot. Eine Ausnahme in diesem Zusammenhang ist die sogenannte einfache Fachhandelsbindung, wonach die Vertragshändler nach sachlichen und rein qualitativen Kriterien ausgewählt werden. Eine solche Bindung ist demnach unter folgenden Voraussetzungen zulässig:

- der selektive Vertrieb ist aufgrund der Eigenschaften der Vertragsprodukte notwendig, um die Qualität sowie den richtigen Gebrauch der betreffenden Produkte sicherzustellen;
- die Auswahlkriterien für Vertragshändler sind einheitlich festgelegt und die Auswahl erfolgt aufgrund objektiver Kriterien.

Die Zulässigkeit einer einfachen Fachhandelsbindung wird in diesem Zusammenhang maßgeblich von den Eigenschaften der zu vertreibenden Produkte abhängen. Solange die aufgestellten Auswahlkriterien nachvollziehbar und transparent sind, kommt jeder Händler für das Vertriebsnetz in Betracht, wenn er die erforderlichen Kriterien in qualitativer Art erfüllt. So hat die Rechtsprechung Fachhandelsbindungen für Verbraucherelektronik und elektrische Haushaltsgeräte anerkannt, ebenso wie für hochwertige Uhren und Schmuck sowie für Porzellan und andere hochwertige Haushaltsware.

Tab. 3.1 Vor- und Nachteile der Einbindung in ein vertikales Absatzsystem

Vorteile Vertragshändlersystem	Nachteile Vertragshändlersystem
Vertragshändler trägt das wirtschaftliche Risiko	Möglichkeit der Einflussnahme des Herstellers bzgl. Preisen und Rabatten
Vertragshändler handelt in eigenem Namen und in eigener Verantwortlichkeit	Produkthaftung des Herstellers, keine vollständige Haftungsüberwälzung auf den Vertragshändler möglich
Verpflichtung im selektiven Vertriebssystems die qualitativen Anforderungen des Herstellers zu erfüllen	Informationspflichten des Vertragshändlers gegenüber dem Hersteller dürfen sich nur auf aggregierte Daten beziehen, die keine Nachrechnung der konkreten Weiterverkaufspreise ermöglichen
Mindestumsatz als Kriterium für Vertragsschluss und Vertragsfortführung zulässig	Auch erfolglose Vertragshändler dürfen während des Vertragszeitraums die Marke des Herstellers nutzen
Vertragshändler kann zur Vorhaltung eines Waren- u. Ersatzteillagers sowie bestimmter Einrichtungen (Modelle, Vorführanlagen) auf eigene Kosten verpflichtet werden	Eine Beschränkung der Annahme passiver Käufe (Kundenanfragen) aus den Gebieten anderer Vertragshändler ist kartellrechtlich unzulässig

Geschlossene selektive Vertriebssysteme, welche nicht die Voraussetzungen der einfachen Fachhandelsbindung erfüllen, sind nur unter der Voraussetzung der oben genannten Marktanteilschwelle von 30 % zulässig. Für den Hersteller gibt es viele wesentliche Vorteile den Vertragshändler in sein vertikales Absatzsystem einzubinden, es gibt aber auch einige Nachteile, die in Tab. 3.1 zur besseren Übersicht gegenübergestellt werden sollen.

3.8 Direktgeschäfte des Lieferanten

Die Frage, ob der Hersteller das Recht hat, trotz bestehenden Vertragshändlervertrages im Vertragsgebiet Direktgeschäfte selbst zu tätigen oder zusätzliche Vertragshändler einsetzen darf, verursacht immer wieder Streitigkeiten zwischen den Vertragsparteien und beschäftigt auch die Gerichte allzu häufig. So könnte der Hersteller aufgrund der größeren Marktpräsenz interessiert sein, den Verkauf der Vertragsprodukte auch selbst am Vertragshändler vorbei anzubieten oder zu veräußern und so in Kauf zu nehmen, dass dabei auch existierende oder potenzielle Kunden des Vertragshändlers die Produkte direkt vom Hersteller erwerben. Aufgrund seiner allgemeinen Treuepflicht gegenüber dem Vertragshändler ist diese Vorgehensweise allerdings höchst problematisch, denn sie nimmt direkt Einfluss auf die Absatzmöglichkeiten des Händlers und verringert seine Marge. Zusätzlich besteht die Gefahr der preislichen Unterbietung, da der Hersteller in der Regel in der Lage sein wird, seine Produkte billiger anzubieten. Grundsätzlich wird ein mit einem exklusiven Alleinvertriebsrecht ausgestatteter Vertragshändler darauf vertrauen können, dass der Hersteller keine Direktverkäufe verrichtet und alles unternimmt, um seine Absatzmöglichkeiten nicht willkürlich zu beeinträchtigen. In solchen Fällen ist der Hersteller verpflichtet, Anfragen bezüglich der Vertragsprodukte an den Vertragshändler zur weiteren Bearbeitung weiterzuleiten; in diesem Sinne ist auch der Einsatz weiterer Vertragshändler zum Absatz der Vertragsprodukte im vereinbarten Vertragsgebiet untersagt. Dies gilt im Übrigen auch für typenähnliche Produkte aus dem Produktportfolio des Herstellers. Eine solche Möglichkeit des Direktverkaufs des Herstellers wird nur mit ausdrücklicher Zustimmung des betreffenden Vertragshändlers möglich sein, und eine solche Regelung sollte so spezifisch und umfänglich wie möglich gestaltet werden. Ferner sollte auch die entsprechende Vergütungsregelung des Vertragshändlers angemessen sein, die den Vertragshändler aufgrund seiner anteiligen Werbeaufwendungen an den Erlösen aus den Direktverkäufen beteiligt. Ohne eine solche ausdrückliche Beteiligungsklausel wird dem Vertragshändler kein zusätzlicher Erlös aus den Direktverkäufen des Herstellers zustehen.

Vertragshändler, die kein exklusives Alleinvertriebsrecht besitzen, müssen Direktgeschäfte des Herstellers in ihrem vereinbarten Vertriebsgebiet auch ohne besondere Regelung zulassen, wenn diese nicht gegen die Treuepflicht der Parteien verstößt und der Hersteller nicht auf derselben Absatzstufe wie der Vertragshändler werbend tätig wird. Selbiges gilt auch für den Einsatz weiterer Vertragshändler. Die Treuepflicht wird je nach Branche und Abhängigkeitsgrad der Vertragsparteien abhängig sein sowie von den besonderen Umständen, die in Betracht kommen. Je stärker der Vertrieb des Vertragshändlers auf den Hersteller ausgerichtet ist, desto größer wird die Treuepflicht dementsprechend zu bewerten sein, was aber von dem jeweiligen Einzelfall abhängen wird.

Bei unzulässigen einmaligen Direktgeschäften des Herstellers im eigenen Vertragsgebiet kann der Vertragshändler die Unterlassung entsprechender Tätigkeiten gemäß § 280 Abs. 1 BGB verlangen. Bei wiederholten Verstößen kann er, nach einer ausgesprochenen Abmahnung, vom Vertragshändlervertrag aufgrund der Schwere der Vertragsverletzung außerordentlich kündigen, und zusätzlich Schadensersatz beanspruchen, sofern ein Schaden in Form entgangener Gewinne entstanden ist. Darüber hinaus wird zu prüfen sein, ob ihm ein Ausgleichsanspruch nach Beendigung des Vertrages zusteht.

3.9 Vertragsdauer

Die Vertragsdauer ist auch hier, wie beim Handelsvertretervertrag, den Bestimmungen des Vertragsrechts angelehnt und kann in beiderseitigem Einverständnis frei bestimmt werden. Vertragshändlerverträge sind Dauerschuldverhältnisse und als solche entweder auf unbestimmte Zeit geschlossen und von jeder Partei durch ordentliche Kündigung beendigt oder für eine bestimmte Dauer abgeschlossen und nach Ablauf des vereinbarten Zeitraums als automatisch beendet. Es wird in der Regel im Interesse der Vertragsparteien liegen, eine langfristige Kooperation anzustreben, um eine stabile und erfolgreiche Vertriebsorganisation aufzubauen. Bei extrem langen Vertragslaufzeiten zwischen den Parteien kann es allerdings zu einer unangemessenen Benachteiligung einer Vertragspartei kommen, welche gemäß § 138 BGB sittenwidrig sein kann. So hat der BGH die unzumutbare wirtschaftliche Bewegungs- und Entscheidungsfreiheit in Tankstellen- oder Bierlieferungsverträgen bemängelt, die eine sehr lange Vertragslaufzeit von über 20 Jahren vorsahen, und somit den Vertragshändler in einem sittenwidrigen und nicht hinnehmbaren Maß einschränkten. Entscheidend werden aber immer die einzelnen Umstände einer Vertragssituation sein, um die Zulässigkeit einer Vertragslaufzeit zu bewerten.

Eine ähnliche Problematik kann im Übrigen auch für Verträge mit sehr kurzer Laufzeit gegeben sein, insbesondere wenn der Vertragshändler Investitionen zu tätigen hat und diese sich erst nach einigen Jahren vollständig amortisieren. So wird die Höhe der Investition ein wichtiger Indikator in Bezug auf die Laufzeit des Vertrages sein, genauso wie die Branche der Vertragsparteien. In einigen Bereichen, so z. B. der Kfz-Vertrieb, haben sich eine Mindestlaufzeit von 5 Jahren sowie eine Ankündigungsfrist von 6 Monaten durchgesetzt, wenn eine erhebliche Investition Voraussetzung für den Vertragsabschluss war. In Fällen, wo die Vereinbarung über die Vertragslaufzeit für unwirksam erklärt wird, gelten die gesetzlichen Vorschriften in analoger Anwendung des § 89 Abs. 1 HGB. Demnach beträgt die Kündigungsfrist

- im 1. Vertragsjahr: einen Monat
- im 2. Vertragsjahr: zwei Monate

- im 3.–5. Vertragsjahr: drei Monate
- nach 5 Vertragsjahren: sechs Monate

Regelungen mit Verlängerungsklauseln sind grundsätzlich zulässig, erfordern allerdings besondere Vorsicht. So wird ein Vertrag mit einer festen Laufzeit, der nach seinem Ablauf eine Verlängerungsoption um jeweils einen festen Zeitraum vorsieht, als ein Vertrag mit unbestimmter Laufzeit behandelt werden, da die Beendigung des Vertrages durch rechtskräftige Erklärung erfolgt. Ebenso sind sogenannte Kettenverträge, bei denen eine Befristung der nächsten folgt, und zu keiner Zeit eine Neuverhandlung geführt wird, als unzulässig anzusehen. Nach gängiger Rechtsprechung stellen sich solche Verträge als ein einziger Vertrag mit unbefristeter Laufzeit dar, sodass für die Kündigung die gesetzlichen Kündigungsfristen in Abhängigkeit von der Gesamtdauer gelten.

Der Vertragshändlervertrag kann grundsätzlich auf verschiedenen Wegen beendet werden, so z. B. durch ordentliche Kündigung, aufgrund Ablaufs der Befristung, durch Tod, einer Insolvenz, oder durch die fristlos ausgesprochene Kündigung.

3.10 Vergütung des Vertragshändlers

Da der Vertragshändler seine Tätigkeit in eigenem Namen und auf eigener Rechnung ausübt, erhält er seine Vergütung nicht in Form einer Provisionszahlung, sondern aus der Handelsspanne zwischen Einkaufs- und Verkaufspreis. Der kalkulierte Gewinn ergibt sich somit aus der Differenz des An- und Verkaufs, abzüglich der ihm entstandenen Kosten. Da der Vertragshändler in seiner Preisgestaltung beim Weiterverkauf der Ware grundsätzlich frei ist, kann er seine Marge je nach Marktlage und Nachfrage selbst steuern und anpassen. Somit ist es wesentlich für ihn, einen möglichst hohen Nachlass beim Einkauf der Ware eingeräumt zu bekommen, um diese dann mit einer recht hohen Marge weiterzuverkaufen. Aufgrund der unverbindlichen Preisangabe des Herstellers oder der Überlassung einer Endkundenpreisliste der Vertragsprodukte bzw. der Produktgruppe, weiß der Vertragshändler in der Regel, welche Verkaufspreise am Markt durchsetzbar und möglich sind. Darüber hinaus gewährt der Hersteller im günstigsten Fall noch spezielle Mengenrabatte, Prämien, Boni, oder Marketingaktivitäten, um zusätzliche Vertriebsanreize zu schaffen. Vorstellbar sind auch Sonderzahlungen des Herstellers an den Vertragshändler für besonders gut ausgeführten Kundendienst, nachhaltige Servicedienstleistungen, oder sehr gute Ergebnisse im Rahmen von Kundenzufriedenheitsumfragen.

Es ist auf der anderen Seite nicht üblich, dass der Hersteller die Aufwendungen des Vertragshändlers bezüglich Reisekosten, Mieten, Telefon-, Porto-, oder Internetkosten ersetzt, solange diese nicht gesondert in irgendeiner Form vereinbart wurden. Es ist allgemeiner Usus, dass mit dem eingeräumten Nachlass des Herstellers alle aufgrund des Vertragshändlervertrages zu erbringenden Leistungen des Vertragshändlers abgegolten sind.

3.10.1 Preisanpassung

Preisanpassungsklauseln haben einen direkten Einfluss auf die Vergütung bzw. die Ertragslage des Vertragshändlers und stellen daher immer wieder große Probleme in der Praxis dar. Grundsätzlich wird eine Anpassung des gewährten Nachlasses oder Grundrabatts auf ihre Wirksamkeit zu prüfen sein, auch wenn die Vertragsparteien dies vorab so ausdrücklich vereinbart haben. So kann es für eine solche Anpassung sehr nachvollziehbare Gründe für den Hersteller geben, nämlich dann, wenn die Preislisten schon eine gewisse Zeit nicht angepasst wurden und sich die Kostenstruktur erheblich geändert hat. Auf jeden Fall sind allerdings auch hier die oben erwähnten Treuepflichten zu beachten, sodass die Interessen des Vertragshändlers angemessen berücksichtigt werden müssen. Starre Klauseln in Allgemeinen Geschäftsbedingungen unterliegen zudem gewissen Anforderungen in Bezug auf die vorzunehmende Wertung. So wird die Anwendung des § 307 BGB in die Beurteilung mit einbezogen werden, da sie, laut BGH, eine Ausstrahlungswirkung hinsichtlich der Wirksamkeit der im Rechtsverkehr zwischen den Vertragsparteien verwendeten Anpassungsklauseln hat. In der Regel wird das Gericht neben den schutzwürdigen Interessen der Parteien auch die im Handelsverkehr geltenden Gewohnheiten und Gebräuche einbeziehen, und den Besonderheiten des kaufmännischen Geschäftsverkehrs entsprechend Rechnung tragen.

3.10.2 Ausgleichsanspruch

Die gesetzliche Regelung des Ausgleichsanspruchs soll dem Vertragshändler im Fall der Beendigung seines Vertragsverhältnisses eine zusätzliche Vergütung dafür gewähren, dass er durch seine Geschäftsverbindung mit Kunden einen **Kundenstamm für den Hersteller geschaffen hat,** der diesem auch nach Vertragsbeendigung erhebliche Vorteile bringt. Dies gilt auch, wenn der Vertragshändler im Ausland tätig ist und die Parteien die Anwendung deutschen Rechts vereinbart haben. Zweck dieser Regelung ist eine Art Kompensation für die noch nicht vollständig abgegoltene Markterschließungsleistung des Vertragshändlers sowie für den Verlust seiner zukünftigen Einnahmen nach Beendigung des Vertragsverhältnisses. Die Voraussetzungen für einen Ausgleichsanspruch müssen grundsätzlich analog des § 89b Abs. 1 HGB vorliegen und müssen zudem folgende Tatbestände erfüllen:

- der Vertragshändler muss umfänglich in die Absatzorganisation des Herstellers eingegliedert sein; es besteht seitens des Vertragshändlers die Verpflichtung, dem Hersteller die Kundendaten zu überlassen;
- das Vertragsverhältnis wurde beendet;
- dem Hersteller fließen nach Vertragsbeendigung aus dem vom Vertragshändler geworbenen Kundenstamm erhebliche Vorteile zu;

- der Vertragshändler muss infolge der Vertragsbeendigung Verluste auf zukünftige Einnahmen haben;
- die Zahlung des Ausgleichs muss der Billigkeit entsprechen;

Die oben aufgelisteten Voraussetzungen müssen allesamt erfüllt sein, um den Anspruch auf Ausgleich zu begründen. In die Absatzorganisation des Herstellers ist der Vertragshändler eingegliedert, wenn er aufgrund der vertraglichen Verpflichtungen folgende Merkmale aufweist:

- dem Vertragshändler wurde ein Alleinvertriebsrecht eingeräumt;
- es besteht eine generelle Verpflichtung zum Absatz der Vertragsprodukte;
- ein Wettbewerbsverbot wurde in die Vertragsvereinbarung inkludiert;
- dem Vertragshändler wurde ein bestimmtes Vertragsgebiet zugewiesen;
- das Verkaufspersonal wird nach Vorgaben geschult;
- Verkaufswerbung wird nach Richtlinien des Herstellers durchgeführt;
- es werden Mindestabnahmemengen vereinbart;
- es besteht die Pflicht eines Waren- oder Ersatzteillagers;
- dem Vertriebshändler wird auferlegt an Messen teilzunehmen;
- es besteht die Verpflichtung zu Kundendienstleistungen;
- der Hersteller hat eine Kontroll- und Überwachungsbefugnis;
- es gibt Vorgaben bezüglich Einrichtung der Geschäftsräume oder der Lagerhalle;
- der Hersteller hat ein generelles Zutrittsrecht in die Geschäftsräume des Vertragshändlers;
- generelles Einsichtsrecht in die Geschäftsunterlagen und Bilanzen des Vertragshändlers;
- Vorgabe zu Zahlungs- und Lieferbedingungen;
- Berichts- und Mitteilungspflichten des Vertragshändlers;
- Durchführung von Werbung;

Die nunmehr aufgelisteten Voraussetzungen müssen nicht allesamt erfüllt sein, um die Eingliederung in die Absatzorganisation zu begründen, es genügt, wenn der Vertragshändler nach dem Gesamtbild seiner Bindungen und Verpflichtungen einem Handelsvertreter vergleichbar in die Absatzorganisation des Herstellers integriert ist. Insbesondere die Übernahme detaillierter Informations- und Berichtspflichten des Vertragshändlers sowie Kontroll- und Überwachungsbefugnissen zugunsten des Herstellers werden, gemäß BGH, maßgebliche Kriterien für die Annahme einer Eingliederung sein.

3.10.3 Ausgleichsanspruch für den Vertragshändler im Ausland

Der Anspruch des Vertragshändlers auf Ausgleich bei Vertragsbeendigung hat nach neuester Rechtsprechung eine erhebliche Neuerung erfahren, denn bisher galt ein Ausgleichsanspruch nur für Handelsvertreter sowie im Inland tätige Vertragshändler zwingend, sodass ein Ausschluss für im Ausland tätige Händler durchaus zulässig war. Der BGH hat in seinem Urteil vom 25. Februar 2016 den Ausgleich auch für Vertragshändler im EU-Ausland bejaht, analog zur Regelung des § 89b HGB für Vertragshändler, wenn die Anwendung deutschen Rechts vereinbart wurde. Da der Handelsvertreter im Ausland ähnliche Aufgaben wahrnimmt und die Gefahrenlage ähnlich der in Deutschland ist, könne ein Ausgleich für Vertragshändler innerhalb der EU nicht ausgeschlossen werden, auch wenn die Parteien dies im Vorfeld vereinbart haben sollten. Bei Vertragshändlerverträgen mit Auslandbezug bietet sich demnach für den Hersteller bzw. Lieferanten an ein Recht zu wählen, welches keinen Ausgleichsanspruch kennt. Die Problematik stellt sich für Vertragshändler außerhalb der Grenzen der EU nicht; demnach wird der Ausschluss des Ausgleichs für einen im außereuropäischen Ausland tätigen Handelsvertreter wirksam sein, wenn das anwendbare Recht des Ziellandes gewählt wurde und das dortige Recht keinen Ausgleichsanspruch kennt. In Fällen, wo die Parteien kein anwendbares Recht explizit gewählt haben, gilt das Recht des Landes, in dem der Händler tätig ist. Somit sollte bei im außereuropäischen Ausland tätigen Vertragshändlern immer das dortige nationale Recht geprüft werden, um Risiken sowie zusätzliche finanzielle Aufwendungen abwägen zu können.

3.11 Muster Vertragshändlervertrag

Muster-Vertragshändlervertrag

zwischen

ABC GmbH

– nachfolgend **Unternehmen** genannt –

und

XYZ GmbH

– nachfolgend **Vertragshändler** genannt –

wird folgender **Vertragshändlervertrag** geschlossen:

Präambel

Das Unternehmen entwickelt und stellt die dargestellten Produkte exklusiv her – im Folgenden Vertragsprodukte. Die Vertragsprodukte werden über den Großhandel, über Vertragshändler und über das Internet vertrieben.

Der Vertragshändler ist selbstständiger Unternehmer und verfügt in der Branche über umfassende Erfahrungen im Marketing und Vertrieb.

Aufgrund seiner Erfahrungen erfüllt er die von dem Unternehmen an einen Vertragshändler gestellten Anforderungen.

Dies vorausgeschickt schließen die Parteien folgenden Vertragshändlervertrag:

§ 1
Vertragsgegenstand und rechtliche Stellung des Vertragshändlers

(1) Das Unternehmen überträgt dem Vertragshändler für das in § 3 näher definierte Vertragsgebiet das Recht zum Vertrieb der in § 2 festgelegten Vertragsprodukte.

(2) Der Vertragshändler kauft und verkauft/vertreibt die Vertragsprodukte und erbringt die erforderlichen Kundendienstleistungen im eigenen Namen und auf eigene Rechnung und Verantwortung. Es wird keine Berechtigung erteilt, für das Unternehmen zu handeln oder Verpflichtungen im Namen des Unternehmens einzugehen.

(3) Der Vertragshändler wird als freier sowie rechtlich und wirtschaftlich selbstständiger Unternehmer tätig. Er beschafft sich selbst auf eigene Kosten und auf eigene Verantwortung sein Personal, die erforderlichen Betriebsmittel und Betriebseinrichtungen. Er ist alleinverantwortlich für die wirtschaftlichen Chancen und Risiken seiner Tätigkeit. Der Hersteller steht daher nicht für die Rentabilität des Betriebes des Vertragshändlers ein.

(4) Weiterhin ist der Vertragshändler berechtigt, sich während der Vertragsdauer als Händler des Unternehmens zu bezeichnen.

§ 2
Vertragsprodukte

(1) Vertragsprodukte sind die vom Unternehmen hergestellten und im Vertragshändlervertrag beigefügten Aufstellung genannten Erzeugnisse und die dazugehörigen Ersatz- und Zubehörteile.

(2) Erweitert das Unternehmen sein Verkaufsprogramm oder werden nach Abschluss des Vertragshändlervertrages neue Erzeugnisse in seinen Vertrieb aufgenommen, werden diese nicht automatisch Vertragsprodukte im Sinne dieser Vereinbarung, es sei denn, bei dem Erzeugnis handelt es sich um ein Nachfolgeprodukt. Das Unternehmen hat diese dem Vertragshändler als Vertragsprodukte zu den Bedingungen des Vertrages anzubieten.

(3) Das Unternehmen ist berechtigt, Vertragsprodukte unter Einhaltung einer Ankündigungsfrist von drei Monaten die Produktion hinsichtlich einzelner Vertragsprodukte im Sinne der allgemeinen Vertriebspolitik um- oder einzustellen. Die Ankündigung hat schriftlich zu erfolgen. Bereits vor der Information angenommene oder erfolgte Bestellungen des Vertragshändlers hinsichtlich des auslaufenden Vertragsproduktes, die das Unternehmen wirksam angenommen hat, bleiben davon unberührt.

§ 3
Vertragsgebiet

(1) Das Vertragsgebiet besteht aus den Regionen mit den Postleitzahlen 1, 2, 3, 4 sowie dem Gebiet Sauerland.

(2) Dem Vertragshändler wird im Vertragsgebiet das Alleinvertriebsrecht gewährt. Das Unternehmen wird die Vertragsprodukte im Vertragsgebiet nicht über andere Vertriebsmittler vertreiben, es ist jedoch berechtigt, die Vertragsprodukte an die als Direktkunden bezeichneten Kunden im Vertragsgebiet unmittelbar zu verkaufen. Das Unternehmen wird den Vertragshändler sofort schriftlich informieren, wenn ein Kunde Direktkunde ist. Eine Beteiligung an dem Verkaufspreis erhält der Vertragshändler nicht.

(3) Eine aktive Vertriebspolitik, wie Marketing und Werbung, ist dem Vertragshändler nur innerhalb des zugewiesenen Vertragsgebiets gestattet. Der Vertragshändler kann nach Absprache mit dem Unternehmen aktives Marketing in den Gebieten betreiben, die weder einem anderen Vertragshändler noch dem Unternehmen selbst exklusiv zugewiesen sind. Ein aktives Marketing ist dem Vertragshändler untersagt, wenn dieses Gebiet einem anderen Vertragshändler übertragen worden ist oder werden soll.

§ 4
Pflichten des Vertragshändlers

(1) Der Vertragshändler hat die Interessen des Unternehmers mit der Sorgfalt eines ordentlichen Kaufmannes wahrzunehmen.

(2) Der Vertragshändler ist verpflichtet, im Vertragsgebiet ansässigen Kunden die Vertragsprodukte anzubieten, sowie angemessene Anstrengungen für deren größtmöglichen Absatz zu betreiben. Darüber hinaus hat er den Kundenstamm für die Vertragsprodukte innerhalb des Vertragsgebiets zu vergrößern.

(3) Die Vertragsparteien werden die Werbeinhalte für das Marketing der Vertragsprodukte gemeinsam festlegen. Werbemaßnahmen der Vertragsprodukte wird der Vertragshändler eigenständig übernehmen.

(4) Der Vertragshändler hat die Regeln des lauteren Wettbewerbs zu beachten und alles zu unterlassen, was dem Image des Unternehmers Schaden zufügen könnte.

(5) Der Vertragshändler ist verpflichtet, alle vom Unternehmer im Rahmen der Vertragsdurchführung mitgeteilten Geschäfts- und Betriebsgeheimnisse strengstens geheim zu halten. Er hat dafür Sorge zu tragen, dass diese Verpflichtung auch von seinen Mitarbeitern eingehalten wird. Diese Verpflichtung trifft ihn auch nach Vertragsbeendigung.

(6) Der Vertragshändler wird dem Unternehmen regelmäßig über die Entwicklung des Marktes im Vertragsgebiet berichten und ihm notwendige Informationen, wie Umsatzzahlen, Kundenzuwachs, Aktivitäten der Konkurrenz, Akzeptanz der Vertragsprodukte, Wünsche der Kunden und sonstige weitere Umstände, die für eine Beurteilung der Marktentwicklung durch das Unternehmen wichtig sein können, zukommen lassen. Die Häufigkeit und Art und Weise des Informationsaustausches wird von den Parteien einvernehmlich festgelegt.

(7) Es besteht die Verpflichtung des Vertragshändlers, die Vertragsprodukte unter den Markenzeichen und in der Ausstattung zu vertreiben, die das Unternehmen vorschreibt. Die Markenzeichen des Unternehmens haben auch im Rahmen von Werbemaßnahmen ordnungsgemäß verwendet zu werden.

(8) Der Vertragshändler ist verpflichtet einen geeigneten Kundendienst vorzuhalten, mit welchem er in der Lage ist, den Endkunden Serviceleistungen und insbesondere Mängelbeseitigungsarbeiten an den Vertragsprodukten anzubieten und durchzuführen. Bei der Durchführung des Kundendienstes hat er sich an die Vorgaben des Unternehmens zu halten und diese zu beachten.

(9) Weiterhin hat der Vertragshändler dafür zu sorgen, dass die zu den Vertragsprodukten gehörigen Betriebsanleitungen und sonstigen Bedienhinweise an den Endkunden gelangen. Von Vorkommnissen, welche die Sicherheit der Vertragsprodukte anbelangen, wird er das Unternehmen sofort unterrichten.

§ 5
Pflichten des Unternehmers

(1) Das Unternehmen hat auf die Interessen des Vertragshändlers in angemessenem Umfang Rücksicht zu nehmen und ihn in seiner Tätigkeit zu unterstützen. Es wird den Vertragshändler bei dessen Betriebstätigkeit und der Durchführung des Kundendienstes beraten.

(2) Das Unternehmen wird dem Vertragshändler rechtzeitig alle für dessen Betriebstätigkeit erforderlichen Informationen und Unterlagen, wie Prospekte, Notizen, Kataloge, Zeichnungen, Verkaufsanleitungen und Werbematerialien, kostenfrei zur Verfügung stellen.

Diese Unterlagen bleiben Eigentum des Unternehmens, soweit sie nicht bestimmungsgemäß verbraucht oder an Kunden weitergegeben werden.

(3) Das Unternehmen kann, neben der vom Vertragshändler durchzuführenden Werbung, eigene zentrale Werbeaktionen durchführen. Dabei hat es die Interessen des Vertragshändlers angemessen zu beachten.

(4) Das Unternehmen ist zur Ausführung der Bestellungen des Vertragshändlers verpflichtet. Eine Ablehnung der Bestellung ist nur unter Angabe eines sachlichen Grundes gerechtfertigt.

§ 6
Wettbewerbsverbot

(1) Der Vertragshändler ist zum Vertrieb anderer Produkte berechtigt, die nicht im Wettbewerb zu den Vertragsprodukten des Unternehmens stehen. Der Vertragshändler muss dem Unternehmen vor Aufnahme des Vertriebes die neu aufzunehmenden Produkte schriftlich mitteilen. Sofern sachliche Gründe gegen die Aufnahme der Produkte sprechen, kann das Unternehmen der Aufnahme des Vertriebes widersprechen. Im Falle eines Widerspruchs darf der Vertragshändler den Vertrieb der Produkte nicht übernehmen.

(2) Der Vertragshändler darf für die Dauer von drei Jahren ab Vertragsbeginn keine Erzeugnisse herstellen, beziehen oder weiterverkaufen, die mit den Vertragsprodukten in Wettbewerb stehen. Die Vertragsparteien verpflichten sich mindestens neun Monate vor Ablauf der in § 10 Abs. Satz1 bestimmten Frist über eine Verlängerung des Wettbewerbsverbotes um weitere drei Jahre zu verhandeln.

(3) Der Vertragshändler verpflichtet sich, die Vertragsprodukte während der Dauer des Vertrages ausschließlich vom Unternehmen zu beziehen und hat dem Unternehmen unverzüglich eine schriftliche Mitteilung in folgenden Fällen zu machen:

- Der Vertragshändler will sich direkt oder indirekt an einem Konkurrenzunternehmen des Unternehmens beteiligen oder dieses unterstützen, z.B. durch Gewährung eines Darlehens;

- Der Vertragshändler wird selbstständig oder unselbstständig, auf fremde oder eigene Rechnung, für ein Konkurrenzunternehmen des Unternehmens tätig.

§ 7
Allgemeine Geschäftsbedingungen

(1) Das Unternehmen verkauft dem Vertragshändler die Vertragsprodukte auf der Grundlage der Allgemeinen Verkaufs- und Zahlungsbedingungen des Unternehmens. Der Vertragshändler erklärt sich mit deren Einbeziehung ausdrücklich einverstanden.

(2) Die Mängelhaftungsrechte des Vertragshändlers im Hinblick auf die abgeschlossenen Kaufverträge bestimmen sich nach den oben erwähnten Allgemeinen Verkaufs- und Zahlungsbedingungen.

§ 8
Preise und Lieferbedingungen

(1) Das Unternehmen gewährt dem Vertragshändler auf die Vertragsprodukte einen Händlerrabatt, der auf der Grundlage des vom Unternehmen unverbindlich empfohlenen (Endverbraucher)-Listenpreis berechnet wird. Bemessungsgrundlage ist dabei der zum Zeitpunkt des Kaufvertragsabschlusses geltende Listenpreis. Dieser, sowie die vereinbarten Rabatte, ergeben sich aus der Preis- und Rabattstaffel, die in der jeweils gültigen Fassung Bestandteil des Vertrages ist.

(2) Die Preise für die Vertragsprodukte, die dem Vertragshändler berechnet werden, bestimmen sich nach den Nettoverkaufspreisen, abzüglich des jeweils gültigen Händlerrabattes jedoch zuzüglich des aktuellen Umsatzsteuersatzes.

(3) Der Vertragshändler ist in der Preisgestaltung gegenüber seinen Kunden frei. Er ist nicht an unverbindliche Preisempfehlungen des Unternehmens gebunden.

(4) Bis zur vollständigen Zahlung des Kaufpreises bleiben die gelieferten Vertragsprodukte Eigentum des Unternehmens.

(5) Das Unternehmen ist im Rahmen seiner allgemeinen Vertriebspolitik berechtigt, die genannten Listenpreise und Rabatte mit einer Ankündigungsfrist von vier Monaten zu ändern. Bestellungen, die vom Unternehmen bereits bestätigt wurden, werden hiervon nicht berührt.

§ 9
Mindestabnahme

(1) Es wird vereinbart, dass der Vertragshändler folgende angemessenen Mindestmengen von Vertragsprodukten bei dem Unternehmen zu kaufen und alsbald nach Abschluss des Kaufvertrages abzunehmen hat:

- ..... € bis zum Ablauf des ersten Kalenderjahres nach Vertragsbeginn gemäß § 10 Abs. 1,
- ..... € im zweiten Kalenderjahr nach Vertragsbeginn,
- ..... € im dritten Kalenderjahr nach Vertragsbeginn,
- in den darauffolgenden Kalenderjahren jeweils den Vorjahresbetrag mit einer Steigerung von jeweils ..... % gegenüber dem betreffenden Vorjahr.

(2) Hält der Vertragshändler die vereinbarten Mindestabnahmemengen gemäß Abs.1 aus von ihm zu vertretenen Umständen nicht ein, besteht ein Anspruch auf Schadensersatz.

§ 10
Dauer des Vertrages/Beendigung

(1) Der Vertragshändlervertrag beginnt mit Vertragsunterzeichnung und wird auf unbestimmte Zeit geschlossen. Beide Vertragsparteien können den Vertragshändlervertrag unter Einhaltung einer Frist von sechs Monaten zum Ende eines Kalendermonats kündigen.

(2) Unbeschadet des Rechts zur ordentlichen Kündigung ist jeder Vertragspartner berechtigt, den Vertragshändlervertrag ohne Einhaltung einer Kündigungsfrist fristlos aus wichtigem Grund zu kündigen. Ein zur fristlosen Kündigung berechtigender wichtiger Grund ist dann gegeben, wenn das Vertrauensverhältnis zwischen den Vertragsparteien aufgrund des vom anderen Vertragspartner gesetzten Grundes für den kündigenden Vertragspartner so nachhaltig gestört ist, dass eine Fortsetzung des Vertragshändlervertrages nicht in Betracht kommt.

(3) Die Kündigung hat schriftlich per Einschreiben zu erfolgen.

§ 11

Nachvertragliche Pflichten beider Parteien

(1) Bei Beendigung des Vertragshändlervertrages hat der Vertragshändler alle ihm vom Unternehmen zum Zwecke der Vertragsdurchführung überlassenen Unterlagen an das Unternehmen zurückzugeben, soweit sie von ihm nicht bestimmungsgemäß verbraucht worden sind.

(2) Das Unternehmen ist verpflichtet, den Vertragshändler bei Bedarf in ausreichendem Maße mit Ersatzteilen zu den bisherigen Vertragsbedingungen zu beliefern, damit dieser seinen Verpflichtungen aus § 4 Abs. 8 in vollem Umfang nachkommen kann.

(3) Der Vertragshändler ist nach Vertragsbeendigung nicht mehr berechtigt, sich als Händler des Unternehmens zu bezeichnen und den Namenszug, das Erkennungszeichen oder sonstige Kennzeichen des Unternehmens zu verwenden.

§ 12

Gerichtsstand/Erfüllungsort

(1) Erfüllungsort für alle Ansprüche aus diesem Vertragshändlervertrag ist der Sitz des Unternehmens.

(2) Gerichtsstand für alle Streitigkeiten zwischen den Vertragsparteien aus und im Zusammenhang mit diesem Vertragshändlervertrag ist der Sitz des Unternehmens.

(3) Vertragssprache ist deutsch.

(4) Auf den Vertragshändlervertrag findet ausschließlich das Recht der Bundesrepublik Deutschland Anwendung.

§ 13

Einhaltung geltenden Rechts

(1) Der Vertragshändler verpflichtet sich im Rahmen dieses Vertrages zur Einhaltung aller einschlägigen gesetzlichen oder behördlichen Bestimmungen. Er verpflichtet sich die Bemühungen des Unternehmens zu unterstützen, solche Gesetze einzuhalten. Für die Einhaltungen der entsprechenden gesetzlichen Vorschriften, die den Geschäftsbetrieb, gesetzliche Vertreter, Angestellte und deren Aktivitäten betreffen, ist der Vertragshändler eigenverantwortlich.

(2) Der Vertragshändler ist insbesondere dazu verpflichtet keine Handlungen zu begehen oder Handlungen zu unterlassen, die zu einer Strafbarkeit wegen Betrug oder Untreue, Insolvenzstraftaten, Straftaten gegen den Wettbewerb, Vorteilsgewährung oder Bestechlichkeit von beim Vertragshändler beschäftigten Personen oder Dritten führen kann.

(3) Bei einem Verstoß gegen die Verpflichtungen aus Absatz 1 und 2 steht dem Unternehmen ein fristloses Kündigungsrecht zu.

§ 14
Nebenabreden/Teilnichtigkeit/salvatorische Klausel

(1) Nebenabreden, Ergänzungen und Abänderungen dieses Vertragshändlervertrages bedürfen zu ihrer Wirksamkeit der Schriftform. Dies gilt auch für die Abbedingung des Schriftformerfordernisses.

(2) Sollte eine Bestimmung dieses Vertragshändlervertrages unwirksam oder undurchführbar sein oder werden, so berührt dies die Wirksamkeit des Vertrages im Übrigen nicht. Die Vertragspartner verpflichten sich eine wirksame oder durchführbare Bestimmung an die Stelle der unwirksamen oder undurchführbaren Bestimmung zu setzen, die den wirtschaftlichen Bestimmungen dieses Vertragshändlervertrages soweit wie möglich entspricht.

(3) Durch von diesem Vertragshändlervertrag abweichendes Verhalten werden weder vereinbarte Rechte und Pflichten verändert oder aufgehoben, noch neue Rechte oder Pflichten begründet.

(4) Die Überschriften zu den einzelnen Vorschriften dieses Vertragshändlervertrages dienen lediglich der besseren Orientierung und haben keinen eigenständigen Regelungsgehalt und keine rechtliche Bedeutung.

(5) Alle Ansprüche aus diesem Vertragshändlervertrag verjähren in 36 Monaten, gerechnet ab Fälligkeit.

....., den .....

....
(Vertragshändler)   (Unternehmen)

Literatur

Bitter, G., und Schumacher F., (2015), *Handelsrecht,* Verlag Franz Vahlen, München.
Czech-Winkelmann, S., und Kopsch, A., (2008), *Handbuch International Business,* Erich Schmidt Verlag, Berlin.
Emde, R., (2014), *Vertriebsrecht,* Deutscher Fachverlag GmbH, De Gruyter Praxishandbuch, Berlin/ Boston.
Hoffbauer, C., (2010), *Der Rahmenvertrag in der Lieferbeziehung,* Logos Verlag, Berlin.
Weick, G., und Basse, A., (2013), *Recht des internationalen Handels- und Wirtschaftsverkehrs,* De Gruyter Praxishandbuch, Berlin/ Boston.
Westphal, B., und Basse, A., (2000), *Vertriebsrecht, Band 2, Vertragshändler,* De Gruyter Praxishandbuch, Berlin/ Boston.
BGH Urteil vom 25.02.2016, AZ: VII ZR 102/15

Checklisten 4

> **Zusammenfassung**
>
> Mit den nachfolgenden praxis- und problemorientierten Export-Checklisten (Brenner et al. in Export für Einsteiger. Bundesanzeiger Verlag, Köln, 2013) erhalten exportorientierte Firmen einen roten Faden für ihre ersten Schritte in neuen Märkten. Die Checklisten folgen dabei jeweils dem Muster: Definition – Problemstellung – Beispiel – Checkliste – andere Lösungsmöglichkeiten und weiterer Hilfen.

4.1 Checkliste 1: Der Kaufvertrag

▶ Ein Kaufvertrag kommt dadurch zustande, dass ein Exporteur ein Angebot abgibt und ein Importeur dieses Angebot annimmt. Das heißt, der ausländische Vertragspartner erklärt seine Annahme auf der Grundlage des ihm vorliegenden Angebotes des Exporteurs. Hierbei ist es zunächst unerheblich, ob Angebot und Annahme mündlich oder schriftlich erfolgt sind.

Problemstellung

Risiken sind stets dann zu beobachten, wenn die für den Abschluss des Vertrages notwendige Einigung nicht zustande gekommen ist. Zu beachten ist, dass der gesamte Vertrag nicht zustande gekommen ist, wenn die Vertragsparteien sich über einen wesentlichen Punkt nicht geeinigt haben. Zu den wesentlichen Punkten gehören:

- das Vertragsprodukt
- der Preis
- die Lieferbedingungen
- die Zahlungsbedingungen
- der Lieferzeitpunkt

Es kommt also bei dem gültigen Abschluss von Auslandsverträgen auf die völlige Übereinstimmung in allen wesentlichen Vertragsbestandteilen an.

> **Beispiel**
>
> Ein deutsches Außenhandelsunternehmen bietet einem Importeur in Hongkong eine bestimmte Ware an und gibt als Kaufpreis „Dollar" als Vertragswährung an. Sollte es zu diesem Vertrag aus einem späteren Zeitpunkt zu einem Streit kommen, weil der Vertragspartner in Hongkong von „Hongkong-Dollar" ausgegangen ist und der deutsche Exporteur von „US-Dollar", dann kann davon ausgegangen werden, dass der Vertrag insgesamt nicht zustande gekommen ist, weil man sich über einen wesentlichen Punkt, nämlich den Verkaufspreis in „welcher Dollar-Währung" nicht geeinigt hat.

Checkliste
Der Kaufvertrag
Vor Angebotsabgabe

- Ist die Bonität des ausländischen Geschäftspartners im erforderlichen Umfange geprüft?
- Ist für das Exportgeschäft eine Ausfuhrgenehmigung einzuholen (beim Bundesamt für Wirtschaft und Ausfuhrkontrolle)?
- Gibt es im Importland Importbeschränkungen (mengenmäßig, technisch usw.)?
- Welche Kosten (Exportkalkulation) und welche Risiken (Incoterms) sind mit dem Export des Produktes verbunden?
- Sind die Kosten in der Exportkalkulation berücksichtigt?
- Sind die Risiken in der Exportversicherung berücksichtigt?
- Welche öffentlich-rechtlichen Vorschriften gibt es im Importland?
- Welche technischen Normen bestehen im Importland, können diese durch den Exporteur erfüllt werden?
- Sind Zulassungsvorschriften zu erfüllen, welche Kosten sind hiermit verbunden?

Vertragspartner (an wen soll geliefert werden?)

- Ist die genaue gesellschaftsrechtlich korrekte Bezeichnung des Vertragspartners angegeben?
- Stimmt die Rechnungsanschrift/Lieferanschrift (Vorsicht vor P.O.- Box-Anschriften)?
- Ist der Empfänger des Vertragsangebotes vertretungsberechtigt?

Ist der Verkaufsgegenstand präzise bestimmt (was soll geliefert werden)?

- Stimmt also die Spezifikation des Produktes?
- Stimmt die Mengenangabe (Vorsicht bei Bezeichnungen wie „gallon" und „ton", hier gibt es nach Zielland unterschiedliche Bedeutungen)?
- Ist es sinnvoll, bei komplexen bzw. komplizierten Produktbezeichnungen ein Kürzel zu verwenden, um nachher eventuelle Probleme beim Akkreditiv zu vermeiden?

4.1 Checkliste 1: Der Kaufvertrag

Ist der Kaufpreis korrekt angegeben?
- Sind alle Faktoren, die den Exportpreis bestimmen, berücksichtigt?
- Ist die Währung angegeben (nicht nur $, sondern z. B. US$)?
- Ist die Vereinbarung einer Preisgleitklausel erforderlich?

Sind die Lieferbedingungen geregelt (wie, wohin soll geliefert werden)?
- Sind die Lieferbedingungen gemäß Incoterms angeboten?
- Ist der letzte Stand der Incoterms (Incoterms 2010) angegeben?
- Ist der exakte Lieferort angegeben?
- Ist die Incoterms -Klausel richtig angegeben (CIF Teheran ist falsch)?
- Ist die Incoterms -Klausel ohne Wenn und Aber vereinbart?
- Ist der Lieferzeitpunkt definiert?
- Sind Teillieferungen zulässig?

Ist die Zahlungsbedingung klar geregelt (wann, wo ist zu zahlen, wer hat an wen zu zahlen)?
- genaue Art der Zahlung (z. B. durch ein unwiderrufliches bestätigtes Akkreditiv)
- Zeitpunkt der Zahlung
- Ort der Zahlung

Sonstige Vertragsbestimmungen (was ist sonst noch zu berücksichtigen)?
- Soll ein Eigentumsvorbehalt vereinbart werden?
- Ist die Eigentumsvorbehalt-Klausel korrekt formuliert und nach dem Recht des Importstaates wirksam (Vorsicht: In vielen Ländern gilt der in Deutschland übliche Eigentumsvorbehalt nicht)?
- In welchem Umfang soll/muss eine Gewährleistungshaftung übernommen werden?
- Ist berücksichtigt, in welchem Umfang ein Produkthaftungsrisiko gegeben ist (Vorsicht: Die Risiken sind in den USA höher zu bewerten, als in anderen Staaten)?
- Ist die Frage der höheren Gewalt (Gewaltklausel) zu regeln?
- Welches (Schieds-)Gericht soll einen etwaigen Streit entscheiden?
- Welches nationale Recht soll für den Kaufvertrag zur Anwendung gelangen?
- Ist bei zweisprachigen Verträgen geregelt, nach welcher Vertragssprache im Streitfall der Vertrag interpretiert wird?

Weitere Hilfen
- VDMA – Verband Deutscher Maschinen- und Anlagenbau
- ICC – Internationale Handelskammer[1]
- Fachanwalt

4.2 Checkliste 2: Der Eigentumsvorbehalt

▶ Bei Lieferungen, die nicht gegen Vorkasse bzw. bestätigtes unwiderrufliches Akkreditiv erfolgen, versucht der Verkäufer sich das Eigentum an seiner Ware bis zur vollständigen Bezahlung des Kaufpreises vorzubehalten. Der Verkäufer hat damit im Falle des Konkurses des Käufers die Möglichkeit, seine gelieferte Ware vom Käufer zurückzuverlangen.

Problemstellung
Die in Deutschland üblichen Regelungen zum Eigentumsvorbehalt gelten so nur für die Ware, die sich in Deutschland befindet. Sobald die gelieferte Ware sich im Ausland befindet, gelten nicht mehr die deutschen, sondern die im betreffenden Zielmarkt üblichen Regelungen für den Eigentumsvorbehalt. Und diese sind oftmals grundverschieden von den Gepflogenheiten in Deutschland. Denn: Die Vereinbarung eines Eigentumsvorbehaltes richtet sich im Exportgeschäft nach dem am Lagerort der Ware gültigem Recht *(Lex rei sitae)*.

In bestimmten Ländern ist der Eigentumsvorbehalt an bestimmte Voraussetzungen geknüpft. So soll z. B. durch eine „behördliche Registrierung" des Eigentumsvorbehaltes verhindert werden, dass nach Eintritt eines Insolvenzfalles die Vereinbarungen zulasten anderer Gläubiger getroffen werden.

Ob die unter Eigentumsvorbehalt gelieferte Ware bei Zahlungsunfähigkeit des Kunden vom Exporteur zurückgeholt werden kann, hängt von verschiedenen Faktoren ab, wie z. B.

- Ist nach dem nationalen Recht des Landes, in dem sich die Ware befindet, ein Eigentumsvorbehalt möglich?
- Ist die Ware genau identifizierbar?
- Kennt der Exporteur den Lagerort der Ware?

Beispiel
Ein deutsches Maschinenbauunternehmen belieferte seit Jahren den Schweizer Markt über einen in Zürich ansässigen exklusiven Händler. Diesem hatte man ein Zahlungsziel von zwei Monaten eingeräumt.

Vier Wochen nach einer erneuten Lieferung teilte ein Schweizer Konkursverwalter dem deutschen Lieferanten mit, dass über das Vermögen des Schweizer Händlers ein Konkursverfahren eingeleitet worden sei, und dass der Lieferant sein Eigentumsrecht an der gelieferten Ware beweisen möge.

Der Lieferant wies auf seine in dem Kaufvertrag zugrunde gelegten Allgemeinen Geschäftsbedingungen (AGB) hin, worin es hieß: „Lieferant bleibt Eigentümer der Ware, bis diese endgültig bezahlt ist".

Der Konkursverwalter teilte daraufhin mit, dass diese Formulierung nicht ausreichend sei, um den Eigentumsvorbehalt für in der Schweiz befindliche Ware wirksam zu bestellen. Die noch nicht gezahlte Ware sei in das Eigentum des Schweizer Händlers übergegangen und werde nun im Rahmen des Konkursverfahrens verwertet. Folge für den deutschen Hersteller: Forderungsverlust in Höhe von ca. 200.000 €.

Checkliste
Der deutsche Exporteur, der das Eigentum an seiner Ware im Ausland sichern will, muss daher die in dem betreffenden Zielmarkt geltenden nationalen Vorschriften für die Regelung des Eigentumsvorbehaltes beachten. Dies gilt auch dann, wenn der Vertrag deutschem Recht unterliegt.

Haben Sie z. B. beachtet, dass

- in der **Schweiz** der Eigentumsvorbehalt möglichst direkt nach der Lieferung pro Lieferung am zuständigen Gericht des Abnehmers zu registrieren ist? Wenn diese Formvorschrift nicht beachtet wird, ist der Eigentumsvorbehalt unwirksam.
- in **England** der Eigentumsvorbehalt nur dann gültig ist, wenn die Ware des Exporteurs identifizierbar ist, diese separat gelagert und nicht mit anderen Waren vermischt oder vermengt wird?
- in **Italien** der Eigentumsvorbehalt schriftlich zu vereinbaren ist und das Datum des Vertragsabschlusses z. B. durch Registrierung des Kaufvertrages beim zuständigen Gericht des Abnehmers nachzuweisen ist?
- in **Spanien** der Eigentumsvorbehalt in einer öffentlichen Urkunde (z. B. vom Notar beglaubigt) festzuhalten ist?

Andere Lösungsmöglichkeiten
Soweit der Eigentumsvorbehalt im Importland nicht anerkannt wird oder nicht die Sicherheit bietet, die der deutsche Exporteur erwartet, so ist es erforderlich, das Risiko des Zahlungsausfalls durch andere Sicherungsinstrumente zu minimieren, wie z. B.:

- Vereinbarung eines unwiderruflichen Dokumentenakkreditivs oder
- Abschluss einer Exportkreditversicherung

4.3 Checkliste 3: Gerichtsstandsvereinbarung oder Schiedsgericht?

▶ Mit der Gerichtsstandsvereinbarung wird zwischen den Geschäftspartnern geregelt, welches Gericht im Streitfalle anzurufen ist.

Problemstellung
Die Vereinbarung eines deutschen Gerichtsstandes ist nur dann sinnvoll, wenn das Urteil im Lande des Vertragspartners leicht vollstreckbar ist. Dies ist der Fall:

- bei internationalen Vollstreckungsübereinkommen, wie das EU-Übereinkommen über die gerichtliche Zuständigkeit und Vollstreckung gerichtlicher Entscheidungen in Zivil- und Handelssachen (EuGV-Vo) oder
- aufgrund bilateraler Abkommen, z. B. mit der Schweiz.

▶ Nach den Regelungen der EuGVVO sowie aufgrund bilateraler Abkommen sind deutsche Gerichtsurteile derzeit (2016) nur in ca. 30 Ländern vollstreckbar.

Es empfiehlt sich daher bei internationalen Verträgen, insbesondere bei Lieferverträgen mit größerem Umfange, statt der Gültigkeit des staatlichen/ordentlichen Gerichtes, die Gültigkeit eines Schiedsgerichtes zu vereinbaren.

Folgende Vorteile können hiermit verbunden sein:

- Die Urteile sind oft leichter vollstreckbar, da es internationale Abkommen gibt, denen die meisten Handelspartner beigetreten sind, wie vor allem das UN-Übereinkommen über die Anerkennung und Vollstreckung ausländischer Schiedssprüche.
- Die Schiedsgerichte sind meist schneller, da es in aller Regel nur eine Instanz gibt.
- Die Schiedsgerichte sind oft sachgerechter, da die Schiedsrichter oft Fachleute sind.
- Schiedsgerichtsverfahren sind nicht öffentlich.

Beispiel
Bei der Klage eines deutschen Lieferanten gegenüber einem tschechischen Abnehmer kann mit einer Verfahrensdauer bis zu sieben Jahren gerechnet werden. Soweit ein Schiedsgericht vereinbart wurde, ist mit einer Verfahrensdauer von maximal sechs Monaten zu rechnen.

Checkliste
Gerichtsstandsvereinbarung oder Schiedsgericht?
Prüfen Sie, ob die Staaten Ihrer Handelspartner ausländische Schiedssprüche anerkennen und vollstrecken (siehe Anlage 1)
Welche institutionellen Schiedsgerichte (ständige Schiedsgerichte) können deutschen Exporteuren empfohlen werden?

- Das **Schiedsgericht bei der Internationalen Handelskammer** in Paris (International Chamber of Commerce – ICC). Es wird am häufigsten angerufen. Es empfiehlt sich jedoch nur bei größeren Streitwerten (mindestens 100.000 €).
- Das **Schiedsgericht bei der Zürcher Handelskammer** (evtl. auch bei der Handelskammer in Genf).
- Das **Schiedsgericht bei der Wirtschaftskammer Österreich** in Wien (vor allem bei Verträgen mit Ländern des ehemaligen Ostblocks).
- Das **Schiedsgericht der Handelskammer Stockholm.**

- Der **London Court of International Arbitration** (vor allem bei Verträgen mit südostasiatischen Ländern).
- Das **Deutsche Institut für Schiedsgerichtsbarkeit e. V.** in Bonn (DIS). Es wird nach unseren Beobachtungen jedoch von den meisten ausländischen Vertragspartnern nicht akzeptiert.
- Bei Verträgen mit chinesischen Firmen sollte man erst versuchen, die Schiedsgerichte bei der ICC oder der Handelskammer Stockholm oder der Handelskammer Zürich zu vereinbaren. Sollte dies nicht möglich sein, kann man auch ein Schiedsgericht nach der CIETAC-Klausel vereinbaren (China International Economic and Trade Arbitration Commission).

Andere Lösungsmöglichkeiten
Soweit es dem Exporteur gelingt, eine Vorauskasse durchzusetzen, werden hierdurch evtl. Mängel im Liefervertrag relativiert.

4.4 Checkliste 4: Der Handelsvertretervertrag

▶ Der Handelsvertreter oder „Agent" vermittelt im Auftrag, im Namen und auf Risiko des Exporteurs Kauf- und Lieferverträge zu den von ihm betreuten Kunden in seinem Vertretungsbezirk.

Der Handelsvertreter unterscheidet sich durch diese „Vermittlungstätigkeit" vom Wiederverkäufer (Händler oder „Distributor"), der Produkte vom Auftraggeber einkauft und in eigenem Namen und auf eigene Rechnung verkauft.

In Deutschland, in der EU sowie in weiteren Ländern ist der Gestaltungsspielraum von Verträgen mit Handelsvertretern gesetzlich geregelt.

Es empfiehlt sich, vor Start einer Zusammenarbeit mit einem Handelsvertreter einen schriftlichen Vertrag abzuschließen. Hierbei ist zu prüfen, ob und welche Vertragsbestandteile nach dem vereinbarten Landesrecht zwingend vorgeschrieben sind.

Es wird abgeraten, die Zusammenarbeit mit einem Handelsvertreter ohne schriftliche Vereinbarung zu beginnen. Für ein solches „Geschäftsverhältnis" gelten dann häufig „automatisch" die rechtlichen Grundlagen des Landes, in dem der Handelsvertreter tätig wird.

Problemstellung
- Häufig übernehmen Exporteure Verträge, die sie mit inländischen Vertretern geschlossen haben, auch für das Ausland. Grundsätzlich ist gegen eine derartige Vorgehensweise nichts einzuwenden. Jedoch muss berücksichtigt werden, dass es in verschiedenen Ländern zwingende Vorschriften gibt, gegen die der Vertrag nicht verstoßen darf. Dies zumindest ist von Land zu Land zu prüfen.

- Gibt es nicht einen **Mustervertrag,** der für mich anwendbar ist? Dieser Wunsch wird häufig geäußert. Aber aus ähnlichen Gründen, wie zuvor dargestellt, kann die Verwendung von „allgemein gültigen" Musterverträgen problematisch sein. Dennoch gibt es hier gute Anleitungen, die zur Orientierung herangezogen werden können und die z. B. vom Verlag des VDMA (Verband Deutscher Maschinen- und Anlagenbau)[1] bezogen werden können. Die Einschaltung eines auslandserfahrenen Anwaltes ist aber immer zu empfehlen.
- Bei der Ausarbeitung eines Vertrages mit einem im Ausland tätigen Handelsvertreter steht der deutsche Exporteur vor dem Problem, **welches Recht** für diesen Vertrag gültig sein soll. In vielen Fällen ist das Recht frei vereinbar, in anderen Ländern ist es jedoch vorgeschrieben, dass derartige Verträge nach dem Recht des Landes abgeschlossen werden müssen, in dem der Vertreter tätig ist.
- Exporteure werden von ausländischen Handelsvertretern häufig gebeten, exklusiv tätig werden zu dürfen. Diese Verpflichtung des Exporteurs, im Vertragsgebiet keinen weiteren Agenten für die Vertragsprodukte einzusetzen, sollte in einer Anfangsphase der Zusammenarbeit gekoppelt werden an einen Mindestumsatz. Sollte dieser einmalig oder wiederholt nicht erreicht werden, kann sich der Exporteur vorbehalten, dass er z. B. einen weiteren Vertreter einsetzen darf.
- Eine andere Regelung könnte darin bestehen, dass zunächst nicht ein Gebiet „exklusiv" geschützt wird, sondern nur die vom Vertreter vermittelten Kunden. Sollten die Leistungen des Vertreters den Vorstellungen des Exporteurs entsprechen, kann er diesen „**Kundenschutz**" in einen „**Gebietsschutz**" ändern bzw. ausweiten oder aber er kann einen weiteren Vertreter einschalten, der jedoch die für den ersten Vertreter geschützten Kunden respektieren muss.
- Häufig wird über die Höhe und über den Umfang der Provision ausgiebig verhandelt, dennoch können hier immer wieder Probleme entstehen. Wird dem Vertreter ein Gebietsschutz eingeräumt, werden üblicherweise alle aus diesem Gebiet eingehenden Umsätze verprovisioniert, bei einem Kundenschutz nur die Provisionen, die mit den geschützten Kunden realisiert werden.
- Als Anreiz für eine **Neukundenakquisition** ist es möglich, die Umsätze mit Neukunden höher zu verprovisionieren als die Umsätze mit bestehenden Kunden. Oft entsteht die Frage „Wie lange soll dies gültig sein?". Sinnvoll erscheint, hier alle Umsätze zu berücksichtigen, die innerhalb von 12 Monaten nach dem ersten Auftrag mit diesen Kunden getätigt werden.
- Fragestellungen tauchen immer wieder auf, wenn ein Vertreter für das erste Jahr der Zusammenarbeit eine „**Garantieprovision**" oder ein monatliches Fixum verlangt. Es ist hier nicht sinnvoll, dieses Fixum ohne Weiteres zu zahlen, sondern z. B. bei einer definierten Besuchsfrequenz ein Fixum pro Besuch zu zahlen, hierfür aber als „Gegenleistung" einen ausführlichen Kundenbericht vom Vertreter zu verlangen.

---

[1] Informationen über exportstarke Fachverbände, wie z. B. den Verband Deutscher Maschinen- und Anlagenbau (VDMA), Frankfurt, www.vdma.org.

4.4 Checkliste 4: Der Handelsvertretervertrag

- Immer wieder sehen sich Exporteure vor die Frage gestellt, ob und in welcher Höhe Rabatte, die vom Vertreter als notwendig angesehen werden, gegeben werden sollten. In der Praxis kann es zweckmäßig sein, die Gewährung von Rabatten direkt mit der Höhe der bezahlten Provision zu koppeln, z. B. ein vom Vertreter gewährter Rabatt in Höhe von 1 % vermindert die zu zahlende Provision in gleicher Größenordnung.
- Das wohl größte Problem sowohl im Inland wie im Ausland ist verbunden mit dem **Ausgleichsanspruch** bei Vertragsbeendigung. Der Vertreter hat bei Kündigung des Vertrages durch den Unternehmer u. U. einen Ausgleichsanspruch, der ihn für den zukünftigen Einkommensverlust mit den Kunden, die er aufgebaut oder erhalten hat, entschädigen soll. In Deutschland wie auch in der EU ist der Ausgleichsanspruch „unabdingbar", d. h., er steht dem Handelsvertreter zwingend zu. Auch ein vertraglicher Verzicht auf den Anspruch ist meist ungültig. Da die Höhe des Ausgleichsanspruches bis zu zwei Jahresprovisionen ausmachen kann und unterschiedliche Regelungen in vielen Ländern praktiziert werden, ist es erforderlich, dass vor Vertragsabschluss die notwendigen Informationen hierzu beschafft werden.
- Kritisch ist auch eine Formulierung, mit der dem Vertreter das „derzeitige und zukünftige" Produktprogramm übertragen wird. Im Vertrag sollte das „Vertragsprodukt" genau definiert werden. Bei der Ausweitung des Produktsortimentes können dem Vertreter weitere Vertragsprodukte übertragen werden.
- Um diese und andere Probleme rechtzeitig zu erkennen und auch im Vertrag zu berücksichtigen, sollten die in der „Checkliste" genannten Punkte pro Vertragsgebiet auf den Umfang der notwendigen Regelung untersucht und dann im Vertrag fixiert werden.

Beispiel

Ein Hersteller von Industriecomputern lernte anlässlich einer Fachmesse in Hannover einen Herrn aus Ägypten kennen, der offensichtlich über sehr gute Kontakte im Zielgruppenbereich (Maschinenbau und Medizintechnik) seines Landes verfügte. Er schlug dem Hersteller die Zusammenarbeit vor und man einigte sich, dass der „Vertreter" für jedes vermittelte Geschäft eine Provision in Höhe von 8 % erhielt.

Eine schriftliche Vereinbarung unterblieb, weil der Hersteller zunächst die Arbeitsweise und das Engagement des Vertreters kennen lernen wollte.

Er glaubte, dass dieses Verhältnis „vertragsfrei" sei und er jederzeit dieses „Verhältnis" auflösen könne.

Er hatte jedoch nicht berücksichtigt, dass bereits durch „Tätigwerden" des Vertreters ein Vertragsverhältnis begründet wurde, für welches das Recht des Landes gilt, in dem der Vertreter tätig ist. Das Recht dieses Landes sieht vor, dass der Vertrag nur dann beendigt werden kann, wenn der Vertreter dem zustimmt, und dass dem Vertreter sogar ein Entschädigungsanspruch zusteht.

Checkliste
Der Handelsvertretervertrag – Grundsätze für die Ausarbeitung von Handelsvertreterverträgen

- Haben Sie möglichst schon in der Überschrift des Vertrages ausgedrückt, dass es sich um einen Handelsvertretervertrag (nicht um einen „Vertriebsvertrag") handelt?
- Es ist zu beachten, falls nicht ausdrücklich ein bestimmtes Recht – z. B. das deutsche Handelsvertreterrecht – vereinbart wurde, Streitigkeiten üblicherweise nach dem Recht des Landes entschieden werden, in dem der Handelsvertreter tätig ist.
- Es ist zu beachten, dass es in manchen Ländern unterschiedliche Arten von Handelsvertretern gibt. Und zwar handelt es sich hierbei meist um Mischformen zwischen den bei uns üblichen „freien Handelsvertretern" und fest angestellten Mitarbeitern.
- Es ist zu beachten, dass die zwingenden Bestimmungen des deutschen Handelsvertreterrechtes gem. § 92c nicht für Handelsvertreter außerhalb der EU gelten.
- Haben Sie sichergestellt, dass bei langfristigen Exklusivverträgen eine vorzeitige Vertragsbeendigung sichergestellt sein muss, falls die Leistungen des Vertreters unbefriedigend sind?
- Haben Sie Umsatzziele, an denen sich die tatsächliche Leistungen Ihres Vertreters objektiv messen lassen, vereinbart?
- Enthält der Vertrag einen Passus, der den Handelsvertreter zu regelmäßigen Informationen über die Marktentwicklung (möglichst einmal pro Quartal) verpflichtet?
- Haben Sie Ihren Auslandsvertreter verpflichtet, regelmäßig einmal pro Monat über die für Ihr Unternehmen durchgeführte Arbeit zu berichten?
- Ist sichergestellt, dass der Handelsvertreter angehalten ist, die Kreditwürdigkeit von Kunden laufend sorgfältig zu überprüfen? Zum Beispiel ist das dadurch umzusetzen, dass die Provisionen erst dann an den Vertreter ausgezahlt werden, wenn die Zahlungen des Kunden bei Ihnen eingegangen sind.

Der Handelsvertretervertrag – Inhalt von Verträgen mit Handelsvertretern

Bezeichnung des Vertrages	In der Überschrift des Vertrages sollte ausdrücklich festgehalten worden, dass es sich um einen Handelsvertretervertrag handelt?
Vertragsparteien	Sind Name, Anschrift (kein Postfach!), Rechtsform, gesetzlicher Vertreter, Sitz und Niederlassung aufgeführt?
Vertretung oder Alleinvertretung	Ist anzugeben, ob der Handelsvertreter berechtigt sein soll, das Unternehmen in einem bestimmten Gebiet ausschließlich zu vertreten?
Vertragsgebiet	Ist die räumliche und/oder persönliche (bestimmte Kunden) und/oder produktbezogene Abgrenzung zu definieren?
Gegenstand der Vertretung	Ist die Bezeichnung der Vertragsprodukte erfolgt?

4.4 Checkliste 4: Der Handelsvertretervertrag

Pflichten des Handelsvertreters	Sind die Pflichten des Handelsvertreters definiert? Hierzu können zählen: • Rechtsstellung gegenüber Dritten (Vollmacht zur Vermittlung oder zum Abschluss von Geschäften) • allgemeine Unterrichtung (z. B. über Marktsituation, Konkurrenz) • Information über die eigene Tätigkeit • Prüfung der Kreditwürdigkeit von Kunden • Mindestumsatz • Beteiligung an Messen und Ausstellungen • Werbung
Pflichten des Unternehmens	Sind die Pflichten des Unternehmers definiert? Diese können beinhalten: • Annahme von Aufträgen • Überlassung von Preislisten, Werbematerial, Mustern • Zahlung der Provision
Provision	Sind Provisionssatz sowie die Art der Provisionsermittlung und -auszahlung genau definiert?
Vertragsdauer	Sind Beginn und Laufzeit des Vertrages angegeben?
Beendigung des Vertragsverhältnisses	Wurden Kündigungsfristen genannt? Bei Unterstellung unter deutsches Recht ist § 89 HGB zu beachten.
Rechtsfolgen bei der Vertragsbeendigung	Ist der etwaige Ausgleichsanspruch des Handelsvertreters geregelt? Bei Unterstellung unter deutsches Recht ist der Ausgleichsanspruch zwingend, wenn der Handelsvertreter im Gebiet der EU oder anderer Vertragsstaaten des Abkommens über den Europäischen Wirtschaftsraum (EWR) tätig ist.
Wettbewerbsabreden	Ist es zulässig oder nicht, dass der Handelsvertreter zugleich für Konkurrenzfirmen tätig ist?
Anzuwendendes Recht	Welches Recht gibt es?
Eventuell Schiedsgerichtsvereinbarung (vorsorglich Extraurkunde)	Wurde eine Schiedsgerichtsvereinbarung verabredet?
Gerichtsstandsvereinbarung	Wie ist die Gerichtsstandsvereinbarung verfasst?
Maßgebende Fassung	Wurde – bei mehrsprachig abgefassten Verträgen – angegeben, welcher Text für die Auslegung maßgebend sein soll?
Unterschrift der Vertragsparteien mit Ort und Datum	Haben die Vertragsparteien mit Angabe von Ort und Datum unterschrieben?

Andere Lösungsmöglichkeiten

Sollte es problematisch sein, geeignete Vertreter im Zielland zu finden – was derzeit insbesondere in den osteuropäischen Ländern zu beobachten ist –, ist zu überlegen,

- ob mit einer Firma, die ein ergänzendes Produktprogramm herstellt und die in dem Zielland bereits vertreten ist, eine Vertriebskooperation eingegangen werden sollte,
- ob anstelle der Zusammenarbeit mit einem Handelsvertreter ein festanzustellender Reisender eingesetzt werden sollte (umsatzabhängige Bezahlung sowie weitere Vereinbarungen, um hohe Fixkosten zu vermeiden).

Bei Ausarbeitung eines eigenen Handelsvertretervertrages ist es unter Umständen empfehlenswert, den ins Auge gefassten Handelsvertreter zu bitten, einen eigenen Vertragsvorschlag zu machen. Dies empfiehlt sich auf jeden Fall dann, wenn es sich um größere Vertretungsfirmen handelt, die bereits für andere ausländische Hersteller tätig sind.

Weitere Hilfen

- länderspezifische Fachinformationen über Ihre IHK
- Musterverträge vom VDMA
- Außenhandelskammer (AHK) im Zielland
- länder- und fachspezifisches Informationsmaterial z. B. über die GTAI

4.5 Checkliste 5: Der Händler-/Wiederverkäufervertrag

▶ Der Händler/Wiederverkäufer kauft vom Lieferanten und verkauft die Ware im eigenen Namen und auf eigene Rechnung an seine Kunden.

Unter der Bezeichnung Händler/Wiederverkäufer können Importeure, Großhändler, Warenhauskonzerne, Fachhandelsketten usw. fallen. Im englischsprachigen Ausland werden derartige Vertragspartner häufig „Distributoren" benannt.

Problemstellung
Ein dem „Handelsvertreterrecht" ähnliches „Vertragshändlerrecht" gibt es im Ausland (bis auf wenige Ausnahmen) nicht. Bei der Auslegung von Händlerverträgen werden daher häufig die Regelungen über Kaufverträge und Dienstverträge, aber auch die Bestimmungen des jeweils gültigen Handelsvertreterrechtes herangezogen.

In der Formulierung eines Vertrages mit dem ausgewählten „Distributor" ist man frei – mit Ausnahme evtl. zu beachtender zwingender Rechtsvorschriften (ordre public). Insbesondere in den arabischen Ländern gibt es hier oftmals Regelungen, die vom Exporteur unbedingt beachtet werden sollten.

Da es in den meisten Ländern kein „Vertragshändlerrecht" gibt, gehen viele Exporteure davon aus, dass ein nach einem solchen Recht möglicher Entschädigungs- bzw. Ausgleichsanspruch nicht gegeben ist.

In zunehmendem Maße ist jedoch festzustellen, dass in der Rechtsprechung verschiedener Länder dem Händler ein Entschädigungsanspruch zugestanden ist, wenn er verpflichtet war, dem Vertragspartner Informationen über die mit den Vertragsprodukten belieferten Kunden zu geben.

> **Beispiel**
> Ein deutscher Hersteller von Befestigungselementen hat mit einem Großhändler in Lissabon einen Händlervertrag abgeschlossen. Hiernach überträgt der Hersteller dem Händler das Recht zur Belieferung aller Kunden in Portugal. Im Vertrag sind die Lieferbedingungen und die Zahlungsbedingungen festgelegt worden.
> Ebenso ist ein Mindestumsatz für das erste Vertragsjahr vereinbart worden. Dieser Mindestumsatz wird für jedes weitere Vertragsjahr zwischen beiden Vertragsparteien neu vereinbart.

Der Händler-/Wiederverkäufervertrag	
Bezeichnung des Vertrages	Ist in der Überschrift des Vertrages ausdrücklich festgehalten dass es sich um einen Händlervertrag handelt?
Vertragsparteien	Sind Name, Anschrift, Rechtsform, gesetzlicher Vertreter, Sitz und Niederlassungen eindeutig bezeichnet?
Rechtsstellung der Vertragsparteien	Ist klargestellt, dass der Händler im eigenen Namen und auf eigene Rechnung kauft und verkauft?
Vertragsgegenstand	Sind die Vertragsprodukte eindeutig definiert?
Kunden	Ist evtl. geregelt, dass der Export zur Direktbelieferung bestimmter Kundengruppen berechtigt ist?
Vertragsgebiet	Ist das Gebiet, in dem der Importeur Exklusivrechte zum Weiterverkauf hat, eindeutig geregelt?
Verkaufsförderung	Ist vereinbart, dass der Händler alles tun sollte, um einen möglichst hohen Umsatz zu erreichen? Ist er in diesem Zusammenhang verpflichtet, in einem bestimmten Mindestumfang Werbung zu betreiben und an Messen teilzunehmen? Ist beachtet worden, dass es evtl. sinnvoll ist, einen Mindestumsatz festzulegen, verbunden mit dem Recht des Exporteurs, den Vertrag vorzeitig kündigen zu können, falls dieser Umsatz nicht erzielt wird?
Preisgestaltung	Ist beachtet worden, dass der Händler in der Gestaltung seiner Verkaufspreise frei ist, da eine Vorgabe der Verkaufspreise durch den Exporteur in vielen Ländern unzulässig ist?
Eigentumsvorbehalt	Ist berücksichtigt worden, dass die in Deutschland üblichen Regelungen zum Eigentumsvorbehalt in vielen Ländern unbekannt bzw. ungültig sind, dass eine landesbezogene Prüfung über die wirksame Vereinbarung einer Eigentumsvorbehalt-Klausel daher erforderlich ist?

Der Händler-/Wiederverkäufervertrag	
Kundendienst	Ist eine Regelung getroffen worden, dass der Händler den Kundendienst für die gelieferten Produkte durchzuführen hat?
Werbung	Ist die Durchführung von Werbemaßnahmen im Auftrage und für Rechnung des Exporteurs oder mit Zustimmung des Exporteurs auf eigene Rechnung geregelt?
Ausgleichsanspruch	Ist geprüft worden, ob dem Händler bei Beendigung des Vertragsverhältnisses ein Entschädigungsanspruch zusteht (z. B. wenn er verpflichtet wurde, kundenbezogene Informationen an den Lieferanten zu liefern)?
Schutz der gewerblichen Rechte	Ist sichergestellt, dass der Händler verpflichtet wurde, Marken, Patente usw. des Exporteurs nicht anzugreifen? Ist ihm untersagt worden, Handlungen, die die Schutzrechte des Exporteurs beeinträchtigen, zu unterlassen?
Einschränkung der Vertragsfreiheit	Bestehen landesspezifische zwingende Vorschriften (ordre public), die die Vertragsgestaltung einengen; wurden Regelungen des EU-Kartellrechts sowie des US-Kartellrechts beachtet?

Literatur

Brenner / Fuchs / Langenhagen / Sefrin (2013): Export für Einsteiger, Bundesanzeiger Verlag, Köln

Anlage 1: Vertragsstaaten des UN-Übereinkommens über die Anerkennung und Vollstreckung ausländischer Schiedssprüche vom 10.6.1958

Afghanistan	Irland	Pakistan
Ägypten	Island	Panama
Albanien	Israel	Paraguay
Algerien	Italien	Peru
Andorra	Jamaika	Philippinen
Antigua und Barbuda	Japan	Polen
Argentinien	Jordanien	Portugal
Armenien	Kambodscha	Republik Zypern
Aserbaidschan	Kamerun	Ruanda
Australien	Kanada	Rumänien
Bahamas	Kasachstan	Russland
Bahrain	Katar	Sambia
Bangladesch	Kenia	San Marino
Barbados	Kirgisistan	Saudi Arabien
Belgien	Kolumbien	São Tomé e Príncipe
Benin	Komoren	Schweden
Bhutan	Kroatien	Schweiz
Bolivien	Kuba	Senegal
Bosnien und Herzegowina	Kuwait	Serbien
Botswana	Laos	Simbabwe
Brasilien	Lesotho	Singapur
Brunei	Lettland	Slowakei
Bulgarien	Libanon	Slowenien
Burkina Faso	Liberia	Spanien
Burundi	Liechtenstein	Sri Lanka
Chile	Litauen	St. Vincent und die Grenadinen
Cookinseln	Luxemburg	Staat Palästina
Costa Rica	Madagaskar	Südafrika

Dänemark	Malaysia	Südkorea
Demokratische Rep. Kongo	Mali	Syrien
Deutschland	Malta	Tadschikistan
Dominica	Marokko	Tansania
Dominikanische. Republik	Marshallinseln	Thailand
Dschibuti	Mauretanien	Trinidad und Tobago
Ecuador	Mauritius	Tschechische Republik
El Salvador	Mazedonien	Tunesien
Elfenbeinküste	Mexiko	Türkei
Estland	Moldawien	Uganda
Fidschi	Monaco	Ukraine
Finnland	Mongolei	Ungarn
Frankreich	Montenegro	Uruguay
Gabun	Mosambik	Usbekistan Vatikanstaat
Georgien	Myanmar	Venezuela
Ghana	Nepal	Vereinigte Arab. Emirate
Griechenland	Neuseeland	Vereinigte Staaten
Guatemala	Nicaragua	Vereinigtes Königreich
Guinea	Niederlande	Vietnam
Guyana	Niger	Volksrepublik China
Haiti	Nigeria	Weißrussland
Honduras	Norwegen	Zentralafrik. Republik
Indien	Oman	
Indonesien	Österreich	
Iran		

Stand: 2016

Anlage 2: Vertragsstaaten des UN-Kaufrechtsabkommens (CISG) vom 11.4.1980

Albanien	Libanon
Ägypten	Liberia
Argentinien	Litauen
Armenien	Luxemburg
Aserbaidschan (ab 01.06.2017)	Madagaskar
Australien	Mazedonien
Bahrain	Mauretanien
Belarus	Mexiko
Belgien	Moldawien
Benin	Mongolei
Bosnien-Herzegowina	Montenegro
Brasilien	Neuseeland
Bulgarien	Niederlande
Burundi	Norwegen
Chile	Österreich
China	Paraguay
Dänemark	Peru
Deutschland	Polen
Dominikanische Republik	Rumänien
Ecuador	Russland
El Salvador	Sambia
Estland	San Marino
Finnland	Schweden
Frankreich	Schweiz
Gabun	Serbien
Georgien	Singapur
Griechenland	Slowakei
Guinea	Slowenien
Guyana	Spanien
Honduras	St. Vincent und die Grenadinen
Island	Syrien
Irak	Südkorea
Israel	Tschechische Republik

Italien	Türkei
Japan	Uganda
Kanada	Ukraine
Kirgisistan	Ungarn
Kolumbien	Uruguay
Kongo	Usbekistan
Kroatien	Vereinigte Staaten
Kuba	Vietnam
Lesotho	Zypern
Lettland	
Stand: 2016	

Haftungsausschluss

Die Angaben und Ratschläge in diesem Buch stellen keine Rechtsberatung im Einzelfall dar. Autoren und Verlag übernehmen keine Haftung für Nachteile, die aus ihrer Befolgung entstehen. Bei den wiedergegebenen Klauseln handelt es sich lediglich um Anschauungsbeispiele, nicht um einen konkreten Rechtsrat, jede Haftung für wirtschaftliche Nachteile aus ihrer Verwendung wird ausgeschlossen.

The manufacturer's authorised representative in the EU is Springer Nature Customer Service Centre GmbH, Europaplatz 3, 69115 Heidelberg, Germany. If you have any concerns regarding our products, please contact ProductSafety@springernature.com

Printed and bound by CPI Group (UK) Ltd, Croydon, CR0 4YY

25/03/2026

02078212-0011